Tamina Kallert Judith Rakers Daniel Aßmann Ramon Babazadeh

Wunderschön

Persönliche Geschichten,
die nicht im Drehbuch standen

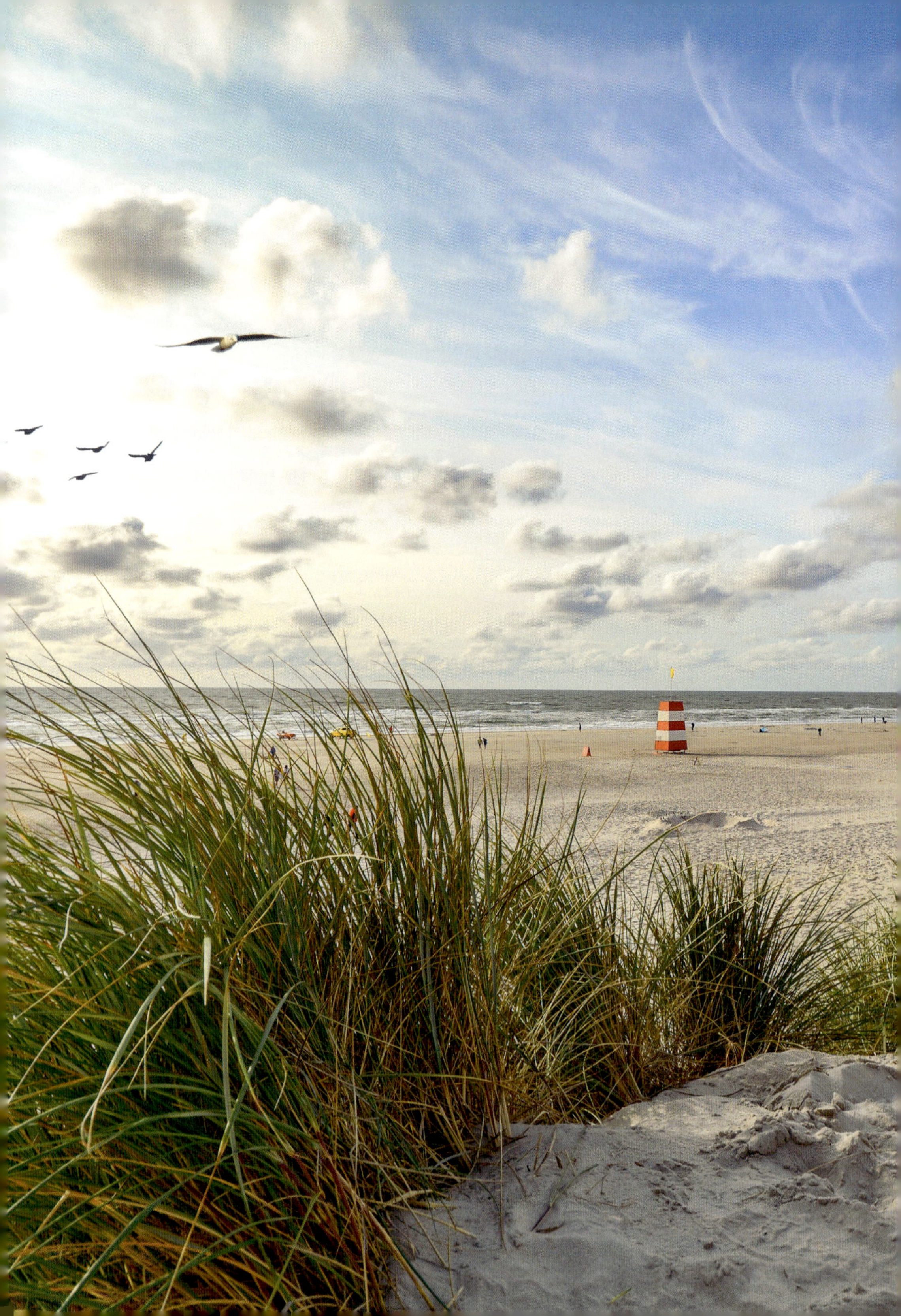

Inhaltsverzeichnis

Norwegisches Sprichwort

„Auf einer wahren Entdeckungsreise sucht man nicht nach neuen Ländern, sondern danach, die Welt mit anderen Augen zu sehen."

Reisen im Kopf und mit dem Herzen

Lust auf Reiselust? Immer wieder sonntags um 20:15 Uhr kann man dieses Gefühl im WDR-Fernsehen ausleben – und das jetzt schon seit 20 Jahren. Es geht dabei auch um die Freude über eine schöne Welt, um Genuss und Entspannung vor dem Bildschirm. Und die Lust auf eine Sendung, die die Probleme in einer Region zwar anspricht, aber nie zum Mittelpunkt des Films macht, sondern sich stattdessen bald wieder den schönen Seiten des Lebens zuwendet. „Wunderschön" steht für Wohlfühlen, ist positive Kulturvermittlung über das In- und Ausland und zeigt den Menschen das, was sie von einer Reise für ihr eigenes Leben mitnehmen möchten.

„Wunderschön" ist mittlerweile die reichweitenstärkste Sendung in der ARD, die sich explizit mit dem Thema „Urlaub und Reisen" beschäftigt. Sie zeigt Orte, die die Menschen gern in ihrer freien Zeit sehen möchten – in Deutschland und Europa, manchmal auch darüber hinaus. Die Sendung bietet Entscheidungshilfen für den nächsten Urlaub, lädt aber vor allem zum Träumen ein.

Tamina Kallert, Daniel Aßmann, Judith Rakers und Ramon Babazadeh lassen Sie in diesem Buch hinter die Kulissen blicken und zeigen Ihnen die Highlights ihrer Reisen aus einer sehr persönlichen Perspektive: Sie schreiben über die Begegnungen mit besonderen Menschen, Strapazen, die sie an den Rand ihrer Belastbarkeit gebracht, und Orte, die sie nie vergessen haben.

In jeder Sendung bereisen sie, stellvertretend für das Publikum, eine Region und probieren alles aus, wenn sich eine Gelegenheit ergibt: Wander- und Fahrradtouren, Strandurlaub, Exkursionen aller Art, Wellnessangebote und kulinarische Genüsse.

Geschichten von anderen Menschen erfahren, Ruhe finden, Aufregendes erleben: Reisen ist stets auch ein Weg zu sich selbst. Was immer in der Welt geschehen mag, die Begegnung mit verschiedenen Menschen, das gegenseitige Kennenlernen der jeweiligen Kultur ist gut und wichtig. Auch im Urlaub ist das möglich. „Wunderschön" möchte diese Sichtweise fördern - egal, ob man sich tatsächlich vor Ort im Urlaub befindet, die Sendung auf dem Bildschirm sieht oder von den vielen Geschichten hinter der Kamera liest.

Auch jetzt heißt es wieder: Kommen Sie mit! Reisen Sie mit uns, Seite an Seite mit unseren Moderatorinnen und Moderatoren!

CHRISTIANE MÖLLERS („Wunderschön"-Redakteurin seit 2012)

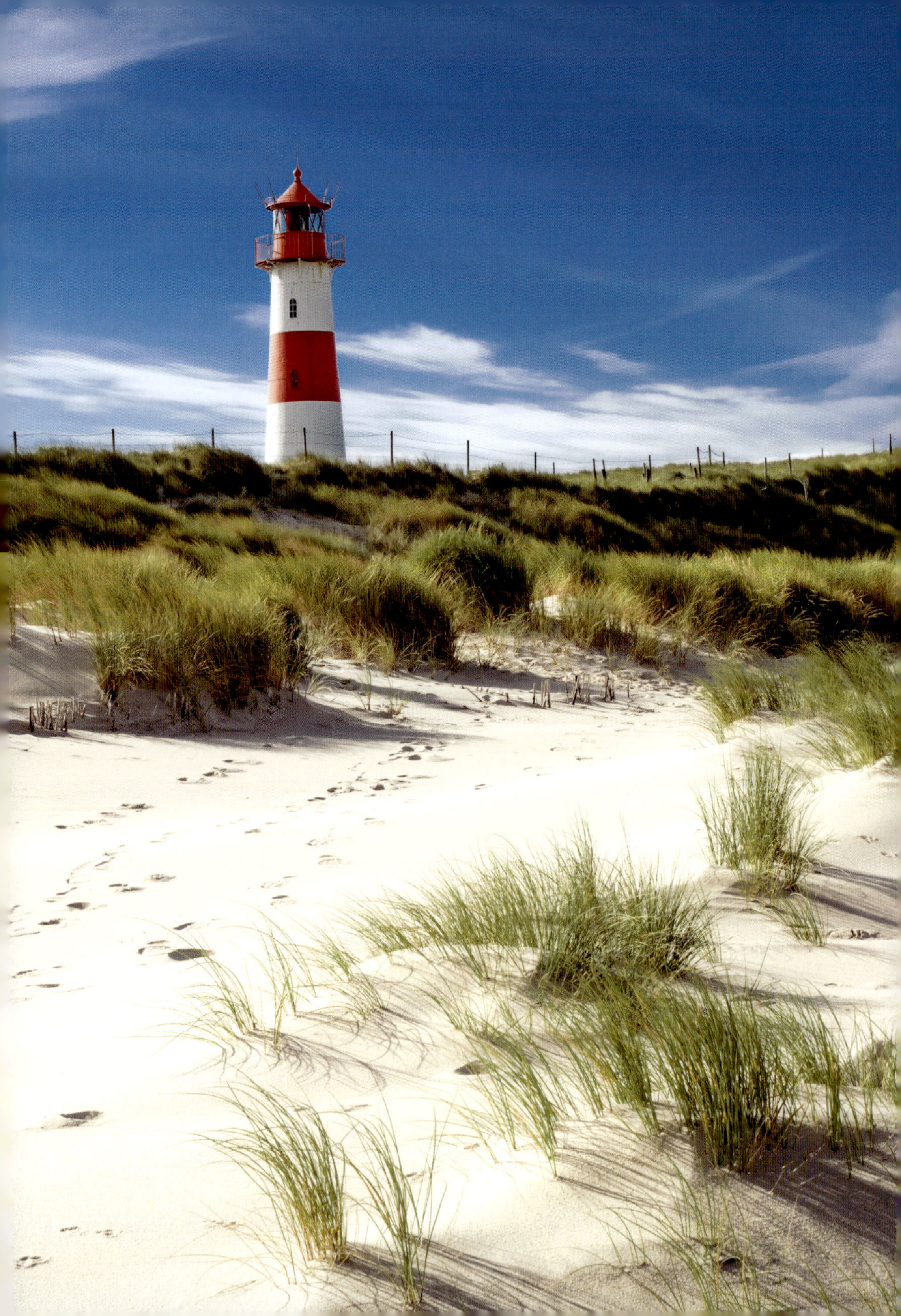

EIN UNVERGESSLICHER START AUF SYLT

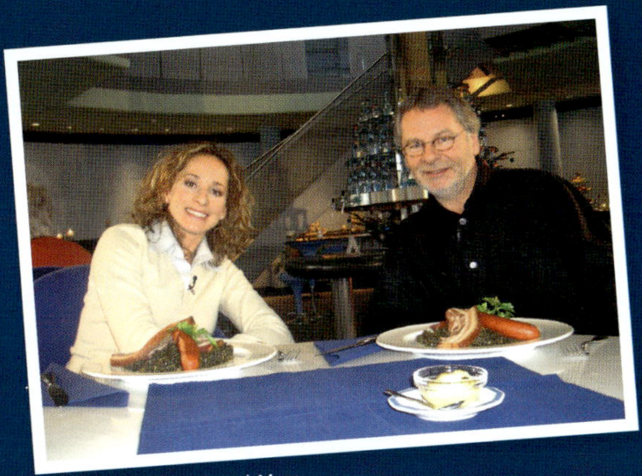

Tamina und Reinhard Mey

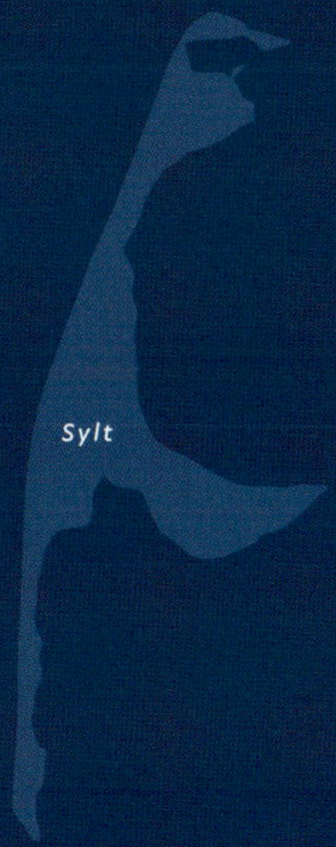

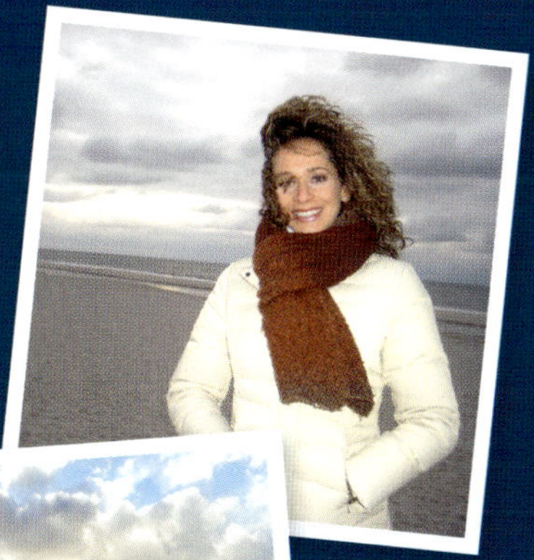

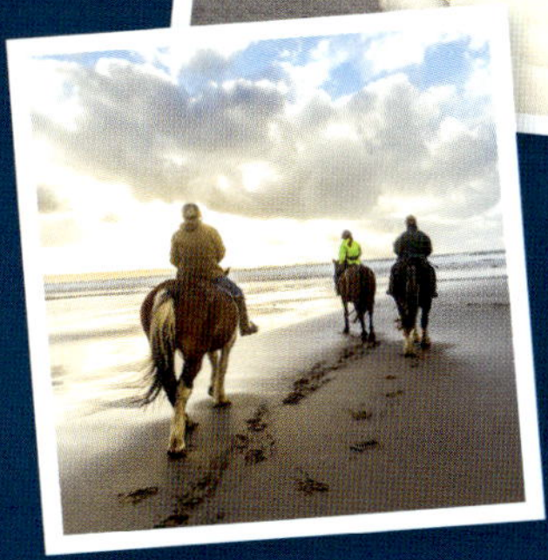

Hermann Hesse

„Und jedem Anfang wohnt ein Zauber inne …"

TAMINA KALLERT

Ein unvergesslicher Start auf Sylt

2004 wurde die erste „Wunderschön"-Sendung ausgestrahlt. Ich kann es kaum glauben - 20 Jahre ist das nun schon her! Und ich durfte von Anfang an dabei sein! Auf all diesen Reisen konnte ich unzählige Eindrücke aus fast 80 Ländern und Regionen sammeln. Rückblickend fällt mir jetzt erst auf, wie intensiv und eng getaktet die Erlebnisse eigentlich waren. Und ich staune darüber, welche der unzähligen Erfahrungen ganz besonders nachhallen. Es sind nicht nur die großen Attraktionen wie zum Beispiel das Schwimmen mit Delphinen, das 2008 auf unserer Reise ins südliche Florida auf dem Programm stand, oder der Blick auf die grandiosen Landschaften, als wir 2010 mit dem Postschiff Norwegens Fjorde erkundeten. Es sind vor allem die kleinen Wahrnehmungen und stillen Momente, die bleibende Bilder in mir hinterlassen haben. Da ist das spektakuläre Licht Nord-Jütlands, das den Himmel so unendlich weit und das Meer geheimnisvoll strahlend machte. Die mystische Stimmung in Knossos, dem uralten Heiligtum auf Kreta, wo wir im Abendlicht den Prozessionsweg entlangschritten, auf dem viele tausend Jahre vor uns schon Menschen andächtig gewandelt waren. Und die windumtoste Lange Anna auf Helgoland, wo die Seeschwalben ihre Flugkünste entlang der Brandungspfeiler zeigten und die elementaren Kräfte Licht, Wind und Wellen ein besonders stimmiges Zusammenspiel boten. Zu den vielen eindrücklichen Erinnerungen gehört auch die magische Sekunde, als ich in Südafrika auf den Tafelberg kraxelte, ständig mit meinem Blick auf Geröll und hartlaubige Büsche, und ich dann irgendwann mal über die Schulter sah. Der grandiose Blick über Kapstadt und das weite Meer war wie ein gewaltiges Herauszoomen aus der Grasbüschel-Perspektive in eine Vision, in der ich wie eine winzige Ameise kopfüber unten auf der Erdkugel stehe. Nie zuvor war mir das „Genau hier bin ich genau jetzt" so bewusst.

Beeindruckender noch als die Landschaften waren oft die Begegnungen mit den Menschen. Da war die rüstige Heike, zu deren wilder Biografie auch das Zur-See-Fahren gehörte und die ganz nach dem Motto lebte: „Ich mache keinen Auftritt, ich bin ein Auftritt." Als sie mir ihre Heimat Wangerooge zeigte, erfuhr ich vor und hinter der Kamera so manches von dem Schweren, das sie in ihrem Lebensrucksack mit sich herumschleppte. Doch die vielen Rückschläge und Verluste haben sie nicht bezwungen, vielmehr bewahrte sie sich ihren herzerfrischenden Optimismus. Seitdem denke ich oft: „Wenn ich es schaffe, mir so eine positive Haltung zu bewahren, dann habe ich alles richtig gemacht."

Ich erinnere mich auch gut an Andi aus dem Kleinwalsertal, der sein Leben radikal umkrempelte, um wieder nah an den natürlichen Kreisläufen zu sein. Der gelernte Schreiner bewirtschaftet die ehemalige Kuhweide seiner Oma und lebt von dem, was er auf seinem Grundstück sät und erntet. Er lebt uns vor, worauf man verzichten kann, wenn man es will. Auch wenn mancher über den esoterischen Einschlag in seiner Ein-Mann-Kreislaufwirtschaft schmunzeln mag, sein Beispiel hinterließ Spuren. Über die Fragen „Wozu bin ich bereit? Wie weit würde ich persönlich gehen?" haben wir im Team noch lange diskutiert.

Und all die Genüsse! Länder und Regionen lassen sich ja erst ganz begreifen, wenn man auch in die Kulinarik eintaucht. Da war Sensationelles dabei und auch Gewöhnungsbedürftiges. Mit „Wunderschön" unterwegs zu sein - das bedeutet: sich für neue Eindrücke öffnen und die Welt mit allen Sinnen genießen.

Unsere Vorläufer-Sendung hieß „Wunderschönes NRW". WDR-Moderator Bernd Müller cruiste seit 1999 mit einem knallroten Oldtimer-Bugatti durch Nordrhein-Westfalen und nahm die Zuschauer in die schönsten und interessantesten Gegenden mit. NRW und Tourismus - dass diese Paarung heute niemanden mehr wundert, ist auch sein Verdienst.

Persönlich lernte ich Bernd Müller erst bei seiner letzten Sendung kennen, zu der ich als Gesprächsgast eingeladen war. Er war mir auf Anhieb sympathisch, ein feiner Mensch, warmherzig und zugewandt. Noch bevor Bernd Müller 2007 seine letzte Sendung moderierte, brachten die WDR-Programmplaner ein neues Reiseformat auf den Weg. Mit erweitertem Radius sollte es Ziele in ganz Deutschland, Europa und der Welt ins Programm aufnehmen.

Als der WDR mir anbot, die neue Reihe zu moderieren, war es für mich ein bisschen wie ein Nachhausekommen. Denn bei diesem Sender hatte ich als Praktikantin und Reporterin meine ersten Fernseherfahrungen gemacht. In dem neuen Format sollte ich meine Liebe für die Suche nach dem Verbindenden und meine Motivation, Menschen eine Freude zu machen, voll und ganz ausleben können.

Immer wieder aufs Neue wollen wir sehen, hören, riechen, fühlen, schmecken, was unser Reiseziel zu bieten hat.

Schon bevor ich für „Wunderschön" auf Reisen ging, durfte ich für einen anderen Sender exotische Reisen unternehmen und dank des kleinen, wendigen Teams konnten wir Sendungen machen, die mit ihrer Spontaneität ihrer Zeit voraus waren. Genau diese Frische gefiel den Verantwortlichen in der WDR-Redaktion, die für das geplante Format ein neues Gesicht suchten. So kam ich zurück zum Kölner Sender.

Gleich zu Anfang meiner „Wunderschön"-Zeit sagte mir eine Mitarbeiterin eines anderen Senders, die ebenfalls Reisesendungen moderierte: „Nach eineinhalb Jahren wiederholt sich alles, dann bist du durch und hast keine Lust mehr." Ich kann nachvollziehen, was sie meinte. In diesem Job läuft man tatsächlich Gefahr, dass irgendwann Hotels, Erlebnisse und Begegnungen zu einem Einheitsbrei zusammenlaufen. Dann ist es nicht mehr weit zum Gedanken: „Oh nein! Nicht schon wieder mit dem Rad an einem Fluss entlang! Nicht schon wieder eine Begegnung mit einem Bergbauern/Kunsthandwerker/Ranger!"

Und genau da liegt das Entscheidende: Es ist eben nicht irgendein Bergbauer, und auch nicht irgendein Radweg! Wenn die „Wunderschön"-Teams reisen, dann eint uns der Anspruch, uns mit den besonderen Menschen, mit der besonderen Landschaft und mit der besonderen Kulinarik zu verbinden. Immer wieder aufs Neue wollen wir sehen, hören, riechen, fühlen, schmecken, was unser Reiseziel zu bieten hat. Keine Spur von „Kenne ich schon!" und „Habe ich schon mal gemacht!", denn wir wissen: Nur wer sich aktiv auf Neues einlässt, erlebt auch Neues. So gelingt es uns, unsere Zuschauer immer wieder mit unserer Entdeckerfreude anzustecken.

Im Lauf von 20 Jahren trugen weit über 100 Frauen und Männer zum Erfolg von „Wunderschön" bei: Redakteure, Kameraleute, Toningenieure, Autorinnen, Beleuchter, Maskenbildner, Moderatorinnen, Cutterinnen und all die anderen, die in den Kölner Büros die Sendungen vorbereiten, nachbereiten und organisieren. Am liebsten würde ich all ihre Namen in diesem Buch sehen. Mit viel Leidenschaft haben sie ihr Können unter Beweis gestellt und immer wieder das Extra an Begeisterung beigesteuert, das die Voraussetzung für gelungene Reisesendungen ist.

Ich werde nie vergessen, wie ich auf einer „Wunderschön"-Reise spätabends im Hotelzimmer mit Tontechniker Jonas Texte neu einsprach. Über mir seine Bettdecke, sodass von außen nur ein Riesenhubbel zu sehen war. Was war passiert? Wir hatten einen Hilferuf aus Köln bekommen, dass einige Off-Textpassagen für eine andere Sendung nicht verwendbar waren. Normalerweise spreche ich diese Texte im Studio ein, doch es eilte. Trotz Erschöpfung nach einem langen Drehtag baute Jonas sein Aufnahmegerät noch einmal im Hotelzimmer auf, ich setzte mich aufs Bett und er breitete über mir die Bettdecke aus, um alle Störgeräusche auszublenden. Da saß ich dann im Daunendecken-Dämmer und las den fehlenden Text vom Handy ab. Eine halbe Stunde später konnte Jonas die dringend benötigte Datei nach Köln schicken.

Ich denke, dieser Mix aus nie erlahmender Entdeckerfreude, Einsatzbereitschaft und Wertschätzung innerhalb der Teams und den Zuschauern gegenüber ist das Geheimnis des großen Erfolgs von „Wunderschön".

Aber zurück zu den Anfängen. Die „Wunderschön"-Premiere wurde auf Sylt gedreht. Im Winter! In der allerersten Einstellung von „Wunderschönes Sylt" ließ ich mich in einer Kutsche von Fuego, der trotz seines feurigen Namens ein friesisches Kaltblutpferd war, über die

Westerländer Promenade ziehen. Weil es so lange dauerte, bis das Team drehbereit war, und ich aus optischen Gründen keine besonders warme Jacke anhatte, war ich noch vor dem ersten „Kamera läuft! Und bitte ..." völlig durchgefroren. Den Fehler machte ich nicht noch einmal! Wenn bei den folgenden Dreharbeiten am Meer und unter freiem Himmel ein scharfer Wind blies und die Wellen schäumten, war ich warm eingemummelt. Mit anderen Worten: Es war herrlich! Denn genau deshalb kommen die Menschen ja im Winter an die Nordsee – hier können sie sich auf langen Strandspaziergängen ordentlich durchpusten lassen und in Ruhe Meer und Dünen genießen. Wo könnte man besser abschalten und auftanken? Ob man sich gemeinsam mit anderen Abgehärteten zum Winterschwimmen ins gerade mal 6 Grad warme Meer stürzt oder in einer der vielen Strandsaunen, Spas und Thermen wohltuende Wärme tankt – auf Sylt findet jeder das, was ihm guttut.

Bis heute sind mir viele winterliche Inselerlebnisse sehr präsent. Damals waren in Sylter Gewässern noch Krabbenfischer unterwegs. Einer zeigte mir auf seinem Boot, wie man Krabben pult. Eine ziemliche Fisselarbeit, die sich aber lohnte. Und weil der Fang direkt auf dem Boot gekocht wurde, konnte ich meine selbst gepulten Krabben gleich genießen. Frischer geht es nicht! Überhaupt – wer nach Sylt kommt, sollte die Gelegenheit nutzen, frischen Fisch und andere Meeresfrüchte aus der Region zu probieren.

Dass auch andere Köstlichkeiten auf den Tisch kommen, zeigte mir ein Restaurantbesuch. Dort durfte ich dem Sternekoch in der Küche über die Schulter schauen, als er eines seiner Spezialrezepte zubereitete: Sylter Deichlammschulter, angerichtet als Eintopf mit Gemüse und kräftiger Brühe. Das perfekte Gericht, um sich nach einem langen Spaziergang durch Wind und Wetter aufzuwärmen! Auch den Inhaber der legendären Sansibar habe ich kennengelernt. Er verkörpert wohl wie kein anderer den Spagat der Insel zwischen Naturerlebnis und Promi-Treffpunkt. „Mister Sansibar" zeigte uns seinen Weinkeller, den er unter den Dünen eingerichtet hatte, darunter einige 2.000-Euro-Flaschen. Doch Menschen, die nur mit ihren dicken Brieftaschen wedeln können, beeindrucken ihn nicht. Seine Augen leuchteten, als er von den Menschen erzählte, die sich ohne großes Gewese an der einzigartigen Natur auf Sylt erfreuen.

Einen dieser „stillen" Gäste der Insel durfte ich näher kennenlernen: den Musiker Reinhard Mey. Er war gerade in seinem Sylter Ferienhaus, um dort in Ruhe und Zurückgezogenheit an neuen Liedern zu arbeiten, und hatte sich bereit erklärt, uns einen Drehtag lang zur Verfügung zu stehen. Es wurde eine Begegnung, die noch heute, zwei Jahrzehnte später, mein Herz wärmt. Es fing damit an, dass er jeden im Drehteam per Handschlag begrüßte. Diese Wertschätzung für die Menschen, die sozusagen anonym hinter der Kamera arbeiten, ist leider nicht selbstverständlich. Und auch danach zeigte sich Reinhard Mey als jemand, der es nicht nötig hatte, ständig seinen Promi-Status herauszustellen. Aufmerksam und bescheiden arbeitete er mit uns im Team, um den „Wunderschön"-Zuschauern angenehme Minuten zu schenken.

Geplant war, dass er für unsere Sendung eines seiner neueren Lieder singen würde – Playback natürlich. Am Strand, in den Dünen und vor den Strandkörben an der Westerländer Promenade sang er mehrmals sein Lied „Rüm Hart – klaar Kiming" von Anfang bis Ende durch. So konnten später im Schneideraum die schönsten Bilder zu einem einzigen Lieddurchlauf zusammengesetzt werden. Damit er seine Lippen synchron zur bereits existierenden Tonaufnahme bewegen konnte, musste er sein Lied hören. Also baute das Team große Lautsprecherboxen in den Dünen und am Strand auf – ein immenser Aufwand. Dazu kamen die kräftezehrenden Wechsel von einem Drehort zum anderen. Reinhard Mey machte alles sehr geduldig und unglaublich professionell mit und sagte einfach nur: „Wir machen es so, wie es für euch gut ist."

„Großes Herz – weiter Horizont". Er hatte diesen friesischen Wahlspruch, der auch das Sylter Inselwappen ziert, auf seine eigene Weise interpretiert.

„Wer nichts gilt, lässt auch andere nicht gelten." Ich bin in meinem Leben einigen Menschen begegnet, auf die dieser Satz zutrifft. Diejenigen, die mehr scheinen wollen, als sie sind, kritteln viel an anderen herum. Reinhard Mey gehörte dagegen zu denen, denen kein Zacken aus der Krone fällt, wenn sie sich wertschätzend und freundlich verhalten.

An diesem arbeitsintensiven Drehtag hatte ich Glück: Weil ich erst ganz am Schluss des Liedes auf Reinhard Mey zutreten und ihn ansprechen würde, wurde ich über weite Strecken nicht gebraucht und konnte mich zwischendurch in einem Dünencafé aufwärmen. Später hatte ich in der Alten Friesenstube in Westerland Gelegenheit zu einem langen Gespräch mit ihm. Er erzählte sehr persönlich von sich und seiner Liebe zu Sylt, über seinen Bezug zur Natur und seiner Dankbarkeit dafür, dass er dieses schöne Fleckchen Erde genießen darf. Wenn der Dreh unterbrochen wurde, weil zum Beispiel der Beleuchter einen Scheinwerfer anders setzen oder der Kameramann sich anders positionieren wollte, unterhielten wir uns einfach weiter.

Ich lernte einen Menschen kennen, für den – so wie für mich – das Am-Meer-Sein der Inbegriff von Freiheit ist, und der seine Lebensthemen gleich vor der Haustür findet: Engagement für die Mitmenschen und die Natur. Als jemand, der für seine Werte einsteht, war er auf Sylt schon so manches Mal mit Leuten aneinandergeraten, die sich respektlos den Menschen und der Umwelt gegenüber verhalten hatten.

Es passte gut, dass Reinhard Mey für unsere „Wunderschön"-Sendung das Lied „Rüm Hart – klaar Kiming" ausgesucht hatte. Denn das bedeutet „Großes Herz – weiter Horizont". Er hatte diesen friesischen Wahlspruch, der auch das Sylter Inselwappen ziert, auf seine eigene Weise interpretiert. Sein Lied handelt von Johnson, der aus Afrika kam und damals auf Sylt als Küchenhilfe in einem Restaurant arbeitete. Diesen Johnson gibt es wirklich, die beiden lernten sich kennen, als sie bei einem Weihnachtsessen in dem Restaurant, in dem Johnson arbeitete, gemeinsam an einem Tisch saßen. Die beiden wurden Freunde.

„Rüm Hart – klaar Kiming" – für mich ist das ein universeller Spruch. Nicht nur auf Sylt leben die Menschen mit den elementaren Kräften der Natur. Wir alle müssen uns in Notzeiten beistehen und uns deshalb aufeinander verlassen können. Vorurteile würden da nur stören. Deshalb ist es so wichtig, alles andere als engherzig darauf zu achten, wie jemand wirklich ist – also mit „rüm Hart". Und der klare Horizont ist einer, der nicht nebelverhangen ist, sondern weit blicken lässt. Das gilt für die Berührungslinie von Meer und Himmel, aber auch für den Denkhorizont. Aus der Entfernung von 20 Jahren blicke ich zurück auf dieses Lied und merke auf einmal, dass es genau diese Themen sind, die mich in dieser Zeit auf meinen Reisen begleitet haben: weites Herz und weiter Horizont. Beides sind elementare Aspekte unseres Daseins, die manchmal aufs Glücklichste zusammenkommen und dem Leben Tiefe schenken.

Das zweite Sylt-Erlebnis, von dem ich hier berichten möchte, war mein Treffen mit der damaligen Sylter Bürgermeisterin und passionierten Reiterin Petra Reiber. Die WDR-Redaktion hatte sie für ein Interview vor der Kamera gewinnen können. Wie verabredet brachte sie zwei ihrer Pferde zum Termin am Strand mit – beeindruckende Rösser, denen ich nur knapp über den Rücken schauen konnte. Da stand ich also mit der Bürgermeisterin am Meer, Kamera und Ton liefen, und unser Gespräch drehte sich um recht anspruchsvolle Fragen. Zum Beispiel darum, was man tun könnte, damit auch Einheimische sich den Aufenthalt auf ihrer Insel weiterhin leisten könnten.

Vor 20 Jahren war das Team vor Ort noch deutlich größer als es heute üblich ist. Auf Sylt filmten zwei Kameramänner das Geschehen gleichzeitig aus zwei Perspektiven: Zum Beispiel war eine Kamera close auf die Bürgermeisterin gerichtet, die andere hatte uns beide, eines der Pferde und im Hintergrund das Meer in der Totalen. Auch die Tontechnik war damals noch doppelt besetzt. Zum Team gehörte auch die Autorin der Folge, die einige Wochen vor Beginn der Dreharbeiten auf Sylt die Vorrecherche gemacht und den Drehplan erstellt hatte. Dazu kamen noch der Beleuchter, der die Szene mit einem großen reflektierenden Schirm aufhellte, und die Maskenbildnerin, die sich im Hintergrund bereithielt, um bei Bedarf meine im strammen Wind fliegenden Haare zu bändigen. Hinzu kamen die Redakteure, die wesentlich an der Entstehung des Formats beteiligt waren und nun den Dreh betreuten. Sogar die Aufnahmeleitung, bei der normalerweise alle organisatorischen Fäden in Köln zusammenlaufen, war zum Start nach Sylt gekommen.

So kam es, dass ein großes Team plus Bürgermeisterin und zwei Pferde am Strand standen. Es dauerte eine kleine Ewigkeit, bis alle sich sortiert hatten und der Dreh beginnen konnte. Und auch dann musste das Interview mehrmals unterbrochen werden. Mal hatte der Tontechniker Störgeräusche auf seinem Band, mal winkte ein Kameramann ab, weil ein Pferd herumgetänzelt war und er auf einmal nur noch den Pferdepopo vor der Linse hatte. Einer von ihnen wurde sogar in einem Schreckmoment zwischen den Pferden eingekeilt und konnte nur mit viel Geschick sich und seine Kamera retten. Auch ich als Moderatorin hatte Probleme, wenn sich eines der Pferde, unruhig geworden, vorschob und ich meine Gesprächspartnerin nicht mehr sehen konnte.

Die Bürgermeisterin machte alles klaglos mit, hatte aber Mühe, ihre immer nervöser werdenden Pferde ruhigzuhalten. Vor allem die lange Tonangel eines Tontechnikers, an deren Ende ein Puschel-Mikrofon im Wind hin- und herschaukelte, machte ihnen zu schaffen. Ohne Puschel geht es bei Wind aber nicht, sonst hat man statt des Gesprächs nur Rauschen und Pfeifen auf dem Band. Doch das im kräftigen Wind hin- und herschwingende Etwas versetzte die armen Tiere in Angst und Schrecken.

Nach mehreren Anläufen war das Interview endlich abgedreht. Puh! Doch dann kam im Team eine Idee auf: „Wäre es nicht schön, wenn Tamina und Frau Reiber noch am Strand entlangreiten könnten?" Das stand so nicht im Drehbuch. Wenige Monate zuvor war ich noch für einen anderen Sender auf Jamaika ohne Sattel am und im Meer geritten. Für viele ist das eine romantische Sehnsuchtsvorstellung, und tatsächlich ist es ein sinnliches Erlebnis, das ich nur jedem empfehlen kann! Doch im scharfen Sylter Winterwind würde Reiten am Meeressaum ein zweifelhaftes Vergnügen sein. Aber nun ja, es würden Bilder von großer Kraft werden: elementares Meer mit rauschender Brandung, leergefegter Strand, wehende Mähnen, tolle Lichtstimmung … Also klar: machen wir!

Ich sah die leichte Skepsis in den Augen der Bürgermeisterin. Sie kannte ihre Pferde und wusste, dass sie durch das winterliche Im-Stall-Stehen ziemlich unausgelastet waren. „Besser wäre es, auf dem Weg zwischen den Dünen zu reiten", meinte sie. „Im offenen Gelände wird ihr Bewegungsdrang sehr groß sein." Das hörte sich für mich stimmig an. Denn vor mir standen zwei ausgewachsene Vollblüter, keine kleinen, wohlgenährten Ponys, die mit Touristen immer dieselben Runden trotten und froh sind, wenn sie nicht traben oder gar galoppieren müssen. Ich hatte auch noch mein letztes Pferde-Erlebnis in den Knochen. Das war nicht

Doch weil die Bilder von am Meer entlanggaloppierenden Pferden eine eindrücklichere Magie entfalten würden, entschieden wir uns, am Strand und nicht in den Dünen zu reiten.

auf Jamaika, sondern in Australien gewesen. Ein Pferd hatte gescheut und mich abgeworfen, als überraschend der Tontechniker mit Tonangel und langem Puschel-Mikro aufgetaucht war. Genauso gut hätte er eine tote Katze über dem Kopf des Pferdes schwenken können. Doch weil die Bilder von am Meer entlanggaloppierenden Pferden eine eindrücklichere Magie entfalten würden, entschieden wir uns, am Strand und nicht in den Dünen zu reiten. Der Plan war, dass ich mit ein, zwei Sätzen zum nächsten Thema überleite und dann der Bürgermeisterin zurufe: „So, und wir zwei reiten jetzt noch ein Stück." Die Kamera würde stehenbleiben und filmen, wie wir den Strand entlang in die Ferne trabten.

Für alle war es eine Ausnahmesituation. Für das Team, das sich erst einmal aufeinander einspielen musste, genauso wie für die Bürgermeisterin. Trotz ihrer Medienerfahrung war es doch eine Herausforderung, mit häufigen Unterbrechungen Relevantes in ein paar kurze Sätze zu packen und gleichzeitig zwei riesige Pferde möglichst ruhig zu halten. Und auch für mich war vieles neu, weil ich mich erst daran gewöhnen musste, mit einem so großen Team zu drehen. Die etwas nervöse Grundstimmung hatte sich erkennbar auch auf die Pferde übertragen und das lang wehende Puschelhaar auf dem Mikrofon trug nicht gerade zu ihrer Besänftigung bei.

Es kam, wie es kommen musste. Als ich im Sattel saß, schien zuerst alles noch unter Kontrolle. Froh, es halbwegs elegant aufs Pferd geschafft zu haben, schnalzte ich etwas übermütig mit der Zunge – und ab ging die Post! Aus dem Stand beschleunigte mein Pferd in den gestreckten Galopp und preschte über den betonharten, feuchten Strand. Panisch krallte ich mich in seine Mähne. Ich war wie in einem Tunnel, mein Herz raste. Irgendwann setzte mein Denken wieder ein: Du musst in den tiefen, weichen Sand, wo das Pferd schneller aus der Puste kommt. Tatsächlich gelang es mir, das Pferd in Richtung Dünen zu manövrieren. Als ich es endlich zum Stehen gebracht hatte, war das Team nur noch als winziger Punkt am Horizont zu sehen.

Dieser Ritt ist nun schon 20 Jahre her. In der Zwischenzeit durfte ich noch einige Male mit viel Freude die schönsten Landschaften auf dem Pferderücken durchstreifen. Aber ich empfehle jedem, sein reiterliches Glück nicht allzu sehr herauszufordern. Und – Vorsicht mit dem Puschel!

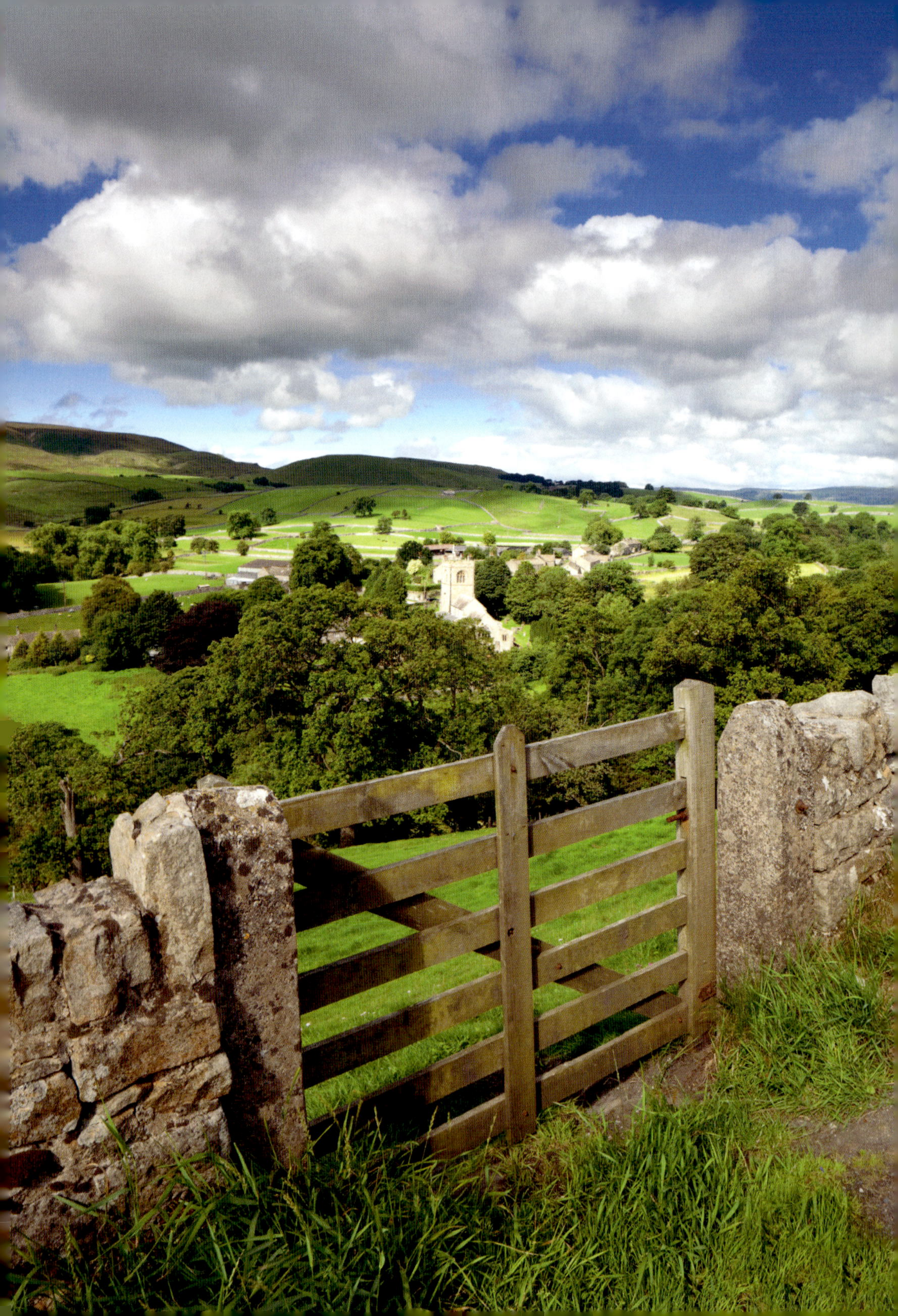

WILLKOMMEN IN YORKSHIRE

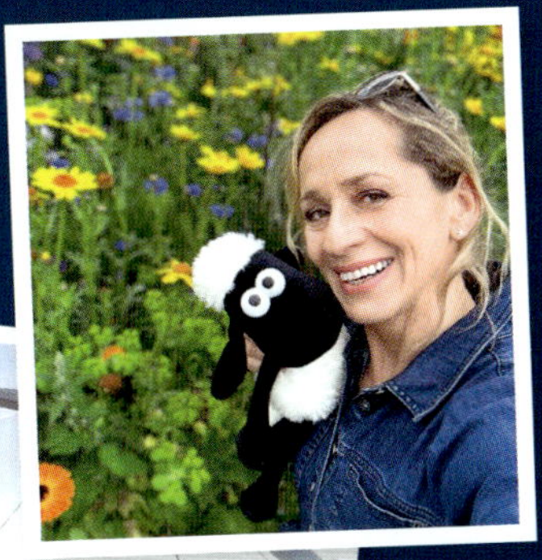

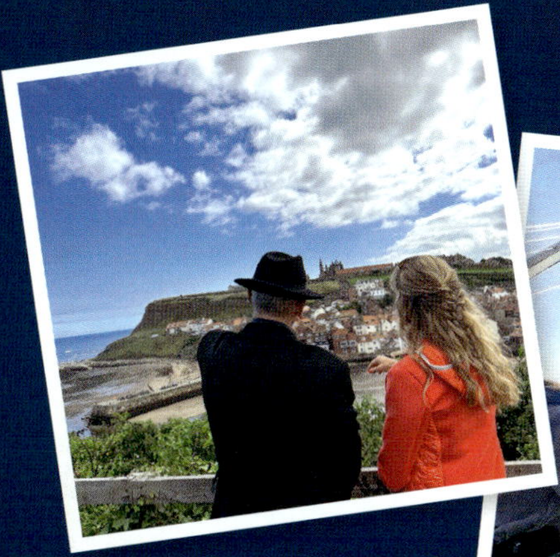

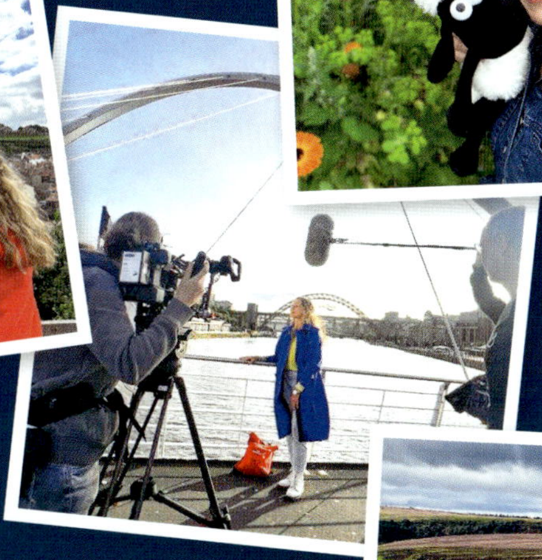

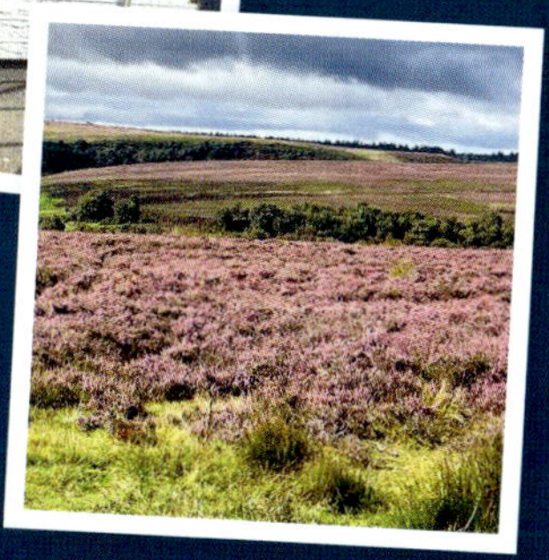

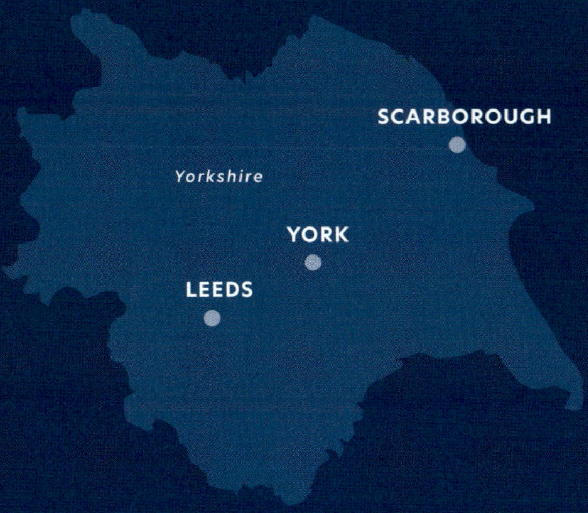

Aristoteles
„Man kann es auf weiten Reisen erleben, wie vertraut und lieb der Mensch dem Menschen ist."

TAMINA KALLERT

Willkommen in Yorkshire

Yorkshire? Ich musste erst mal auf der Landkarte nachschauen, wo diese englische Grafschaft überhaupt liegt. Aha, eher nördlich, irgendwie mittendrin. Und welche Städte gibt es da? York, klar. Die größte Stadt ist aber Leeds. Ganz fern eine Erinnerung aus dem Schulunterricht: Textilindustrie, mechanische Webstühle, Arbeitskämpfe. Ich schaute weiter auf die Karte und sah: Yorkshire grenzt an die Nordsee. An der Küste entdeckte ich das Städtchen Scarborough und hatte sofort die Stimmen von Simon und Garfunkel im Ohr. *„Are you going to Scarborough Fair …"*. Das ist eines der Lieder, bei denen man die erste Zeile singt – und dann nur noch weitersummt, weil der Text nicht sitzt. Wovon singen die beiden da eigentlich? Ich lese, dass es sich um ein altes Volkslied handelt. Ein Mann stellt der Frau, die ihn liebt, unmögliche Aufgaben. Wäsche waschen in einem vertrockneten Brunnen zum Beispiel. Nur wenn sie das schafft, wird er sie lieben – mit anderen Worten: nie! Hm, ganz schön traurig. Ob in Yorkshire wohl ein fieser Menschenschlag wohnt? Auch von *„parsley, sage, rosemary, and thyme"* ist in dem Lied die Rede, von Petersilie, Salbei, Rosmarin und Thymian, also Kräutern, die viel Sonne benötigen – und das gleich in allen elf Strophen. Vielleicht ist Yorkshire doch nicht so verregnet, wie ich es mir vorstelle?

Erster Drehtag in Scarborough. Es goss in Strömen, das Wasser kam von allen Seiten, Regen, Meer und Horizont waren ein einziges Grau. Wir haben unter dem Dach der Strandpromenade Schutz gesucht, trotzdem wurden wir von verwehtem Regenwasser eingesprüht. Nicht daran zu denken, auch nur ein paar Schritte im Freien zu machen. Bei uns stand die Querflötistin Kathy Seabrock, die eigentlich am Strand „*Scarborough Fair*" spielen sollte. Alles war perfekt geplant: Kathy spielt die ersten Takte der alten Volksballade mit Blick übers rauschende Meer, der Ton blendet langsam über in eine volltönende Orchesterversion, die in Köln noch eigens eingespielt werden sollte. Anschwellende Töne, von der einsamen Querflöte in ein symphonisches Erlebnis hinein - Gefühle pur. Aber es schwollen nur die Regenpfützen an und das Meeresrauschen ging im Geprassel des Regens auf dem Blechdach des kleinen Kiosks unter, neben dem wir standen. Das Lädchen war vollgestopft mit schrillbunten und schrägen Souvenirs. Durch das kleine Schaufenster fiel mein Blick auf eine Tasse mit der Aufschrift: „Wenn's dir im Leben mal schlecht geht, mach es wie die Hunde: *Piss on it*." Ganz schön drastisch. Aber im Kern irgendwie wahr. Wir sitzen in England im Regen. Na und?

Apropos Hunde. Ich hatte natürlich erwartet, dass uns dort auf Schritt und Tritt die kleinen Yorkshire-Terrier begegnen würden und ich einen von ihnen streicheln und knuddeln könnte. Tiere sind meine Leidenschaft, und weil ich alles aufnehmen will, was sich meinen Sinnen bietet, habe ich auch schon Schlangen und Erdmännchen beschmust. Ich freute mich also schon darauf, einen Yorkie auf den Arm nehmen zu dürfen.

An Hunden mangelte es nicht, nie sah ich mehr als bei diesem Dreh in Yorkshire. Und auch an diesem Tag waren trotz der herabstürzenden Sintfluten viele Hunde mit ihren wetterfest gekleideten Frauchen und Herrchen auf der Promenade unterwegs. Wenn ein besonders kleines Exemplar an uns vorbeilief, wagte ich mich in den Regen und fragte den Menschen am anderen Ende der Leine, ob es sich um einen Yorkshire-Terrier handelte. Weil die Vierbeiner wie aus dem Wasser gezogen aussahen, war das nämlich nicht genau erkennbar. Doch jedes Mal erhielt ich eine abschlägige Antwort. Dafür machte ich erste Bekanntschaft mit der Gelassenheit und dem coolen Humor der Einwohner von Yorkshire. Ich sehe mich noch neben der älteren Dame mit dem Norfolk-Terrier an der Leine stehen, uns beiden tropfte das Wasser breitflächig von den Kapuzenrändern ins Gesicht, die Hosenbeine klebten an den Waden und das Wasser

Für Menschen in aller Welt sind die sanfthügeligen, von Steinmauern durchzogenen Weiden zum Inbegriff der englischen Landschaft geworden.

schwappte wieder oben aus den Schuhen heraus. Und sie fragte mich mit strahlendem Lächeln und einem Zwinkern in ihren Augen: „*How do you like it here?*"

Also erst mal kein Yorkshire-Terrier. Dabei sollte die Tierliebe der Engländer eines der Themen in der Sendung werden. Schon allein, weil der berühmteste Tierarzt der Welt in Yorkshire seine Praxis hatte. James Herriot, der eine ganze Buchreihe über den „Doktor und das liebe Vieh" schrieb, hieß eigentlich James Walsh. Und das Örtchen Darrowby, in dem seine Geschichten spielen, hat in der Realität einen anderen Namen: Thirsk. Seine Bücher haben in England einen so hohen Kultstatus, dass die Gegend um Thirsk, wo auch die Fernsehfassungen gedreht wurden, heute Herriot County heißt. Für Menschen in aller Welt sind die sanfthügeligen, von Steinmauern durchzogenen Weiden zum Inbegriff der englischen Landschaft geworden.

James Herriot war wirklich Tierarzt und nach seinem Tod in den 1990er-Jahren wurde das Haus, in dem er gewohnt und praktiziert hatte, in ein Museum umgewandelt. In seine Fußstapfen trat sein ehemaliger Mitarbeiter Peter Wright. Mit ihm war ein Treffen in der ehemaligen Tierarztpraxis verabredet, und damit die museale Umgebung lebendig wird, sollte er einen Welpen untersuchen und impfen. Aber es kam anders als geplant. Mr Wright kam eine dreiviertel Stunde zu spät, zeigte sich routiniert-gelangweilt, und der versprochene Welpe war lieber im warmen Körbchen geblieben. Schweren Herzens mussten wir uns von der Idee verabschieden, einen lieben Hund in der historischen Umgebung näher kennenzulernen. Also machten wir uns auf die Suche nach einer vielversprechenderen Tiergeschichte.

Ganz im Gegenteil! Sie sind offen und haben immer einen flotten Spruch auf Lager.

In Yorkshire war das kein Problem, denn hier schlägt das Herz der britischen Tierliebe. Wo sonst auf der Welt gibt es *dog friendly toilets*, also öffentliche Toiletten, in die Hunde mit hineingenommen werden können? In vielen Bed & Breakfasts sind Hunde willkommen und sogar eine Eisbar für Hunde entdeckten wir: Neben einem Eiscafé für Menschen wurde Eis speziell für Vierbeiner angeboten. Nur meine Suche nach einem Yorkshire-Terrier blieb ohne Erfolg.

Das gesamte Team amüsierte sich über meine vergeblichen Bemühungen, mit einem Herrchen oder Frauchen eines Yorkies ins Gespräch zu kommen. Dass mir das nicht gelang, lag nicht etwa daran, dass die Menschen in Yorkshire zurückhaltend oder gar unfreundlich gewesen wären. Ganz im Gegenteil! Sie waren offen und hatten immer einen flotten Spruch auf Lager. Wir fanden nur einfach keinen einzigen Yorkshire-Terrier! Sieben Tage lang sah ich Zwergschnauzer, Norwich-Terrier, Cairn-Terrier und viele mehr. Aber nie einen Yorkie. Zum Glück gibt es ja noch andere weltberühmte vierbeinige Einwohner Yorkshires. Einen von ihnen entdeckten wir gleich am verregneten ersten Tag in Scarborough.

Wenn man sich miteinander Zeit vertreiben muss, erfährt man einiges voneinander. So war es auch, als wir auf der Promenade von Scarborough im Pladder-Regen saßen. Die Flötistin erzählte uns, dass sie mit Kindern Musikaufführungen einübte und lud uns kurzerhand in den nahegelegenen Konzertsaal ein. In der Requisite, ganz versteckt hinten in einer Ecke, fanden wir ein aufblasbares Exemplar von Shaun dem Schaf. Dessen Geschichten haben es mir ja angetan. Dass sie überall auf der Welt verstanden werden, liegt nicht nur daran, dass sie ganz ohne Worte auskommen. Der gewitzte Shaun, die immer hungrige Shirley und Bitzer, der Hund, der so durch und durch Aufpasser ist und alles kontrollieren will - sie alle sind ganz elementare Charaktere, in denen sich jeder wiederfinden kann.

Schnell stellten wir fest, dass alle im Team Fans des abenteuerlustigen Schafs waren. Seine kugelrunden Augen zauberten uns sofort ein Lächeln ins Gesicht. Wir zogen das Schaf aus seiner Ecke hervor und überlegten: Wie geht noch mal die Melodie von „Shaun, das Schaf"? Die Querflötistin spielte sie aus dem Stand nach. Es war ein Moment für die Ewigkeit.

Aber wie kommt Shaun nach Yorkshire? Die Landschaft, in denen das erfindungsreiche Schaf seine Abenteuer besteht, ist den Yorkshire Dales, also den typisch englischen Tälern und Hügeln dieser Region, nachempfunden. Das macht Shaun nach James Herriot zum zweiten weltberühmten Einwohner Yorkshires. Wir sahen auch echte schwarzgesichtige

Schafe – die Rasse heißt zwar Suffolk-Schaf, aber sie ist typisch für Yorkshire. Ich beschloss, wenn ich schon keinen Yorkie streicheln konnte, wollte ich wenigstens ein lebendiges Shaun-Schaf auf die Nase küssen. Doch auch dieses Vorhaben wollte einfach nicht gelingen. Wenn wir im Teambus an einer Schafherde vorbeikamen, hieß es fast immer: „Nein, Tamina, wir halten hier nicht an! Wir bleiben im Zeitplan!“ Und wenn ich die anderen dann doch mal überreden konnte, kurz auszusteigen, suchten die Schafe jedes Mal blökend das Weite. Ich kam noch nicht einmal auf zehn Schritt an eines heran! Es wurde zu einem *running gag* im Team. Ich war ständig auf der Suche nach Yorkshire-Terriern und schwarzköpfigen Schafen. Doch noch nicht einmal in den Souvenirläden war ein Shaun zu haben. Ausverkauft!

Da war sie wieder: die unvergleichliche Art, aus einem nicht immer einfachen Leben das Beste herauszuholen.

Irgendwann hatte unser Kameramann Jürgen eine Überraschung für uns: Er hatte im Internet einen Shaun, eine Shirley und einen Bitzer bestellt. An den restlichen Tagen unserer Reise fuhr Shirley vorne auf dem Armaturenbrett mit; Shaun und Bitzer saßen hinten auf einer der Rückbänke. Für Tontechniker Armin war klar: Der überkorrekte Bitzer musste natürlich angeschnallt werden! Wir hatten einen Riesenspaß. Und wenn das Wetter manchmal auch grau und wild war – ein Blick auf Shirley genügte, und die Laune war wieder ganz oben.

Mit gemischten Gefühlen war ich nach Yorkshire gereist, und ich wurde von der Schönheit der Landschaft überwältigt. Am meisten aber hatten es mir die Menschen in Yorkshire angetan. Schon ihre Art zu kommunizieren war eine Wohltat. *„How can I help you, dear?“*, hieß es oft. Oder: „Hier ist das Wechselgeld für dich, *love.*“ In den ersten drei Nächten waren wir in der Nähe von Pickering in einem Bed & Breakfast, das von dem Ehepaar Joanne und Andrew und dessen Bruder Colin betrieben wurde. Es lag verkehrsgünstig an einer großen Verbindungsstraße und war architektonisch kein Highlight. Aber die Wärme der Menschen machte es zu einer der gemütlichsten Unterkünfte, in denen ich je zu Gast war.

Wenn wir morgens vor einem langen Drehtag in den Frühstücksraum kamen, war alles schon liebevoll eingedeckt. Und wenn wir abends müde und abgekämpft zurückkamen, war der Arbeitstag der Familie noch lange nicht vorbei. Einmal fragte ich Colin, ob es nicht hart wäre, jeden Tag und ohne Wochenende 16 Stunden zu arbeiten. Er schaute mich freundlich an und nickte: „Ja, das ist schon hart. Aber besser, als in einer Kohlenmine zu arbeiten, *honey.*" Da war sie wieder: die unvergleichliche Art, aus einem nicht immer einfachen Leben das Beste herauszuholen.

Jeden Morgen gab es englisches Frühstück mit Toast, Speck, Bohnen, geschmorten Tomaten und Würstchen. Hier in Yorkshire gehörten auch noch Black Pudding und Yorkshire Pudding dazu. Diese Speisen haben nichts mit unserem süßen Nachtisch zu tun, sondern es handelt sich um eine sehr fette Blutwurst und um eine Art salzigen Pfannkuchen. Täglich fragte Colin jeden von uns: „Was darf es denn heute sein?" Die meisten im Team begnügten sich mit *toast* und *jam,* manche nahmen Müsli oder Porridge. Nur für Armin war das gehaltvolle und herzhafte englische Frühstück keine Herausforderung und er langte begeistert zu. Am dritten Tag wollte Maskenbildnerin Marie es mit einer kleinen Portion Bohnen versuchen. *"I'd like to try just a little portion of beans",* sagte sie zaghaft. Colin nickte erfreut, machte zwei Schritte, drehte sich dann noch einmal um und sagte mit unnachahmlicher Nonchalance: *„I'll bring you two or three beans, dear, would that be fine with you?"*

Die unzähligen Frühstücke, die ich in 20 Jahren auf meinen Reisen in Hotels und anderen Unterkünften zu mir genommen habe, verschwimmen in meiner Erinnerung. Aber in diesem kleinen Bed & Breakfast in Yorkshire wusste ich sofort: Dieses Frühstück und Colins Vorschlag, Marie zwei oder drei Bohnen zu bringen, werde ich mein Leben lang nicht vergessen. Und auch nicht die persönliche, freundliche und lebenskluge Atmosphäre, die in diesem B & B herrschte – absolut *cosy* hinter einer auf den ersten Blick unspektakulären Fassade. So wie Yorkshire eben.

Eines unserer Reiseziele in Yorkshire war der Themenpark *„Forbidden Corner".* Mitten im schönen Nationalpark der Yorkshire Dales hat ein

Schlossbesitzer seiner Fantasie freien Lauf gelassen und rund um sein Domizil einen Park mit allerlei kuriosen Belustigungen angelegt. Zuerst waren die nur für seine Familie gedacht, doch nach und nach wurde die Anlage immer größer. Also rein ins Vergnügen!

Auch hier trafen wir wieder auf Yorkshire pur: skurril, voll von schrägem Humor und unerwarteten Wendungen. Eine halbe Stunde vor der offiziellen Öffnung des Parks durften wir mit dem Drehen beginnen. Den Eingang bildete das Maul eines Ungeheuers – mit einer anatomischen Besonderheit: Ein paar Meter hinter der Zahnreihe baumelte ein Zäpfchen von der Decke. Und wer dieses empfindliche Gebilde berührte, löste ein gewaltiges Rülpsen aus. In diesem Stil ging es weiter: an jeder Ecke eine nicht immer geschmackssichere Überraschung – von kleinen Schmunzlern bis zu ausgewachsenen Schreckmomenten war alles dabei.

So eine überdimensionierte Geisterbahn ist ja eigentlich nicht mein Ding, aber wenn man sich auf die Skurrilität einließ, konnte man jede Menge Spaß haben. Weil Autorin, Kameramann und Toningenieur in der Woche zuvor schon dort gedreht hatten, kannten sie die Fallstricke bereits und führten mich mit diebischem Vergnügen durch den Park. Und auch ich verfiel in diese milde Form der Schadenfreude, wenn ich Besucher sah, die so wie ich ein paar Minuten zuvor ahnungslos in eine Falle tappten.

Das waren alles harmlose Späße – mehr als nass werden konnte man nicht. Und trotzdem ereilte mich im *„Forbidden Corner"* der Schreck meines Lebens. Unser Autor Michael führte mich in ein leeres, fensterloses Gemach mit märchenhaftem Kuppeldach. Acht gleiche Türen befanden sich in diesem Raum, durch eine dieser Türen waren wir hereingekommen. Und ich sollte nun probieren, was sich hinter den sieben anderen Türen verbarg. „Wir sagen dir nicht, was auf dich zukommt", meinte Michael. Ich sollte allein in dem Raum bleiben und mit einem speziellen Handy filmen, wie ich eine Tür nach der anderen öffne. Und damit es für die Zuschauer nicht zu lange dauerte, zeigte mir Michael die Tür, hinter der die Überraschung lauerte. Die verräterische Vorfreude der Kollegen verhieß einiges.

Nun war ich allein im Raum. Das Handy konnte gleichzeitig in zwei Richtungen filmen, es nahm also gleichzeitig das Geschehen vor der

Kamera und auch mein Gesicht auf. Damit ich selbst etwas sehen konnte, musste ich das Handy auf Brusthöhe halten, es filmte also mein Gesicht von schräg unten. „Na, vorteilhaft ist anders", dachte ich. Aber nur so konnten meine Emotionen festgehalten werden. Innerlich gewappnet gegen den zu erwartenden Schreckmoment stellte ich mich in die Mitte des Raumes und drehte mich ein paarmal um mich selbst, um zu zeigen, dass alle acht Türen völlig gleich aussahen. Dann ging ich zur ersten Tür, öffnete sie vorsichtig – nichts. Dann die zweite – nichts. Das wusste ich ja, keine Überraschung. Dann näherte ich mich der Tür, die Michael mir gezeigt hatte, und öffnete sie. Wieder nichts! Beim Drehen um die eigene Achse hatte ich die Orientierung verloren und eine falsche Tür geöffnet. Mist! Da ging auch schon eine andere Tür auf, Michael kam kopfschüttelnd herein und zeigte auf eine der anderen Türen: „Tamina, *dies* ist die Tür, hinter der die Überraschung auf dich wartet."

Wahrscheinlich springt mich irgendetwas an. Oder ein Wasserstrahl trifft mich. Ich hatte sogar schon überlegt, ob da ein Spiegel auf mich wartet.

Also noch mal alles auf Anfang. Ich filme, wie ich den Raum betrete, drehe mich in seiner Mitte um meine Achse, öffne wieder mit viel Tamtam zwei falsche Türen und stehe dann vor der dritten Tür. In der einen Hand halte ich das Handy, die andere Hand bewegt sich zögernd auf die Türklinke zu. Wahrscheinlich springt mich irgendetwas an. Oder ein Wasserstrahl trifft mich. Ich hatte sogar schon überlegt, ob da ein Spiegel auf mich wartet. Das kann ja auch ein ziemlicher Schreckmoment sein, unvermutet auf sich selbst zu treffen.

Ich hatte echt gedacht, dass mich nichts aus der Fassung bringen könnte. Aber was mich erwartete, war der totale Schock. Hinter der Tür stand – Michael! Ich stieß einen Urschrei aus. Noch nie in meinem Leben hatte mich etwas so erschreckt! Was war passiert? Ich hatte mich wieder in der Tür vertan und zufällig die Tür geöffnet, hinter der Michael und die anderen Kollegen warteten. In meiner Alarmstimmung hatte ich mit allem gerechnet, nur nicht damit, dass jemand, den ich hinter einer ganz anderen Tür wähnte, plötzlich vor mir stehen würde.

Später kursierte in unserer WhatsApp-Gruppe ein Screenshot aus dem Film, den das Handy aufgenommen hatte: ich mit weit aufgerissenem Mund, meine Augen springen fast aus ihren Höhlen, in ihnen die nackte Panik. Das Bild kann ich mir bis heute nicht anschauen, es ist einfach zu grässlich. Wohin die „richtige" Tür führt, verrate ich nicht. Im Vergleich zu dem Schreck, den ich erlitten habe, ist das, was den Besucher dort erwartet, einfach nicht der Rede wert.

Die Reise nach Yorkshire hatte bis dahin für mich nur einen einzigen Wermutstropfen: Kein einziges Mal war ich mit einem Schaf auf Tuchfühlung gekommen, keinen einzigen Yorkie hatte ich gestreichelt. Auch Salbei, Rosmarin und Thymian glänzten durch Abwesenheit.

Und dann passierte es doch noch. Wir hatten in Newcastle gerade die Schlussmoderation abgedreht, mit Folk-Livemusik und einem lässigen Publikum im Hintergrund. Das Team packte ein, Abfahrt in 10 Minuten, abends würden wir schon im Flieger nach Hause sitzen. Da klopfte mir unsere Kamerafrau ganz sacht auf die Schulter. „Tamina, bevor wir jetzt gehen", sagt sie, „schau doch mal da hinten um die Ecke. Da wirst du etwas entdecken."

Kurz zögerte ich. Mir steckte noch das „Da wirst du etwas entdecken" aus der *„Forbidden Corner"* in den Knochen. Aber natürlich siegte meine Neugier. Zuerst wusste ich nicht, was sie meinte. Aber dann sah ich sie: ein auf einer Bank sitzendes Paar und das winzige Hündchen auf dem Schoß der Frau. „Ist das ein Yorkshire-Terrier?", fragte ich ganz leise. Stolz kam die zustimmende Antwort, dass „Ralph" tatsächlich ein reinrassiger Yorkie sei. „Darf ich ihn mal streicheln?" Ja, ich durfte. Behutsam berührte ich das etwas drahtig aussehende Fell. Es war überraschend weich! Meine Finger versanken geradezu in Ralphs Fell. Ich streichelte und streichelte und konnte kaum aufhören, weil es so ein wunderbar angenehmes Gefühl war. *„He is so soft!"*, sagte ich zu seiner Besitzerin. Und sie nickte ernst und antwortete: „Ja, ich nehme nur mein eigenes Shampoo für ihn."

Yorkshire, das ist der Landstrich, in dem Hunde mehr als willkommen sind, es für sie ein eigenes Eis und ein Körbchen im Hotelzimmer gibt und in dem die freundlichsten und humorvollsten Menschen zu Hause sind. Im Vorfeld hatte ich keine großen Erwartungen an Yorkshire gehabt.

Doch diese total unterschätzte Region eroberte mein Herz. Wenn ich an diese Reise denke, habe ich sofort Kathy vor Augen, die so wunderbar die Shaun-das-Schaf-Melodie spielte, den auf dem Rücksitz angeschnallten Bitzer und natürlich Colin aus dem Bed & Breakfast, der sich von uns allen persönlich mit einer Umarmung verabschiedete. Der Tourbus war gepackt, die nächsten Termine standen an, und er winkte noch einmal voller Herzlichkeit und rief uns zu: *„You will be missed!"*

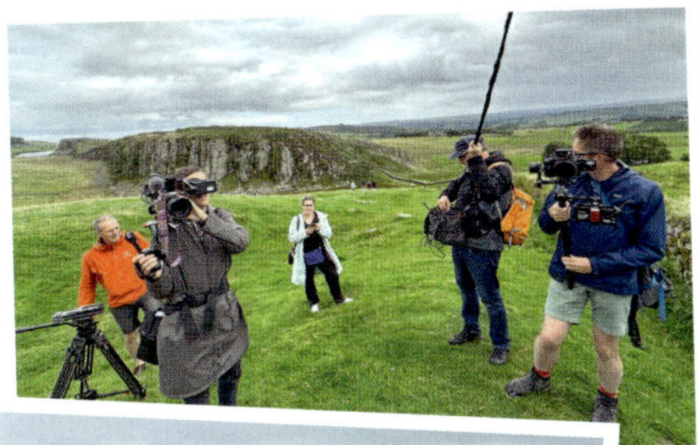

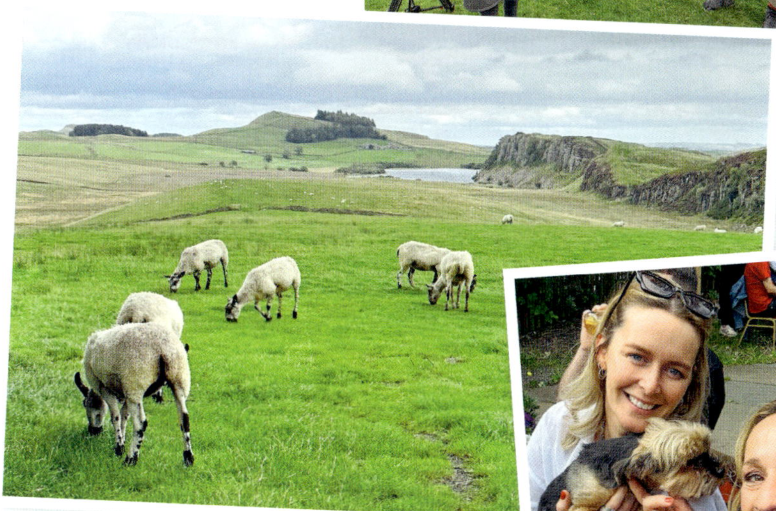

Suffolk-Schafe

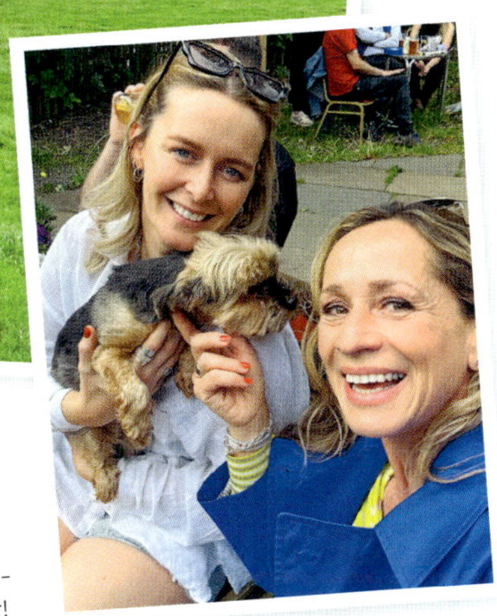

Endlich gefunden – ein Yorkshire-Terrier!

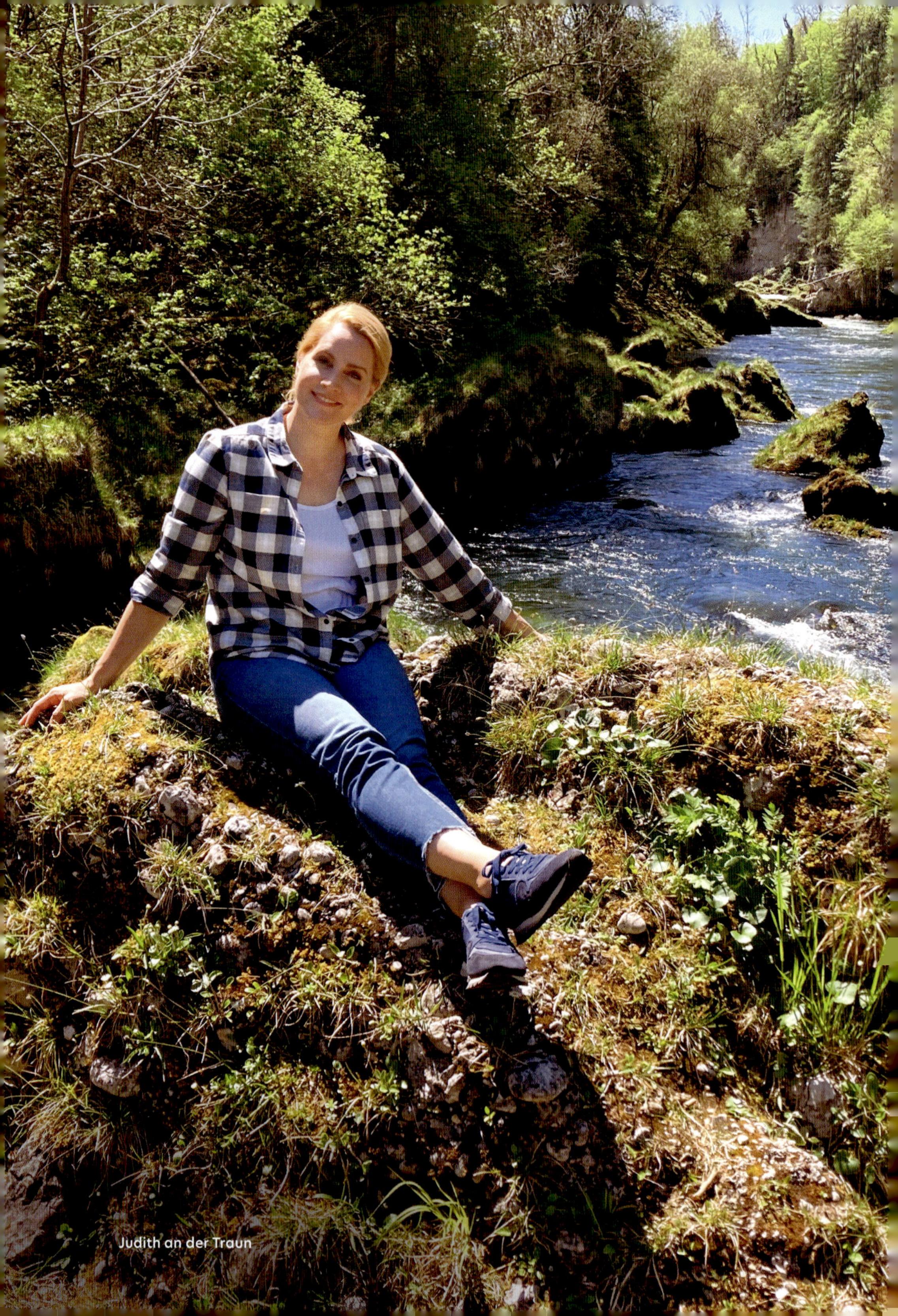

Judith an der Traun

REISEREPORTERIN MIT HERZ UND SEELE - UND MIT HÖHENANGST

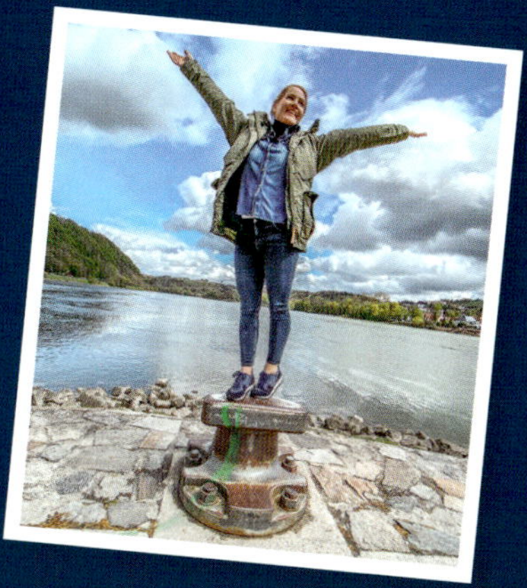

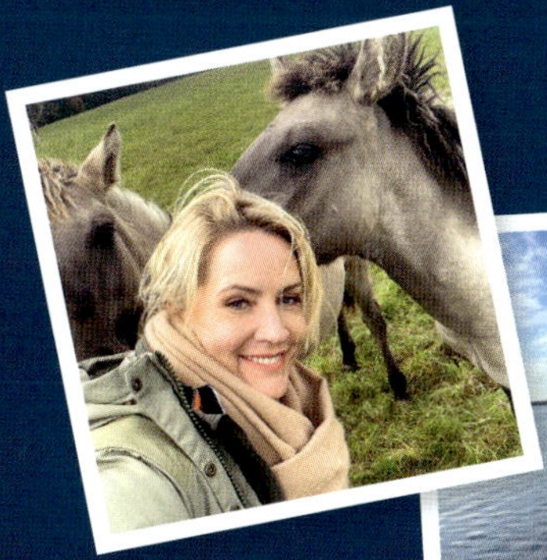

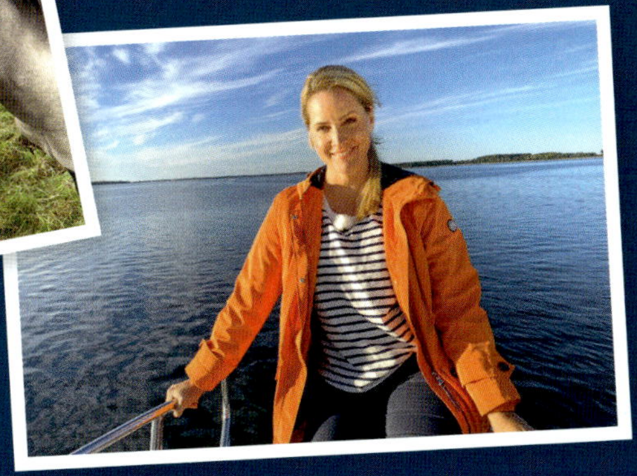

Konfuzius

„Wähle einen Beruf, den du liebst, und du brauchst keinen Tag in deinem Leben mehr zu arbeiten."

JUDITH RAKERS

Reisereporterin mit Herz und Seele - und mit Höhenangst

„Willkommen im ‚Wunderschön'-Team! Wir freuen uns auf dich!", hieß es von Seiten des WDR sehr herzlich, als ich Anfang 2021 zum Team der Moderatorinnen und Moderatoren von „Wunderschön" stieß. Kurz zuvor hatte der NDR entschieden, sich an der Sender-Kooperation für dieses Reiseformat zu beteiligen und ich sollte die Moderation für die NDR-/WDR-Koproduktionen übernehmen.

Beim Publikum im Norden war ich bereits als umtriebige Reisereporterin bekannt. Denn ich hatte die Inseln in Nord- und Ostsee besucht, um dort in einem ähnlichen Format Land und Leute zu treffen und vorzustellen: Sylt, Föhr, Amrum, Norderney, Spiekeroog, Langeoog, Juist, Rügen, Hiddensee, Usedom, Pellworm etc.

Ich hatte Wattwanderungen in den Sonnenuntergang unternommen, war mit Fischern frühmorgens aufs Meer gefahren, in selbst gebauten Flugzeugen geflogen, hatte trotz Höhenangst und ohne Ohnmachtsanfall einen Fallschirmsprung überlebt und etliche weitere Abenteuer erlebt.

Vor allem aber hatte ich in dieser Zeit unglaublich interessante und beeindruckende Menschen getroffen. Und sie sind der Grund, warum ich neben meiner Arbeit im Studio immer wieder „raus" wollte. In die Natur, in die Abenteuer, aber vor allem: zu den Menschen.

Mein großes Interesse an anderen Menschen hat dazu geführt, dass ich mich bereits als Schülerin für den Journalismus entschied. Schon früh war ich fasziniert von der Unterschiedlichkeit der Menschen in ihren

Leidenschaften, Sichtweisen und der Art, wie sie leben. Ich wollte nach dem „Warum" fragen dürfen, ich wollte eintauchen in andere Lebenswirklichkeiten und ich wollte ins Gespräch kommen.

Neben meiner 19-jährigen Nachrichtentätigkeit für die „Tagesschau" habe ich deshalb auch immer schon andere Formate wie die Talkshow „3nach9" moderiert und war parallel dazu mit Leidenschaft Reporterin. Erst für das „Hamburg Journal", dann für etliche gesellschaftskritische Reportagen des NDR, in denen es z. B. um Altersarmut ging, um Obdachlosigkeit oder Flüchtlinge.

Und dann fragte der NDR irgendwann, ob ich für das Sommerprogramm des Senders nicht auch mal Reisereportagen über deutsche Inseln machen könne. Es sollte zunächst nach Rügen, Sylt und Föhr gehen. Ich war sofort begeistert. Reisereportagen! Eine neue Herausforderung! Und wieder neue Welten und ihre Menschen, die ich entdecken konnte.

5 Jahre lang bin ich also drei- bis viermal im Jahr für 10 Tage aus dem „Tagesschau"-Studio ausgezogen, um Inselwelten vorzustellen, und hatte dabei lange, anstrengende Drehtage. Anstrengender als der Studio-Job in Hamburg – aber für mich so wichtig, um das Gefühl zu haben: Ich bin noch dran an der Lebenswirklichkeit der Menschen, an ihren Gedanken, Träumen und Problemen. Ich mache trotz der Tagesschau-Karriere, die nun mal im Studio stattfindet, noch das, warum ich diesen Beruf einst gewählt habe.

Als die „Inselreportagen" dann abgedreht waren und der NDR beschloss, mit den beliebten Reisesendungen weiterzumachen und bei „Wunderschön" einzusteigen, freute ich mich sehr.

„Es ist ja immer schön, wenn Reporterin und Ziel gut zusammenpassen. Wo liegen denn deine Interessen?", fragten mich die zuständigen WDR-Redakteure in unserer ersten Redaktionskonferenz. „Gibt es Regionen, die du besonders gern vorstellen würdest? Und was möchtest du auf keinen Fall machen? Wo sind deine Grenzen?" Ich antwortete: „Ich bin eigentlich offen für alles und habe auch keine geographischen Präferenzen. Es gibt überall interessante Menschen. Ich freue mich auch auf schwierige Gesprächspartner. Und ich mache jedes Abenteuer mit, außer Sachen mit Höhe. Ich habe schlimme Höhenangst." „Großartig, dass du so offen bist", fanden die Redakteure. „Dann vermerken wir nur das mit der Höhenangst."

Für unsere erste Reportage hatte die Redaktion Österreich als Reiseziel ausgesucht. Es war Frühsommer und unser Film sollte zeigen, was man auf einer Tour von Passau bis Wien so alles erleben kann. Und ich als Reporterin erlebte zuerst einmal ein sehr professionelles Team, denn Andreas, der Autor, hatte in den Rechercheunterlagen eine wunderschöne Route und unterschiedlichste Erlebnisse zusammengestellt. Ich sollte in einem eiskalten Gebirgsfluss schnorcheln gehen, mich beim Trailrunning bergauf und bergab verausgaben, Marillenknödel backen, mit einem Zillenboot fahren, zu einer Bio-Alm wandern, Graffitikunst lernen und die Wiener Hofreitschule besuchen, weil ich als Pferdefrau dort doch bestimmt die richtigen Fragen stellen würde.

Dass meine Kernkompetenz nämlich eigentlich essen und genießen ist, hatte ich im Vorgespräch noch verschwiegen.

Bis hierhin war ich begeistert und freute mich insgeheim schon: „Toll. Ich darf Pferde besuchen und Marillenknödel backen und sicher auch probieren!" Dass meine Kernkompetenz nämlich eigentlich essen und genießen ist, hatte ich im Vorgespräch noch verschwiegen, weil ich nicht sofort den Stempel „Fresssäckchen" bekommen wollte in diesem neuen Team – obwohl das Label eigentlich ganz gut passt zu mir.

Doch dann rückte Andreas noch mit den folgenden Ideen heraus: Interviews im historischen Riesenrad im Wiener Prater und ein Motorschirmflug über Passau. Ich warf etwas verunsichert ein: „Also eigentlich hatte ich ja im Vorfeld schon gesagt, dass ich Höhenangst habe. Ich kriege Panik im Riesenrad und was genau ist ein Motorschirmflug?"

Andreas erwiderte mit seinem Wiener Akzent und dem Enthusiasmus eines Vollblut-Filmemachers: „Du, das ist ganz toll in so einem Riesenrad. Eine Wahnsinns-Kulisse für ein Interview. Und bei dem Motorschirmflug fliegt man gar nicht so hoch. Das sind sensationelle Bilder!"

Und dann schob er noch nach: „Eigentlich hätte ich dich gerne auch noch einen Bungee-Sprung vom Donauturm in Wien machen lassen

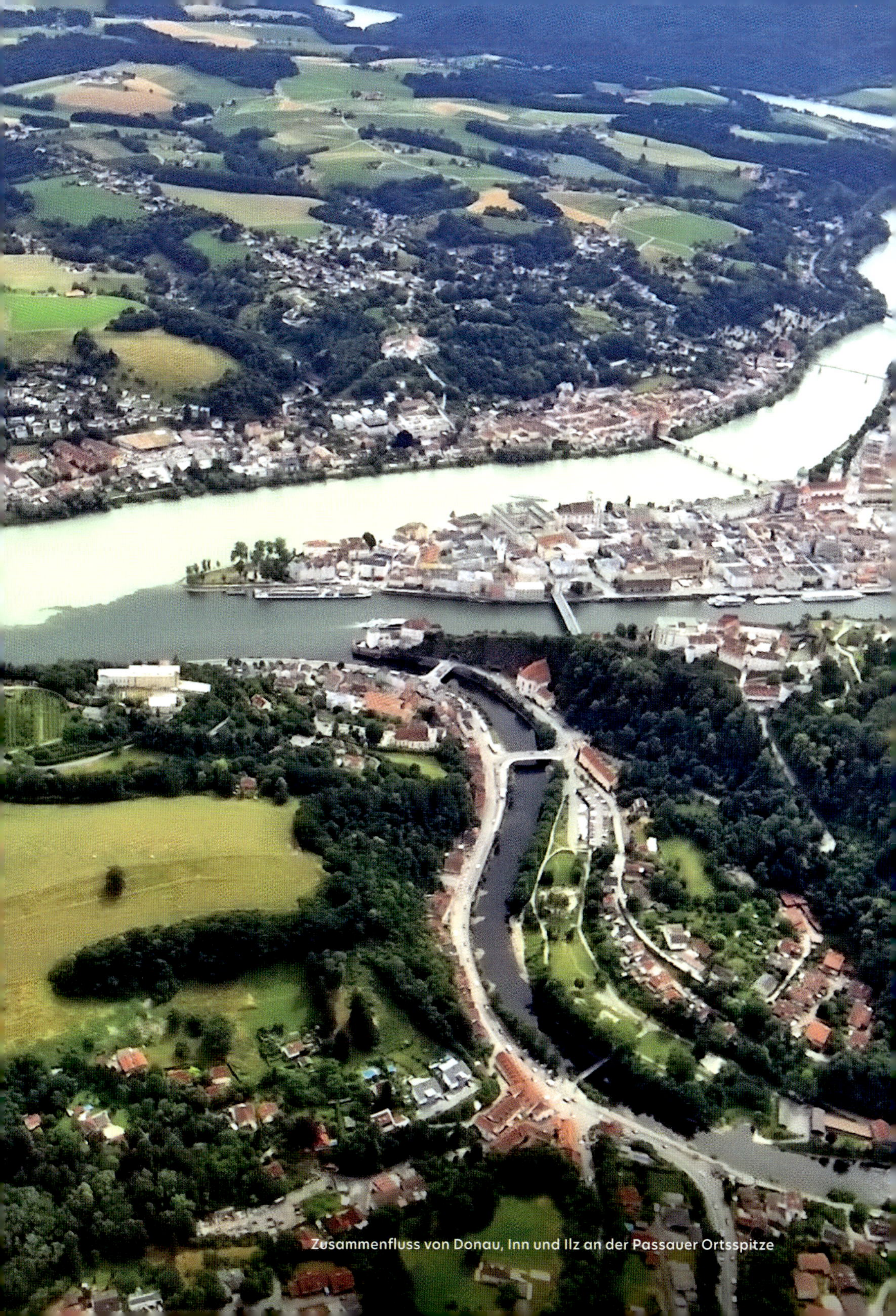

Zusammenfluss von Donau, Inn und Ilz an der Passauer Ortsspitze

wollen, aber die Redaktion hat das rausgestrichen, weil du Höhenangst hast."

Ich lachte: „Na, Gott sei Dank! Ein Bungee-Sprung ist ja wohl der absolute Alptraum! Aber ich kann leider auch nicht in ein Riesenrad steigen und dort ein Interview führen. Ich würde dort nur wie Espenlaub vor mich hinzittern. Tut mir leid!"

Und dann erzählte ich von dem Fallschirmsprung über Sylt einige Jahre zuvor, von dem die damalige Autorin sich in der Theorie auch schöne Bilder erhofft hatte. Sie dachte, die Kamera könnte filmen, wie ich juchzend aus dem Flugzeug springe, um dann noch im Flug mit strahlendem Gesicht und geblähten Wangen beide Daumen in die Höhe zu strecken. In Wirklichkeit sah es aber leider so aus, als hätte sich der Fallschirm-Profi eine Leiche vor die Brust geschnallt – so bleich und regungslos hing ich in dem Fallschirm-Geschirr. Ich schloss die Anekdote mit: „Ich verstehe, was ihr euch erhofft von dem Dreh, aber es wird nicht so, wie ihr euch das vorstellt ..."

„Ich verstehe, was ihr euch erhofft von dem Dreh, aber es wird nicht so, wie ihr euch das vorstellt ..."

Andreas antwortete leicht enttäuscht, aber verständnisvoll: „Sehr schade. Dann nehmen wir das Riesenrad nur in die Bildstrecke. Den Motorschirmflug musst du aber unbedingt machen. Das ist so toll! Das wird dir bestimmt gefallen!"

Weiterer Widerstand war ganz offensichtlich zwecklos und so lächelte ich meine Bedenken weg und akzeptierte.

Ich darf für den Gleitschirmflug an dieser Stelle aber schon mal folgende Zusammenfassung der Dreharbeiten vorausschicken: Es gefiel mir nicht. Ich hatte mal wieder Höhenangst. Allerdings erst an Tag 5 der Dreharbeiten.

Vorher durfte ich laut Drehbuch genau das tun, wofür mein Herz schlägt. Ich durfte Menschen treffen, die sich schon auf dem Papier so unglaublich interessant anhörten: Gräfin Alix zum Beispiel, die Urenkelin des 1914 in Sarajevo ermordeten Thronfolgers Franz Ferdinand. Ein Ereignis, das Geschichte schrieb, weil es zum Ersten Weltkrieg führte. Ich hatte sofort Fragen im Kopf, die ich unbedingt stellen wollte: Wie fühlt es sich an, wenn Weltgeschichte Teil der eigenen Familiengeschichte und Biografie ist? Was hat das Attentat mit der Familie gemacht? Welche Bedeutung haben Monarchie und Adel für die Gräfin heute – in Österreich, einem Land, in dem Adel und blaues Blut noch einen anderen Stellenwert haben als in Deutschland?

Und dann war da die Frau, die als „Oma Erika" im Drehbuch stand und die aus dem familieneigenen Handwerksbetrieb ein Hotel gemacht hatte. Wie war es für sie und ihre Familie, als keine traditionellen Zillenboote mehr gebraucht wurden? Als die Einkommensquelle plötzlich wegbrach und man umsatteln musste? Was macht das mit einer Familie?

In meinen Unterlagen zur Vorbereitung stand, dass Erika ihren zukünftigen Ehemann 10 Jahre warten ließ, weil sie sich erst mal ganz pragmatisch um die Umstrukturierung des Betriebs kümmern musste. Ich wollte diese spannende Frau unbedingt näher kennenlernen und genoss den Nachmittag auf ihrer Terrasse und das lange intensive Gespräch mit ihr sehr.

> **Doch weil man beim Dreh die Zeit zum gemeinsamen Erleben und zum intensiven Gespräch hatte, werden die Teile, die für den Film ausgesucht werden, besonders intensiv und echt.**

Für den Film werden diese langen Interviews dann immer stark zusammengeschnitten. Aus einem mehrstündigen Dreh mit Hotelbesichtigung, Zillenbootfahrt in der Donauschlinge, Interviews mit der Familie und gemeinsamem Essen wurden im Film am Ende nur wenige Minuten. Doch weil man beim Dreh die Zeit zum gemeinsamen Erleben und zum intensiven Gespräch hatte, werden die Teile, die für den Film ausgesucht werden, besonders persönlich und echt. Denn jeder Mensch muss erst einmal Vertrauen fassen, bevor er sich einem Fremden – in diesem Fall einer fremden Reporterin – öffnet und anvertraut. Vor allem dann, wenn es um die Brüche in der Biografie geht und um Momente, die mit großen Emotionen verbunden sind.

Meine größten Emotionen bei diesen Dreharbeiten zur ersten „Wunderschön"-Folge hatte ich wie erwartet an dem Tag, als „Dreh Motorschirm" auf unserem Plan stand. Andreas, unser Autor, hatte sich schon die ganze Zeit gefreut auf das Treffen mit Fluglehrer Walter, der mit seinem Motorschirm-Fluggerät bereits Gänse auf ihrer Nord-Süd-Route nach Afrika begleitet hatte.

Ich hatte mich weniger gefreut, denn schon das Foto vom Motorschirm, das Andreas mir im Vorfeld gezeigt hatte, sah wenig vertrauenserweckend aus. Nämlich so, als hätte man an einen ausgebauten Autositz hinten einen Propeller rangeschraubt und oben einen Fallschirm. „Ihr fliegt nicht so hoch", beruhigte mich Andreas, als er meinen entsetzten Blick sah. „Das ist ganz easy. Warte nur. Das wird dir Spaß machen!"

Ich stieg also todesmutig in den Stuhl, Fluglehrer Walter startete den Propeller und fuhr los. Nach kurzer Zeit hoben wir ab und flogen tatsächlich zuerst in relativ niedriger Höhe über einen Wald - aber nur, um dann umso höher aufzusteigen und ganz Passau aus der Luft zu betrachten.

Während ich anfangs noch dachte, dass ich das tatsächlich aushalten konnte, wollte ich am höchsten Punkt unserer Tour nur noch eins: so schnell wie möglich runter. Ich musste die Augen schließen und nahm jede ruckartige Bewegung in dem fliegenden Sessel als letzte Zuckung meines Daseins war. Denn um mich herum war nur: Passauer Luft in schwindelerregender Höhe. Man hat in diesem Fluggerät keinerlei Verkleidung oder Chassis um sich herum. Es ist, als säße man auf einem Stuhl, der 100 Meter in die Luft gezogen würde.

Ich steckte meine ganze Willenskraft in den Versuch, professionell zu bleiben.

Ich konnte nun aber auch nicht die ganze Zeit mit geschlossenen Augen fliegen, denn natürlich war ich verkabelt und mit Gopro-Kameras ausgestattet. Ich sollte oben in der Luft nämlich eigentlich noch Fragen stellen und schöne, subjektive Bilder drehen.

Und so machte ich das, was ich immer tat, wenn ich im Job in Situationen geriet, in die ich mich privat nie hineinbegeben hätte: Ich steckte meine ganze Willenskraft in den Versuch, professionell zu bleiben. Und es gelang. Als wir wieder landeten, hatte ich tatsächlich eine Reihe schöner Bilder im Gepäck - auch wenn ich mich innerlich wie ein Jammerlappen fühlte.

Und weil geteiltes Leid immer auch halbes Leid ist, fand ich es irgendwie beruhigend, dass auch unser Kameramann André, der die gleiche Tour danach mit der großen Profi-Kamera wiederholte, blass wie ein ungebackenes Brötchen von dem Flug zurückkam. „Dass du das mitgemacht hast mit Höhenangst", sagte er anerkennend. „Ich fand das heftig!"

Irgendwie hatte ich in dem Moment das Gefühl, dass ich jetzt angekommen war in diesem neuen Format und in diesem neuen Team. Und so war es auch. Dieser Dreh in Österreich war nicht nur der Startschuss für eine sehr produktive Zusammenarbeit, sondern auch für echte Freundschaften, die sich in den letzten Jahren innerhalb des Teams ergeben haben – nicht nur mit Filmemacher Andreas und Kameramann André.

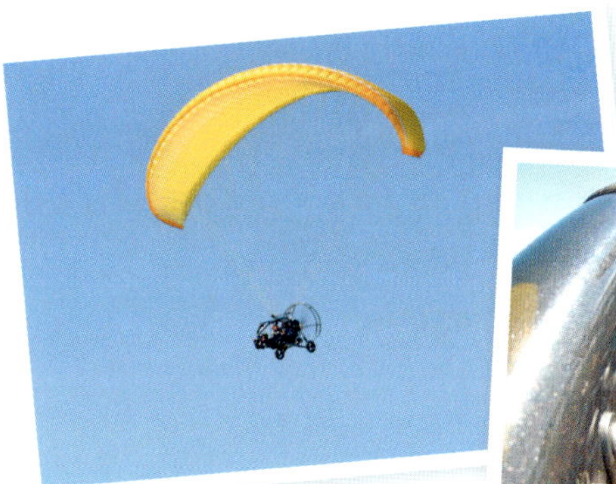

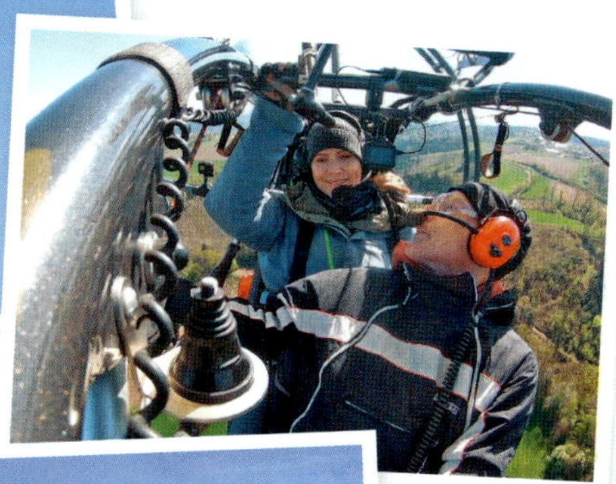

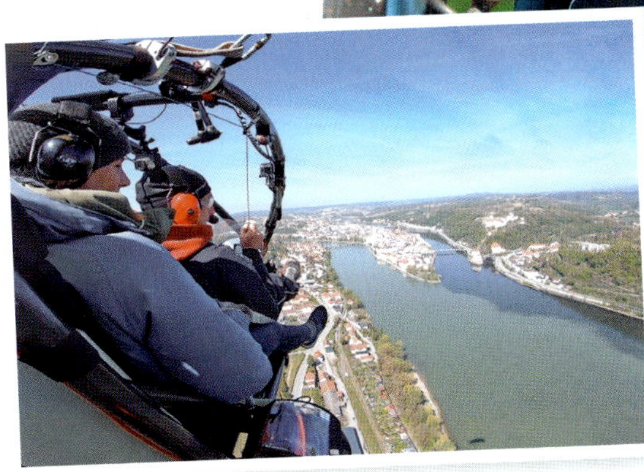

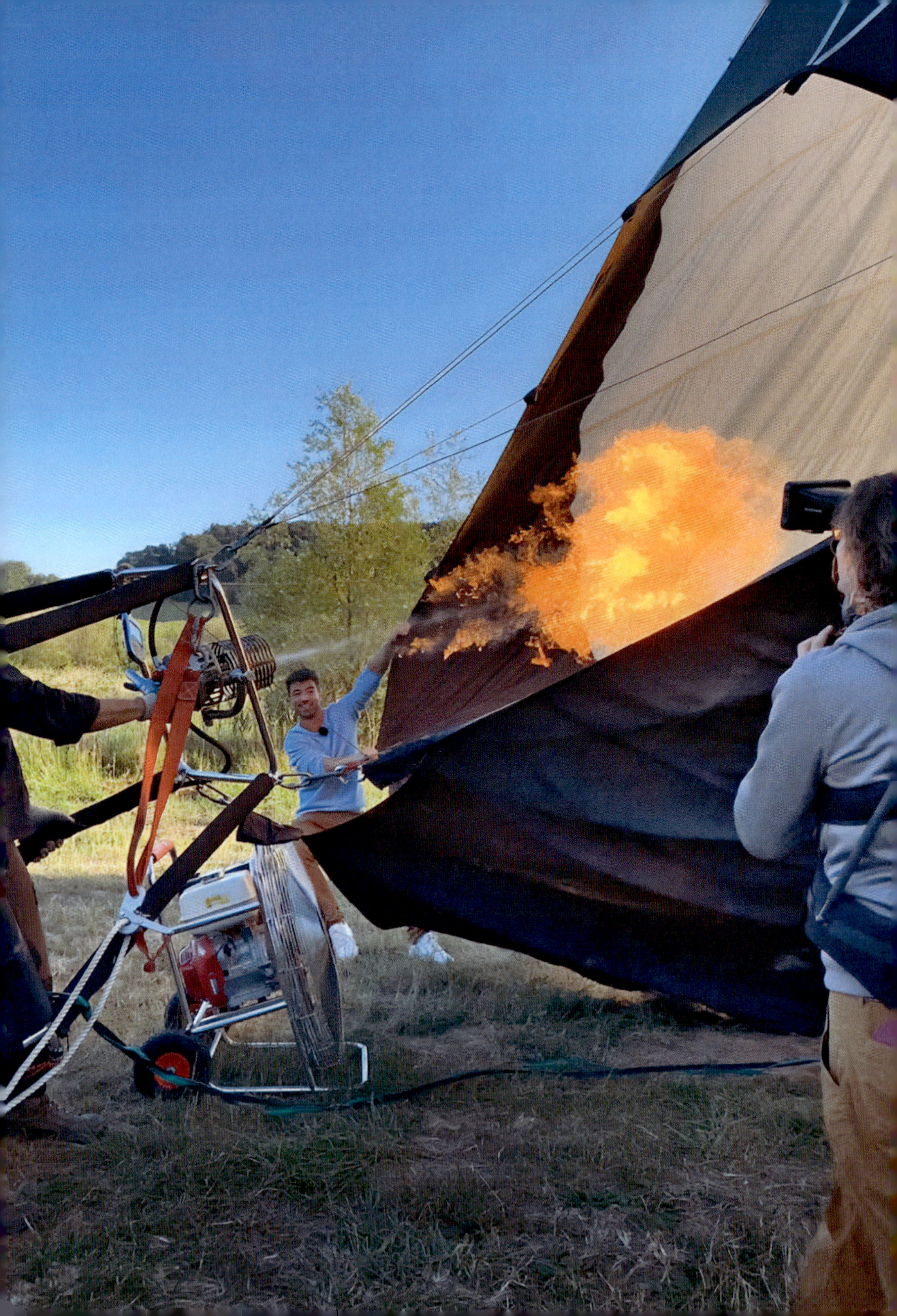

GEFUNDEN: MEIN PLATZ IM TEAM

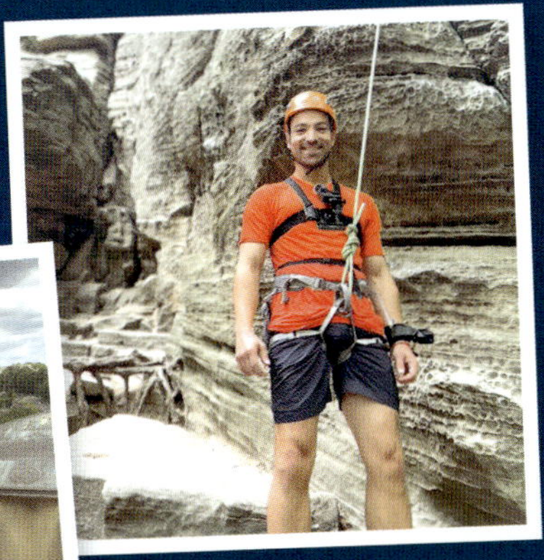

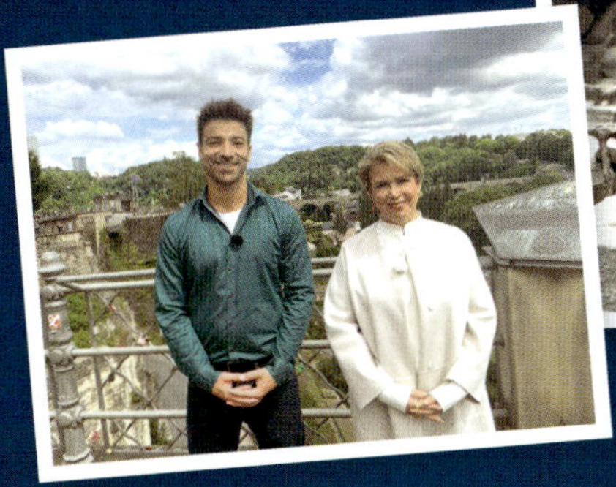

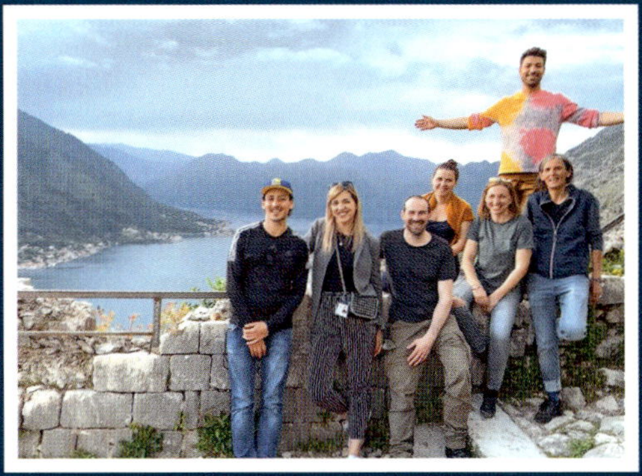

Franz Kafka

„Wege entstehen dadurch, dass man sie geht."

RAMON BABAZADEH

Gefunden: mein Platz im Team

Mein Name ist Ramon, ich bin 34 Jahre alt, etwa 1,75 Meter groß und ein ziemlich durchschnittlicher Typ. Ursprünglich komme ich aus Braunschweig, heute lebe ich in Baden-Württemberg. Ich bin sehr gerne unter Menschen, habe meistens gute Laune, mag Sport in der Natur und liebe Essen und Musik. Alles recht normal, oder? Allein mein Job fällt vielleicht etwas aus der Reihe. Ich arbeite nämlich als Redakteur, Moderator und Reisereporter beim SWR. Als ich noch ein kleiner Junge war, habe ich manchmal davon geträumt, beim Fernsehen zu arbeiten, aber nichts hat ernsthaft darauf hingedeutet, dass das wirklich mal der Fall sein würde. Heute verbringe ich den Großteil meiner Arbeitszeit am Schreibtisch. Aber manchmal darf ich auf Reisen gehen. Dann erkunde ich spannende Regionen, treffe faszinierende Menschen und darf diese ganz besonderen Erlebnisse mit Ihnen zu Hause teilen. Eins ist klar: Ich trete da in sehr große Fußstapfen. Noch bevor ich zum ersten Mal einen Fernsehsender von innen sah, schaute ich den „Wunderschön"-Moderatoren im TV sehr gern und sehr aufmerksam beim Reisen zu. Besonders beeindruckt war ich immer von der Neugier, der Leichtigkeit und der zugewandten Art aller Beteiligten. Von den damaligen Kolleginnen und Kollegen habe ich in dieser Zeit sehr viel gelernt – genauso wie heute von Tamina Kallert, Judith Rakers und Daniel Aßmann.

Seit etwa 2 Jahren bin ich jetzt der Neue bei „Wunderschön" und in diesem Buch möchte ich gerne ein paar Geschichten aus dieser Zeit mit Ihnen teilen. Die meisten sind lustig, kurios und handeln von Land und Leuten. Diese erste Geschichte hier aber handelt von mir – von meinen

Unsicherheiten, meinem holprigen Start in die neue Aufgabe und von einer bereichernden Erkenntnis, die ich Ihnen am Ende der Geschichte verraten werde.

Meine „Wunderschön"-Reise begann an einem kalten, grauen Tag im Januar 2022, als ich meinen Laptop aufklappte und wie jeden Morgen zuerst das E-Mail-Postfach öffnete. Darin gab es eine Nachricht von einer mir unbekannten Person mit der Betreffzeile: „Produktion ‚Wunderschön'". Zögernd öffnete ich die Mail und las darin sinngemäß: „Lieber Ramon, ich bin deine neue Redakteurin und wir sollten uns dringend mal zusammensetzen, um über die kommenden ‚Wunderschön'-Folgen mit dir als Moderator zu sprechen. Bitte ruf mich an."

Sie müssen wissen: Ich hatte erst einige Monate zuvor zum ersten Mal für eine Reisesendung vor der Kamera gestanden. Es war eine unglaubliche Ehre, für eine Sendung wie „Wunderschön" arbeiten zu dürfen, von der ich selbst überzeugter Fan war. Also nahm ich mir vor, meine neue Aufgabe so anzugehen, wie ich es von den Kolleginnen und Kollegen kannte: immer motiviert, mit viel positiver Energie, guter Laune und ehrlichem Interesse an der Umgebung und den Mitmenschen.

Der erste Dreh führte nach Montenegro – eine Art Geheimtipp für den Urlaub an der Adria. Das Land ist bekannt für seine schönen Buchten mit kristallklarem Wasser, seine geschichtsträchtigen Städte und seine atemberaubende Berglandschaft. Ich hatte mich sehr auf die Reise gefreut, weil mich der Balkan mit seinen herzlichen Menschen, seiner mediterranen Küche und seiner leidenschaftlichen Musik schon immer fasziniert hat.

Vor Ort stellte ich dann schnell fest, dass die Dreharbeiten natürlich kein Urlaub sind, sondern ziemlich harte Arbeit – gerade, weil ich vor der Kamera noch recht unerfahren war. Außerdem kannte ich niemanden aus dem Team. Die fünf Kolleginnen und Kollegen, mit denen ich unterwegs war, hatten bereits mehrfach miteinander gedreht und kannten sich gut. Manchmal fühlte ich mich daneben wie einer, der nicht dazugehörte. Nicht, weil sie mich so behandelt hätten – ganz im Gegenteil: Die fünf waren unheimlich professionell, sehr lieb, geduldig und wahnsinnig unterstützend. Ich kam nur irgendwie nicht aus mir heraus und wollte gleichzeitig von allen gemocht werden. Sie können sich das Gefühl ungefähr so vorstellen: Sie sind mit fünf fremden Personen in einem fremden Land, befolgen fremde Anweisungen, sollen dabei ihre eigene Persönlichkeit zeigen und wollen gleichzeitig allen alles recht machen. Klingt aussichtslos, oder? Heute weiß ich natürlich, dass das eine denkbar schlechte Herangehensweise an unsere Arbeit ist – beziehungsweise eigentlich an alles, was man so macht. Damals konnte ich das aber noch nicht einordnen und war schlichtweg unsicher. Ehrlich gesagt merke ich das dem Film auch an. In Vorbereitung auf dieses Buch habe ich ihn mir noch einmal angeschaut und mich dabei in einigen unbeholfenen Momenten erlebt. Etwa, wenn etwas Überraschendes passierte und ich dann etwas Unpassendes sagte, nur, um irgendwas zu sagen. Oder wenn Mitmenschen etwas erzählten und ich währenddessen schon an die nächste Frage dachte, anstatt dem Gegenüber meine volle Aufmerksamkeit zu schenken. Ob Außenstehende das auch so empfinden, kann ich nicht beurteilen, aber mir springen diese Szenen sofort ins Auge. Damals hatte ich wohl die Vorstellung, dass ein Moderator auf eine bestimmte Art zu sein hat. Vermutlich wollte ich dieser Rolle gerecht werden, alles richtig machen und stand mir dadurch selbst im Weg.

Verstehen Sie mich bitte nicht falsch – ich finde den Film „Montenegro – Geheimtipp an der Adria" großartig. Er ist unterhaltsam, informativ und liefert von Anfang bis Ende spektakuläre Bilder, Ausflugstipps und spannende Portraits herzlicher Menschen mit interessanten Geschichten. Alle Beteiligten haben hervorragende Arbeit geleistet und allen, die einen ehrlichen Eindruck vom Land bekommen möchten oder nach bereichernden Reisetipps suchen, sei der Film wärmstens ans Herz gelegt. Dennoch fällt es mir heute schwer, ihn anzuschauen, weil ich mich in einigen Situationen einfach nicht wiedererkenne.

Für meinen zweiten Dreh reisten wir ein paar Wochen später nach Luxemburg. Luxemburg ist ein kleines und ländlich geprägtes Land. Das wollten wir zu Beginn des Films zeigen und entschlossen uns zu einem ungewöhnlichen Einstieg: Die Idee war, mit einem Heißluftballon über das Land zu fahren, um den Zuschauenden einen sprichwörtlichen „Überblick" über Luxemburg zu ermöglichen. Dafür trafen wir uns

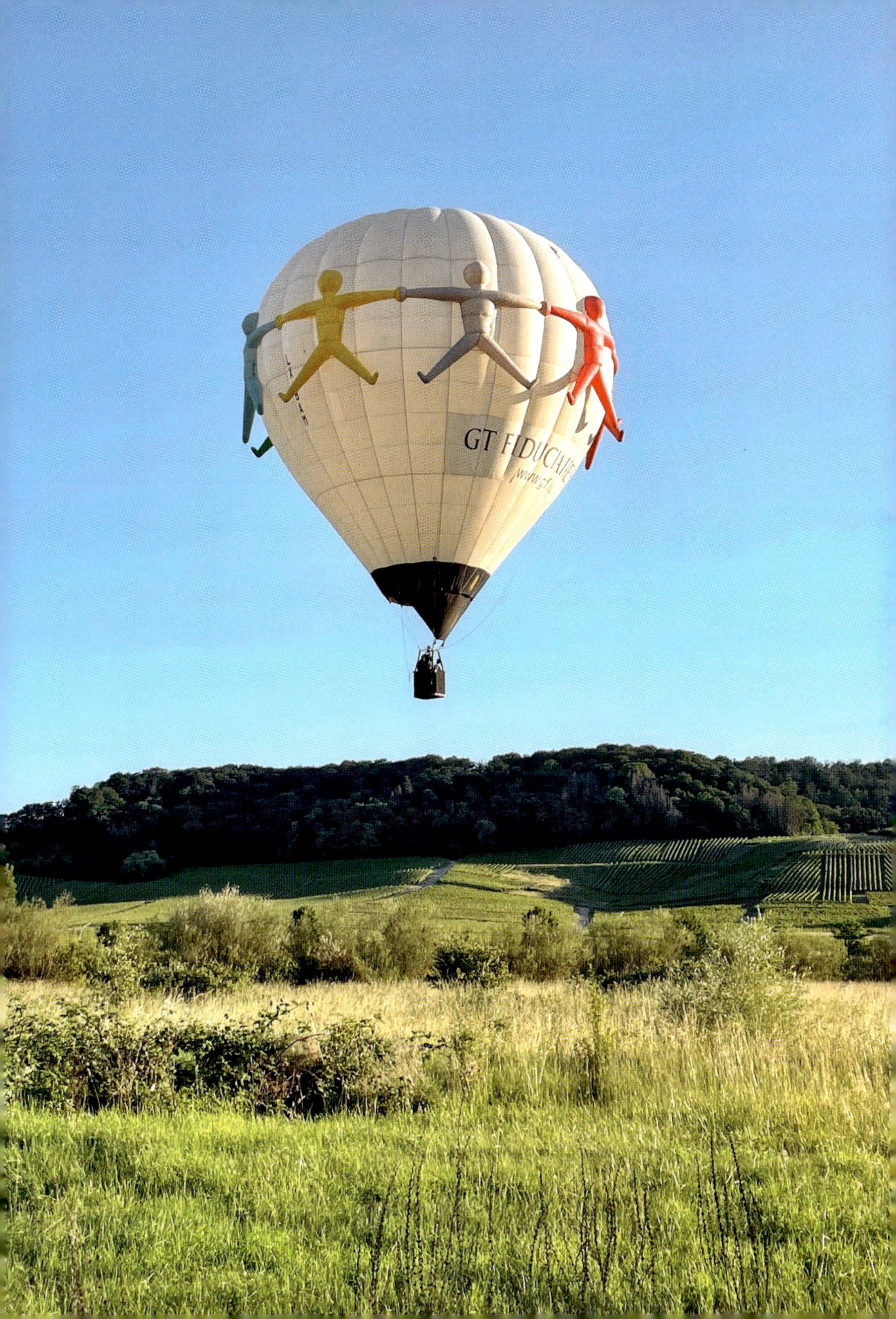

mit einer Gruppe begeisterter Heißluftballonfahrer auf einer Wiese in der Nähe der Stadt Schengen. Zwei Ballons wurden für uns vorbereitet: Einer, in dem unser Protagonist, unser erster Kameramann und ich mitfahren sollten, um ein Gespräch aufzuzeichnen. Und ein weiterer Ballon für unseren zweiten Kameramann, der Außenaufnahmen von unserem Flug machen sollte. Als wir am Treffpunkt ankamen, lagen bereits zwei große Ballonhüllen auf der Wiese, an denen jeweils ein kleiner, brauner Korb befestigt war. Unsere beiden Kameramänner teilten sich auf und jeder ging zu einem der Ballons. Ich folgte dem ersten Kameramann und wir begannen, Aufnahmen von den Flugvorbereitungen zu machen. Für alle, die so etwas noch nie gesehen haben: Der Aufbau eines Heißluftballons sieht absolut spektakulär aus. Zuerst stellen die Piloten einen großen Ventilator vor die etwa 25 Meter lange Ballonhülle und füllen sie so mit kalter Luft. Danach starten sie den Propangasbrenner, der über dem Korb angebracht ist. Mit etwas Fantasie ähnelt das Gerät übrigens einem überdimensional großen Bunsenbrenner aus dem Chemieunterricht. Große Flammen schießen mit einem lauten Fauchen in die Hülle und erhitzen die kalte Luft darin. Nach und nach wird die Hülle immer praller und der Ballon stellt sich auf. Als wir abfahrbereit waren und in den Korb einsteigen wollten, bemerkten wir, dass der zweite Ballon gar nicht mehr da war. Er hatte bereits abgehoben und fuhr schon über unsere Köpfe hinweg. Offenbar dachte der andere Pilot, dass unser zweiter Kameramann nur Landschaftsaufnahmen machen wollte und war deshalb schon gestartet. Und wenn ein Heißluftballon einmal in der Luft ist, dann kriegt man ihn nicht so leicht wieder runter. Ich erinnere mich, dass wir in diesem Moment alle ratlos dastanden und nicht wussten, wie wir weitermachen sollten. Natürlich hatte niemand Schuld an der Situation und dennoch wurde ich seltsam nervös und angespannt – so als wäre ich in irgendeiner Art verantwortlich. Der Kameramann und ich haben nie darüber gesprochen, aber ich glaube, dass er meinen Stress damals spürte und mich davon befreien wollte. Er lächelte, schaute zuversichtlich und sagte so etwas wie: „Mach du

Große Flammen schießen mit einem lauten Fauchen in die Hülle und erhitzen die kalte Luft darin. Nach und nach wird die Hülle immer praller und der Ballon stellt sich auf.

einfach dein Ding, sei du selbst und überlass mir den Rest. Das wird schon, vertrau mir." Dann kletterten wir über die Brüstung des Korbs und hoben ab. Das Gespräch mit unserem Protagonisten fühlte sich an wie die Ballonfahrt selbst: leicht und lustig. Von Minute zu Minute wurde ich entspannter und zugewandter und plötzlich war es mir gleichgültig, dass uns später im Schnitt eine Kameraeinstellung fehlen würde. Ich versuchte einfach, die Situation ehrlich und mit viel positiver Energie zu erleben und der Kamera offenherzig meine Eindrücke und Gefühle zu schildern. Irgendwie begann sich, da oben über den Luxemburger Weinreben, ein mentaler Knoten bei mir zu lösen. Besonders die Landung ist mir in Erinnerung geblieben, weil sich der Pilot ein paar ruckelige Späßchen mit uns erlaubte und ich eine Art Lachanfall bekam. Ich habe mir die Szene vor dem Schreiben noch einmal angeschaut und empfinde sie als wirklich authentisch. Deswegen hat sie es auch in voller Länge in den Film geschafft und kommt ohne Schnitt in die Außenperspektive aus. Nach der Fahrt waren wir alle zufrieden mit den Aufnahmen und hatten trotz des Ballon-Malheurs ein gutes Gefühl. Das klingt jetzt vielleicht banal, aber die Heißluftballonerfahrung legte bei mir irgendwie einen Schalter um und ich begann allmählich, mir selbst zu vertrauen.

Trotzdem wurde ich kurz darauf wieder einmal nervös. Wir waren nämlich mit zwei sehr einflussreichen Menschen verabredet – und einer davon war der damalige luxemburgische Außenminister Jean Asselborn.

Ich erinnere mich, dass ich damals kurz innehielt und dachte: Ist das nicht verrückt? Jetzt gehe ich hier Seite an Seite mit einem Weltpolitiker durch die Landschaft.

Asselborn kannte ich bis dahin nur als Politiker aus dem Fernsehen und mir gingen viele Fragen durch den Kopf: Wie spricht man mit einem Mann, dessen beruflicher Alltag von weltweiten Krisen und Konflikten geprägt ist? Warum treffen wir uns überhaupt mit einem Politiker, wenn wir doch gerade auf Dreharbeiten für ein Reisereportage unterwegs sind? Duze oder sieze ich ihn? Auf dem Weg zum Treffpunkt in der Nähe der Burg Vianden fuhren wir mit dem Auto einen Berg hinauf und sahen vor uns auf der Straße einen Radsportler auf einem roten Rennrad. Er trug ein rotes Sportshirt, eine enge schwarze Shorts, gelbe Klickschuhe und einen Helm. Einer unserer Kameramänner scherzte noch

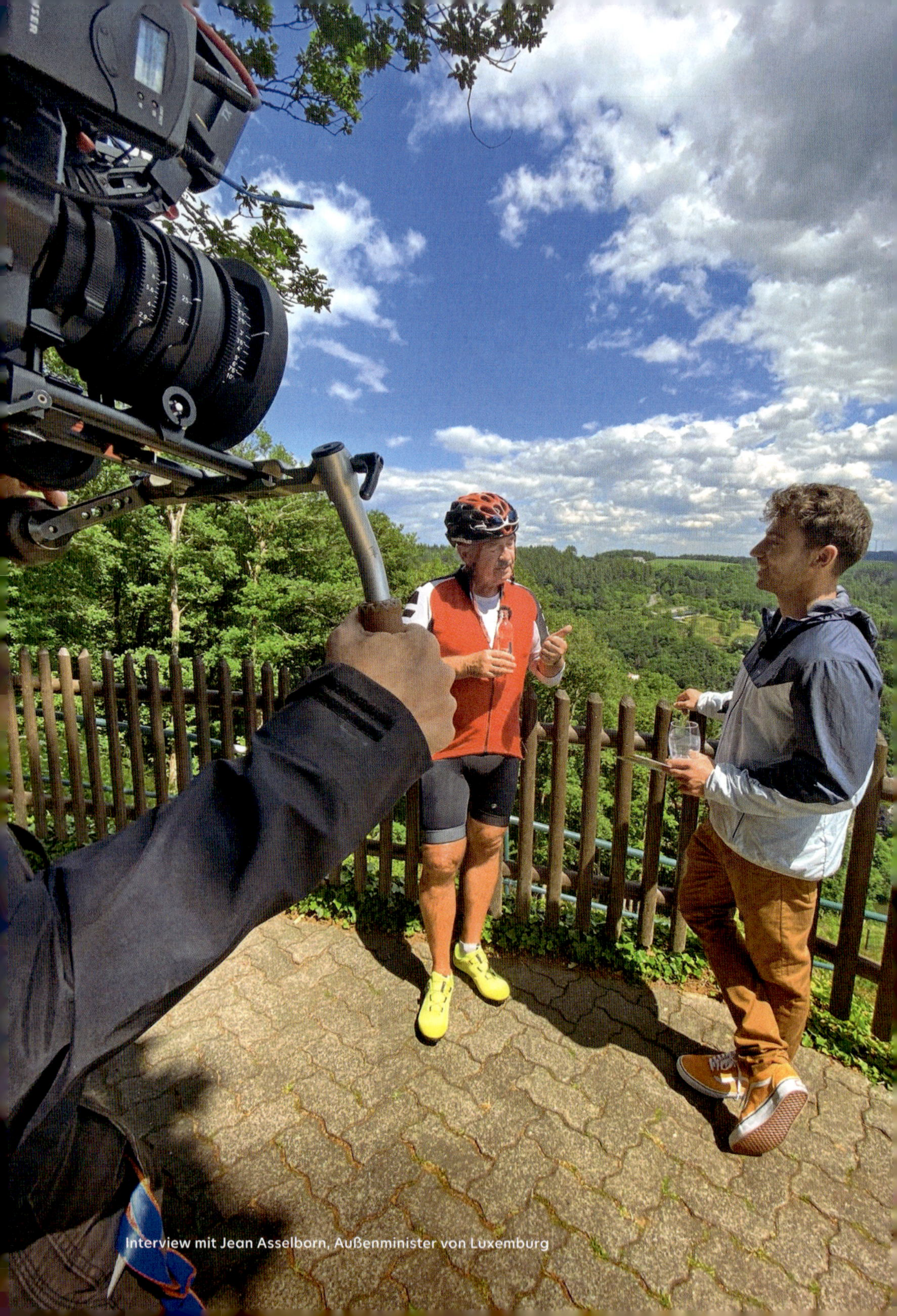

Interview mit Jean Asselborn, Außenminister von Luxemburg

und rief: „Guckt mal, da ist er doch!" Wir lachten, überholten den Radfahrer, schauten aus dem Fenster und staunten nicht schlecht: Der Mann, der da ganz allein die steile Straße hinaufstrampelte, war tatsächlich der Außenminister von Luxemburg. Er winkte und rief: „Hey Leute, schön, dass ihr da seid. Wir sehen uns gleich oben." Asselborn wirkte freundlich, aufgeschlossen und entspannt. Wie ein normaler Typ, der Sport in der Natur mag. Als wir uns oben trafen, schüttelte er jedem von uns die Hand und stellte sich mit seinem Vornamen vor. Er fragte, ob er sich für die Dreharbeiten umziehen solle oder ob er in der Radsportkleidung bleiben könne. Wir schauten uns etwas verdutzt an, zuckten mit den Schultern und unser Autor meinte: „Mach einfach so, wie du dich am wohlsten fühlst, Jean." „Gut, dann lasse ich alles an", antwortete er und grinste. Jean und ich stiegen in den Sessellift Vianden, der uns in Richtung der gleichnamigen Burg brachte und der im Übrigen der einzige Sessellift des Landes ist. Oben angekommen, ließ Jean geduldig Fotos mit sich machen und schenkte allen, denen wir begegneten, ein Lächeln. Auf dem Weg zur Burg ging es über Stock und Stein und für Jean war die Tour gar nicht so einfach. An der Sohle seiner Klickschuhe standen nämlich kleine Metallplatten heraus und um damit auf dem steinigen Pfad nicht abzurutschen, musste er sich ziemlich konzentrieren. Ich erinnere mich, dass ich damals kurz innehielt und dachte: „Ist das nicht verrückt? Jetzt gehe ich hier Seite an Seite mit einem Weltpolitiker durch die Landschaft. Anstelle eines Anzugs trägt er einen Helm, Fahrradbekleidung und Klickschuhe. Und anstatt über seinen beruflichen Alltag, weltweite Krisen und Konflikte plaudern wir über seine Liebe zur Heimat und über Gott und die Welt." Es war ein ungezwungenes und interessiertes Gespräch, in dem keine peinliche Stille entstand. Es fühlte sich so an, als würden wir beide nicht in irgendwelche Rollen verfallen - er nicht in die des Politikers und ich nicht in die des Moderators. Kurzum: Es fühlte sich normal an. Wahrscheinlich klingt das jetzt absurd, aber ich glaube, Jean Asselborn hat an diesem Tag dazu beigetragen, dass ich mich in meinem Job zum ersten Mal so richtig wohlfühlte. Und zwar

Der Adel ist für mich eine Art blinder Fleck. Es gab bis dato keinerlei Berührungspunkte und ich hatte keine Ahnung von den Gepflogenheiten und der Etikette.

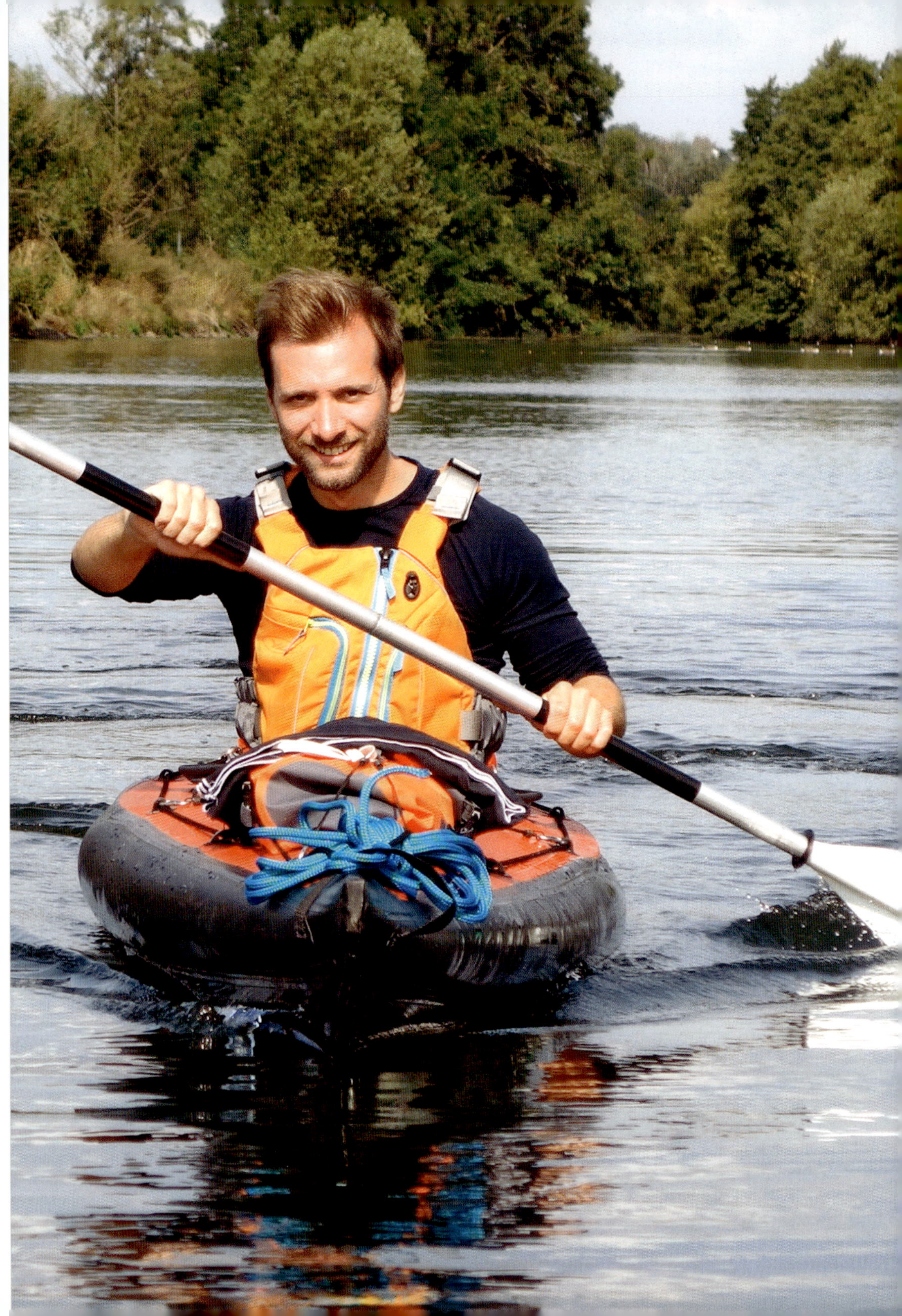

MIT DEM FALTBOOT AUF DER RUHR

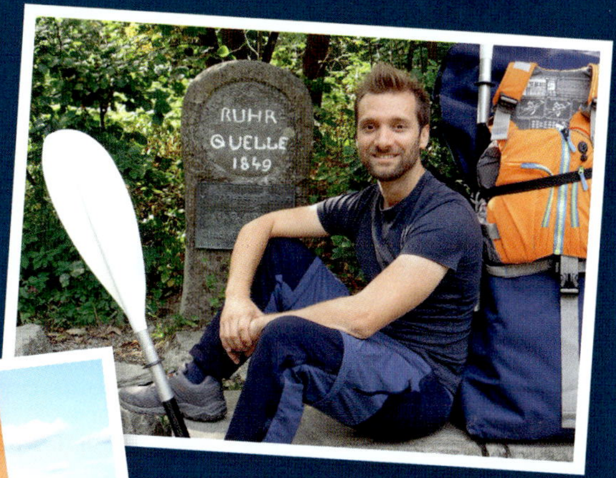

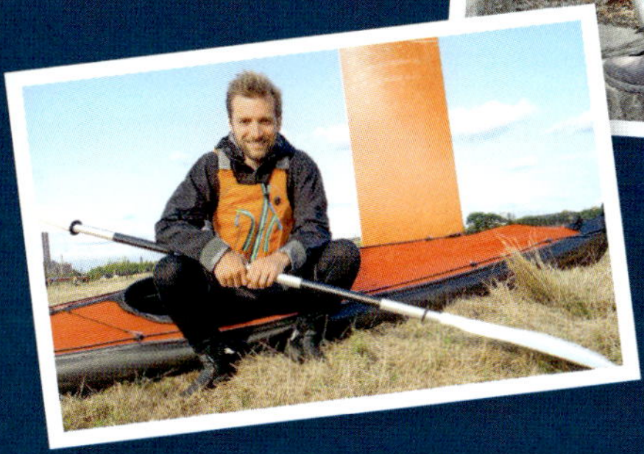

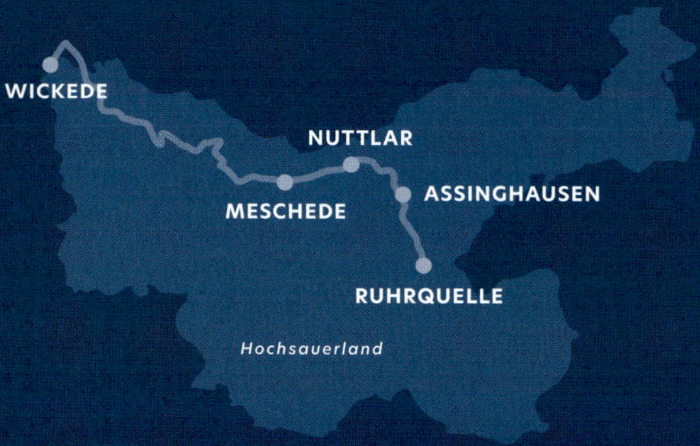

Unbekannt
„Immer mit der Ruhr!"

DANIEL ASSMANN

Mit dem Faltboot auf der Ruhr

Ja, hier bin ich schon einmal gewesen! Ich stehe mitten in einem Wald im Hochsauerland, nur wenige Kilometer von Winterberg entfernt. Vor mir ein aus Steinplatten errichtetes Rondell und ein Gedenkstein, auf dem steht: „Ruhr Quelle", dazu das Jahr, in dem sie zum ersten Mal in Stein gefasst wurde: 1849. Vor gut 25 Jahren stand ich schon einmal hier, als kleiner Knirps bei einem Tagesauflug mit meinen Eltern. Die Quelle hatte ich deutlich größer in Erinnerung, den Sprung von einer Seite zur anderen als Heldentat abgespeichert. Heute kann ich bequem über den Wasserlauf hinwegsteigen.

Kaum vorstellbar, dass aus diesem Rinnsal der Fluss wird, der dem Ruhrgebiet seinen Namen gab und lange Zeit die wichtigste Verkehrsader für Steinkohle, Salz und Getreide war. Über 200 Kilometer legt das hier aus der Erde quellende Wasser zurück, bevor es in Duisburg in den Rhein fließt. Für diese „Wunderschön"-Reise wollten wir die Ruhr auf ihrem Weg begleiten, und zwar möglichst nicht neben ihr, sondern auf ihr - in einem Boot. Und weil man auf den ersten Kilometern des Flusses höchstens ein Papierschiffchen fahren lassen könnte, brauchte ich ein tragbares Boot. Das sollte ich von Flusskilometer Null mit mir schleppen, bis die Ruhr tief und breit genug war, dass ich es zu Wasser lassen konnte. Später würden einige Schleusen und Wehre dafür sorgen, dass ich immer wieder aussteigen und das Boot ein Stück weit tragen musste. Genau für solche Herausforderungen war mein tragbares Faltboot gedacht. Es bestand aus einem zusammensteckbaren Gerüst, über das eine Außenhaut gespannt wurde. Im eingeklappten Zustand ließ es sich wie ein überdimensionierter Rucksack transportieren, oben schaute dann das in zwei Teile zerlegte Paddel heraus.

2 Wochen am Stück sollte ich für diese Tour unterwegs sein und knapp 20 Kilometer am Tag zurücklegen. Klang machbar. Am Ende sollten aus meinen Erlebnissen zwei 90-minütige „Wunderschön"-Sendungen entstehen. Also auf ins Abenteuer!

Wie gesagt, den ersten Teil der Strecke musste ich laufen. Weil an der Ruhrquelle Ruhrhöhenweg und Ruhrtal-Radweg starten und sie außerdem eine Station auf der Route Industriekultur ist, die die wichtigsten Industriedenkmäler der Region verbindet, waren viele Leute unterwegs. Gleich auf den ersten Metern kam ich mit einer Künstlerin aus Stuttgart ins Gespräch. Sie zeigte mir ihr Skizzenbuch, in dem sie ihre Eindrücke von ihrer mehrtägigen Fahrradtour festgehalten hatte. Sogar ein Bild aus Hattingen, meinem Heimatort, war dabei! Ich strahlte, als sie sagte: „Da wär ich gerne länger geblieben!"

Und weiter ging's auf dem Ruhrhöhenweg. Anfangs dachte ich noch: „Toll! Das ganze Boot wiegt nur 10 Kilo!" Aber diese 10 Kilo drückten bald ganz schön! Es war ja auch ziemlich schräg, auf einem Wanderweg mit einem Faltboot auf dem Rücken unterwegs zu sein. Wann würde ich es endlich ausprobieren können? Aber da musste ich wohl noch ein bisschen Geduld haben. Denn die Ruhr, die neben mir durch die Wiesen floss, war immer noch kaum 1 Meter breit.

Fix und fertig kam ich in Assinghausen an, meinem ersten Übernachtungsort. Am nächsten Morgen strahlendes Sommerwetter. Gleich an der Straße stand ein älterer Mann vor seinem Haus und war zu einem Schwätzchen bereit. Genau darum ging es auf dieser „Wunderschön"-Reise: einfach mal stehenbleiben und miteinander reden. Für „Mit dem Faltboot auf der Ruhr" gab es kein detailliertes Drehbuch. Also so gut wie keine im Voraus vereinbarten Treffen und keine geplanten Besuche von Sehenswürdigkeiten. Ich durfte mich im wahrsten Sinne des Wortes von einer spontanen Begegnung zur nächsten treiben lassen. Genau mein Ding. Ich bin eh jemand, der die Leute neugierig anquatscht.

Es war ein einmaliges Experiment und für den Sender ein gewisses Risiko. Denn wenn alles vorrecherchiert ist und im Drehplan die Treffen und Highlights stehen, dann gibt es zwar immer noch Luft für spontane

Aktionen, doch im Großen und Ganzen wissen die Redakteure, was sie bekommen, wenn sie ein Drehteam losschicken. Aber würde ich mit Leuten, denen ich zufällig begegnete, so ins Gespräch kommen, dass es auch für die Zuschauenden spannend und unterhaltsam wäre? Wir hätten uns keine Sorgen machen müssen. Die Leute in Sauerland und Ruhrgebiet waren offen für Begegnungen und erzählten frei heraus ihre lustigen, anrührenden und nachdenklich machenden Geschichten.

Der ältere Mann in Assinghausen berichtete von den alten Zeiten, als jeder im Dorf noch Schwein, Ziege oder Kaninchen hatte und die Hühner auf der Straße herumliefen. Voller Stolz zeigte er auf ein Gebäude oberhalb seines Hauses: „Das ist das älteste Haus der Umgebung, über 500 Jahre alt." Da wollte ich gerne mal einen Blick reinwerfen! Eigentlich war der alte, turmartige Speicher nicht öffentlich zugänglich, doch zufälligerweise hatte seine ein paar Häuser weiter wohnende Tochter Jutta den Schlüssel in Verwahrung. Er rief durch die offene Haustür kurz seiner Frau zu: „Hömma, is Jutta da?" Ja, das war sie und wir gingen gleich zu ihr rüber. Sie stand schon mit dem Schlüssel in der Hand in der Tür, denn die Mama hatte sie direkt angerufen und vorgewarnt. Also, wenn man mit dem Auto durchs Sauerland fährt, macht man auf den gewundenen Straßen kaum Strecke. Aber kommunikationstechnisch ist es ganz klar ein Land der kurzen Wege.

Aber kommunikationstechnisch ist es ganz klar ein Land der kurzen Wege.

Die Tochter kam gleich mit hinauf zum Speicher. Hinter der schweren Eisentür empfingen mich der unverwechselbare Geruch uralter Gebäude, vergilbter Schwarz-Weiß-Fotos an den Wänden und merkwürdige Geräte in den Ecken. Eines von ihnen fand ich besonders interessant: Mit dem hatte man früher, wenn ein Schwein geschlachtet worden war, die Wurst in Dosen eingemacht. Deckel drauf, Handkurbel betätigt, fertig. War die Konserve geleert, wurden mit dieser Maschine die obersten Millimeter der Dose wieder geradegeschnitten, sodass sie mit neuem Deckel weiterverwendet werden konnte. Im Lauf der Zeit wurde die Dose immer niedriger. Ich staunte, wie sorgfältig die Menschen damals mit ihren Ressourcen umgegangen waren. Und mir wurde klar: Hätte ich diesen liebenswerten Herrn nicht angesprochen, hätte ich diese Zeugen der Vergangenheit nie zu Gesicht gekommen.

Nach unserer herzlichen Verabschiedung setzte ich meinen Rucksack auf und lief wieder hinunter zur Ruhr. Sie war schon ein richtiger Bach geworden, aber an vielen Stellen kaum eine Handbreit tief. Mit meinem Faltboot würde ich da nicht durchkommen. Also weiter zu Fuß, mit dem Boot auf dem Rücken.

Bei Nuttlar ließ ich mein Faltboot zum ersten Mal zu Wasser. Endlich! Fast 25 Kilometer hatte ich es mitgeschleppt. Das Aufbauen war gar nicht so schwer. Um mich herum plätscherte es idyllisch und die Sonnenstrahlen tanzten auf dem Wasser. Aber aus dem Plan, mich von der Strömung gemütlich flussabwärts tragen zu lassen, wurde nichts. Die Ruhr hatte immer noch keine durchgehende Fahrrinne. Immer wieder musste ich aussteigen und das Boot über Steine ziehen. Hier mit dem Faltboot unterwegs zu sein war anstrengender, als mit einem Bobbycar zu fahren. Ich wusste gar nicht, wie ich mich entscheiden sollte: weiter Meter für Meter auf der Ruhr vorwärtskommen – raus aus dem Boot, rein ins Boot – oder das Boot wieder einpacken und es zu Fuß weitertragen? Die eine Option war so blöd wie die andere. Aber es half nichts, da musste ich jetzt einfach mal durch.

Für die Übernachtung war an diesem Tag ein Gasthof in Eversberg gebucht, 1 Kilometer von der Ruhr entfernt. Nach dem Einchecken schaute ich mich noch ein wenig um. Ein richtig schöner Ortskern. Dazu ein traumhaft schöner Sonnenuntergang, den ich hoch oben auf der Burgruine Eversberg erlebte. Ich nahm mir gleich vor, mit meiner Familie noch mal herzukommen.

Der nächste Tag, los ging's wieder zu Fuß. 5 Kilometer weiter flussab, in Meschede, würde die Henne in die Ruhr fließen. Das ließ auf mehr Wasser unterm Boot hoffen. Aber zuerst machte ich noch einen kleinen Abstecher zur Hennetalsperre. Hier führt die Himmelstreppe auf die Krone der Staumauer – 328 Stufen, natürlich mit dem schweren Boot auf dem Rücken. Aber der Ausblick auf den Hennesee war super.

Hinter Meschede war die Ruhr tatsächlich schon etwa 10 Meter breit und deutlich tiefer geworden. Jetzt konnte ich mich der träge dahinfließenden Strömung anvertrauen, die mich gemütlich Richtung Duisburg führen würde. Genau so hatte ich es mir vorgestellt! Nun hatte ich auch ein wenig Zeit, über diese Reise nachzudenken. Unser Plan, dass ich mit den Menschen ins Gespräch kommen würde, war aufgegangen. Da waren zum Beispiel die Männer der Freiwilligen Feuerwehr in Wiemeringhausen gewesen, die die Erbsensuppe für das Fest am nächsten Tag vorbereiteten und mich gleich auf einen Schnaps einluden. Die Volleyballmannschaft aus jungen Frauen, die in Eversberg im Trainingslager waren und mit mir ihre Anfeuerungsrufe übten. Der Gasthofbesitzer, der von den vierzehn, fünfzehn Eversberger Vereinen erzählte - und in allen war er Mitglied. So viele spontane und einmalige Begegnungen! So viele total offene und liebenswerte Menschen!

Am folgenden Tag bekam mein Hochgefühl allerdings gleich einen Dämpfer, denn die ungezähmte Ruhr war stellenweise ganz schön schnell. Ich kam mit meinem Boot mehrmals ins Trudeln, und einmal kippte ich sogar um und fiel ins Wasser. Ich konnte es gar nicht glauben: Wie kann man denn in noch nicht mal knietiefem Wasser kentern! Aber die Strömung war unglaublich kraftvoll. Gar nicht so einfach, wieder auf die Füße zu kommen. Wie gut, dass das an mir befestigte Mikro in eine wasserfeste Spezialhülle eingepackt war. Auch meine kleine Kamera, mit der ich einige Szenen meiner Tour drehte, überlebte das Bad in der Ruhr.

Unsere beiden Kameramänner und unser Toningenieur hatten da weniger Glück. Sie begleiteten mich auf einem Boot mit Elektroantrieb. Und einige Tage später passierte ihnen genau das gleiche Missgeschick. Die Walkie-Talkies, mit denen wir kommunizierten, Stative und einige andere Ausrüstungsgegenstände wurden sofort von der Strömung weggespült. Der Dreh musste unterbrochen und das komplette Equipment per Eilkurier neu rangeschafft werden. Nur die Kameras hatten die drei noch festhalten können, aber die waren nass geworden und nicht mehr einsatzbereit. Beim Einschalten hätte ein fehlgeleiteter Stromimpuls die Festplatte samt ungesicherten Daten schrotten können. Das wollten wir vermeiden und so haben wir die Festplatte lieber Spezialdienstleistern übergeben, die die Daten mit aufwendigen Trocknungsmethoden sichern konnten.

Überhaupt war diese Reise von technischen Ausfällen überschattet. Bei einem Drohnenflug wenig später wurde ein Baum übersehen und

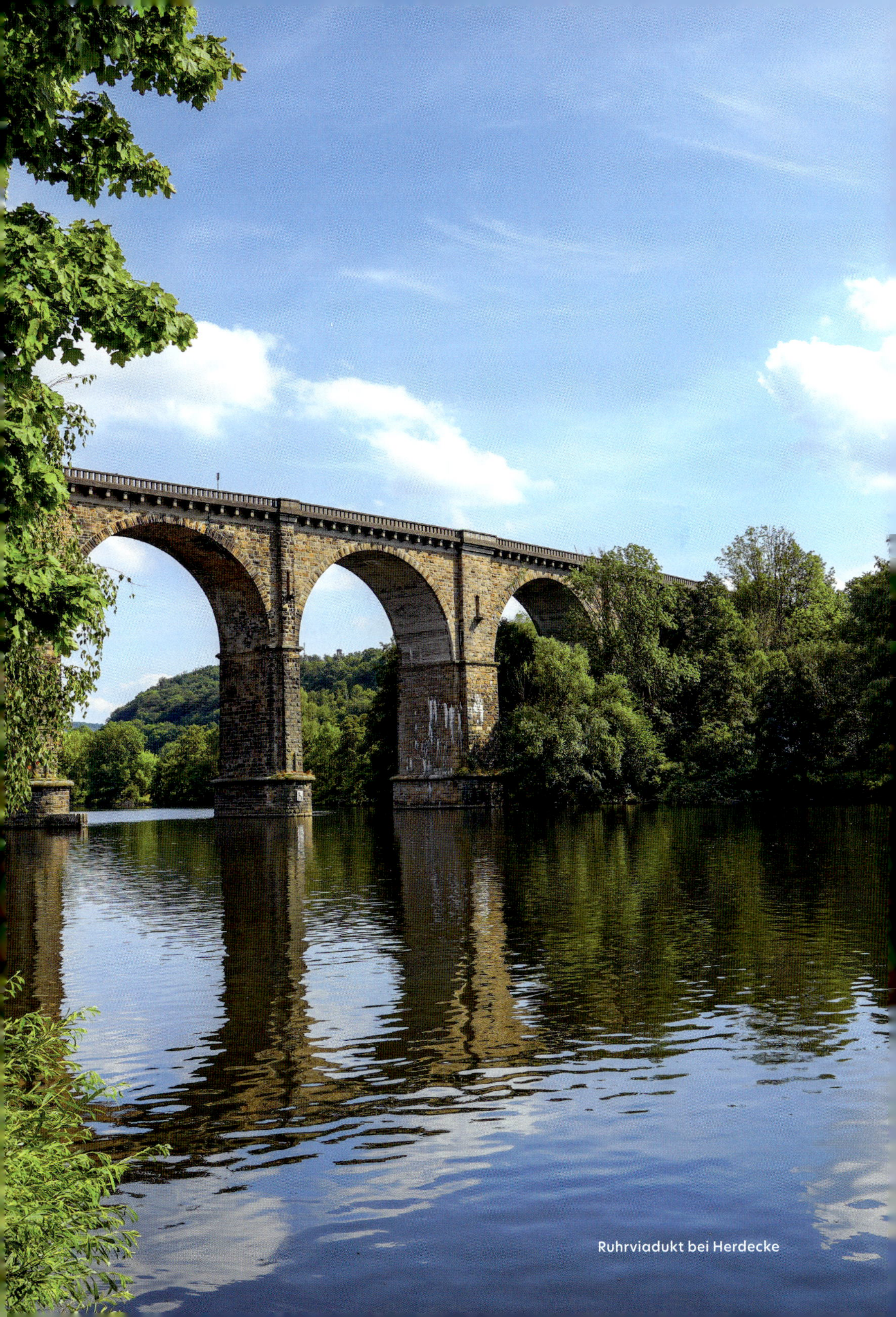
Ruhrviadukt bei Herdecke

die gut einen halben Meter große Drohne verfing sich in dessen Ästen und stürzte zu Boden – Totalschaden! Aber wenigstens waren die Aufnahmen dieses Tages noch abrufbar.

Wie gut, dass ich an Tag 5 im Kanuclub Wickede ein bisschen Nachhilfe in Sachen Paddeln bekam. Das war das einzige Treffen dieser Reise, das im Voraus verabredet worden war. Gleich in der ersten Minute lernte ich, dass man ein Kanu nicht seitlich am Körper schleppt, sondern auf der Schulter trägt. War wirklich viel leichter! Im Wasser dann die nächsten Aha-Erlebnisse. Knie nicht an die Brust ranziehen, sondern breit auseinanderfallen lassen, so fährt es sich gleich viel weniger kippelig. Hätte ich das mal alles früher gewusst! Anschließend wurde gegrillt. Übrigens eine Erfahrung, die ich überall an der Ruhr machte: Vereinsleben verbindet.

Ganz oft wurde ich auch von den Menschen in ihre Häuschen eingeladen. Als ich in Iserlohn-Drüpplingsen einen Platz für Dauercamper näher erkundete, wurde ich gleich von einem älteren Paar auf ihre liebevoll dekorierte Parzelle gebeten. Der Mann war vor 60 Jahren aus Italien gekommen, musste also schon um die Achtzig sein. Er erzählte, wie er als unverheirateter Mann das freie Leben in Deutschland genossen hatte. Wir sprachen von Freiheiten und *amore*, und davon, wie locker die Menschen in Deutschland im Vergleich zu denen in Italien waren. Seine weißhaarige Freundin, die vor 8 Jahren mit ihm zusammengekommen war, nickte nur, wenn er von seinen amourösen Heldentaten berichtete, die er offenbar nicht nur in den alten Zeiten vollbracht hatte. „Ja, er kann noch. Er kann noch gut", meinte sie. Und dann ließ sie einen Satz für die Ewigkeit los: „Aber Weihnachten is' öfter."

Ich glaub, so was erlebt man nur im Ruhrgebiet. Wo sonst würde man Geschichten wie diese hören: „Meine Großmutter ist mit 102 auf der Cranger Kirmes von der Schiffschaukel geflogen." Neben dem ultratrockenen Humor gibt es noch ein weiteres Markenzeichen der Menschen an der Ruhr: ihren unerschütterlichen Pragmatismus. Am folgenden Tag sprach ich in Schwerte einen Mann auf der Straße an, der mit seinem Hund unterwegs war. 88 Jahre war er alt und Stellmacher gewesen – ein

Beruf, den es heute nicht mehr gibt, denn Wagen und Räder aus Holz sind ja längst aus unserem Alltag verschwunden. Er lud mich ein, seine Zucht-Tauben in seinem Schrebergarten anzusehen. Taubenzucht hat ja im Ruhrgebiet eine lange Tradition, Brieftauben waren die „Rennpferde des kleinen Mannes". Er erzählte, dass seine Frau 2 Jahre zuvor gestorben war. „Fehlt was", sagte er. „Aber was will man machen." Und dann fügte er hinzu: „Da kann man sich nicht hängenlassen. Es ist schwer, aber man muss damit fertig werden."

„Fott abputzen, weitergehen", ist so ein typischer Ruhrgebiets-Spruch. Der Besitzer des Campingplatzes in Witten sagte ihn mir. Seit 1911 ist der Platz im Besitz seiner Familie. Dort sah es so aus, als wäre die Zeit stehengeblieben, man könnte auch sagen, es herrschte ein gewisser Renovierungsstau. „Meine Gäste sagen, ich soll das ja so lassen", meinte er. Es würde auch nicht viel Sinn machen, groß zu investieren. „Wenn die Ruhr ein bisschen verrücktspielt, haben wir hier kniehoch das Wasser stehen." Er erzählte mir, dass sein Opa, sein Vater und sein Bruder in der Ruhr ertrunken waren. Der Fluss sah so friedlich aus, aber wie tückisch seine Strömungen sein können, hatte ich gerade ein paar Tage zuvor in abgeschwächter Form am eigenen Leib erfahren müssen. Ich war mit meinem Faltboot nicht rechtzeitig um einen in die Ruhr gestürzten Baum herumgekommen. Das Wasser hatte mich gegen die Äste und fast unter Wasser gedrückt. Von außen betrachtet sah es total harmlos aus, aber nur mit viel Mühe hatte ich mich aus dieser gefährlichen Situation befreien können.

Ich fragte den Campingplatzbesitzer, wie er es aushielte, weiter an der Ruhr zu bleiben, wenn er doch so viele Familienmitglieder an sie verloren hatte. „Da muss man mit leben, wenn man an der Ruhr lebt." Ohne Angst, aber mit großem Respekt – mit dieser Haltung wird er wohl auch die nächsten Jahrzehnte seinen Campingplatz führen. Er steht zu seiner Geschichte und seinen Werten und nichts liegt ihm ferner, als aus seiner Wohlfühl-Nische einen trendigen 5-Sterne-Platz zu machen.

Unglaublich, wie offen mir die Menschen begegneten und wie viel Zeit sie sich für mich nahmen! Manchmal waren es auch nur ein paar schnell gewechselte Sätze, die etwas in mir in Bewegung brachten. So war das zum Beispiel mit dem Fährmann der Ruhrtal-Fähre. Von März bis Oktober fährt er bis zu 20-mal am Tag von der Ruine Hardenstein zur Harbeder Schleuse – es gibt übrigens keinen festen Fahrpreis, jeder gibt, was er möchte. Als ich auf die Fähre zupaddelte, dachte ich noch: Das wär nichts für mich, jahrein, jahraus dieselben 100 Meter fahren. Bald war ich auf Rufweite an den Käpt'n rangekommen. 5 Jahre fuhr er schon die Strecke, erfuhr ich von ihm. „Wird nicht langweilig?", fragte ich. „Jede Fahrt is' 'ne neue Fahrt", meinte er nur.

Ich weiß, der Gedanke ist nicht neu, aber Achtsamkeit macht das Leben bunt.

Dieser Satz hat mich nachdenklich gemacht. Auch bei Rangern, die jeden Tag Schulklassen die Geheimnisse des Waldes zeigen, und Stadtführern, die immer wieder dieselbe Tour mit ihren Gästen machen, ist mir diese Einstellung begegnet. Statt: „Meine Güte, schon wieder dasselbe!", sagen sie: „Mal sehen, wer dieses Mal mit dabei ist und was wir heute entdecken." Um scheinbar Eintöniges genießen zu können, muss man genau hinschauen. Gerade gestern habe ich wieder mal so einen Moment erlebt: Auf einem Spaziergang sah ich neben dem Weg einen riesigen Pilz. Am Tag davor war der noch nicht dagewesen. Ich staunte: Innerhalb weniger Stunden war er aus dem Boden geschossen. Ich weiß, der Gedanke ist nicht neu, aber Achtsamkeit macht das Leben bunt. Vor allem dann, wenn es um die Natur geht. Ob das auch in einer Maschinenhalle funktioniert, wenn jemand immer die drei gleichen Schräubchen eindrehen muss?

Am liebsten würde ich hier von allen Begegnungen berichten. Jede einzelne war eine Bereicherung. Leider konnten nicht alle später in den Sendungen gezeigt werden. Da war zum Beispiel die Gruppe von Kanufahrerinnen, die gerade am Ruhrufer Pause machte. Ich paddelte zu ihnen hin und stellte fest, dass dort Mädchen aus einem Jugendheim mit ihren Betreuern einen Ausflug machten. Sie sprachen sehr offen mit mir über ihre emotionalen Probleme. Manche von ihnen mussten betreut werden, weil sie sich Selbstverletzungen zufügten. Da kam ich aus meiner schönen, heilen Welt, freute mich am Sonnenschein und Unterwegssein – und dann wurde ich darauf gestoßen, wie schwer manche

Menschen mit sich und der Welt zu kämpfen haben. Für mich war das eine sehr emotionale und nachhaltige Begegnung. Das Leben kommt eben immer als Gesamtpaket, auch wenn man reist.

Erst auf den letzten 40 Kilometern ist die Ruhr für Frachter schiffbar. Industrie- und Kaianlagen lösten die Bäume und Campingplätze an ihren Ufern ab. Ein merkwürdiges Gefühl, mit meinem winzigen Faltboot zwischen all den riesigen Tankern und Containerschiffen zu paddeln. Und dann ging es irgendwie ganz schnell – schon sah ich die 25 Meter hohe Skulptur „Rheinorange", die in Duisburg-Ruhrort die Mündung der Ruhr in den Rhein markiert. Ein paar Paddelschläge noch – geschafft! Nach 238 Kilometern zu Fuß und im Faltboot war ich am Ziel.

Auf diese „Wunderschön"-Reise werde ich – gerade im Ruhrgebiet – bis heute am häufigsten angesprochen, sie blieb offenbar vielen Zuschauern und Zuschauerinnen im Gedächtnis. Und mir auch. 13 Tage war ich unterwegs. Das war körperlich herausfordernd, aber es gab für mich keinen einzigen Tiefpunkt. Beseelt und glücklich dachte ich am Ende jedes Tages: „Krass, was ich heute erlebt habe!" Und jeden Abend freute ich mich darauf, was der nächste Tag für mich bereithalten würde.

Überall an der Ruhr begegnete ich Menschen, die nichts so schnell aus der Ruhe brachte, auch nicht ein kontaktfreudiger Paddler mit einem Elektroboot im Schlepptau, in dem sich zwei Kameramänner und ein Toningenieur drängten. In großen Medienstädten wie Köln, Düsseldorf und Hamburg ist man meiner Erfahrung nach häufig eher genervt, wenn ein Drehteam auf einen zukommt. Im Sauerland und im Ruhrgebiet war das ganz anders. Das Vertrauen der Menschen dort hat mich berührt und glücklich gemacht. Vielleicht ist die Ruhr der Grund für ihre Offenheit. Denn Wasser verbindet. Man kommt schnell in Gespräche und hört einander zu. Ein „Erzähl doch mal!" wird dankend angenommen.

Einfach mal drauflosgehen und sich überraschen lassen, das ist die einfachste und gleichzeitig inspirierendste Art und Weise zu reisen. Kann ich jedem nur empfehlen. Und falls Jenny und Holger, die mich an der Schleuse Dahlhausen kurz zum Geocaching mitgenommen haben, dies hier lesen: Kommt doch mal zum Grillen in Hattingen vorbei!

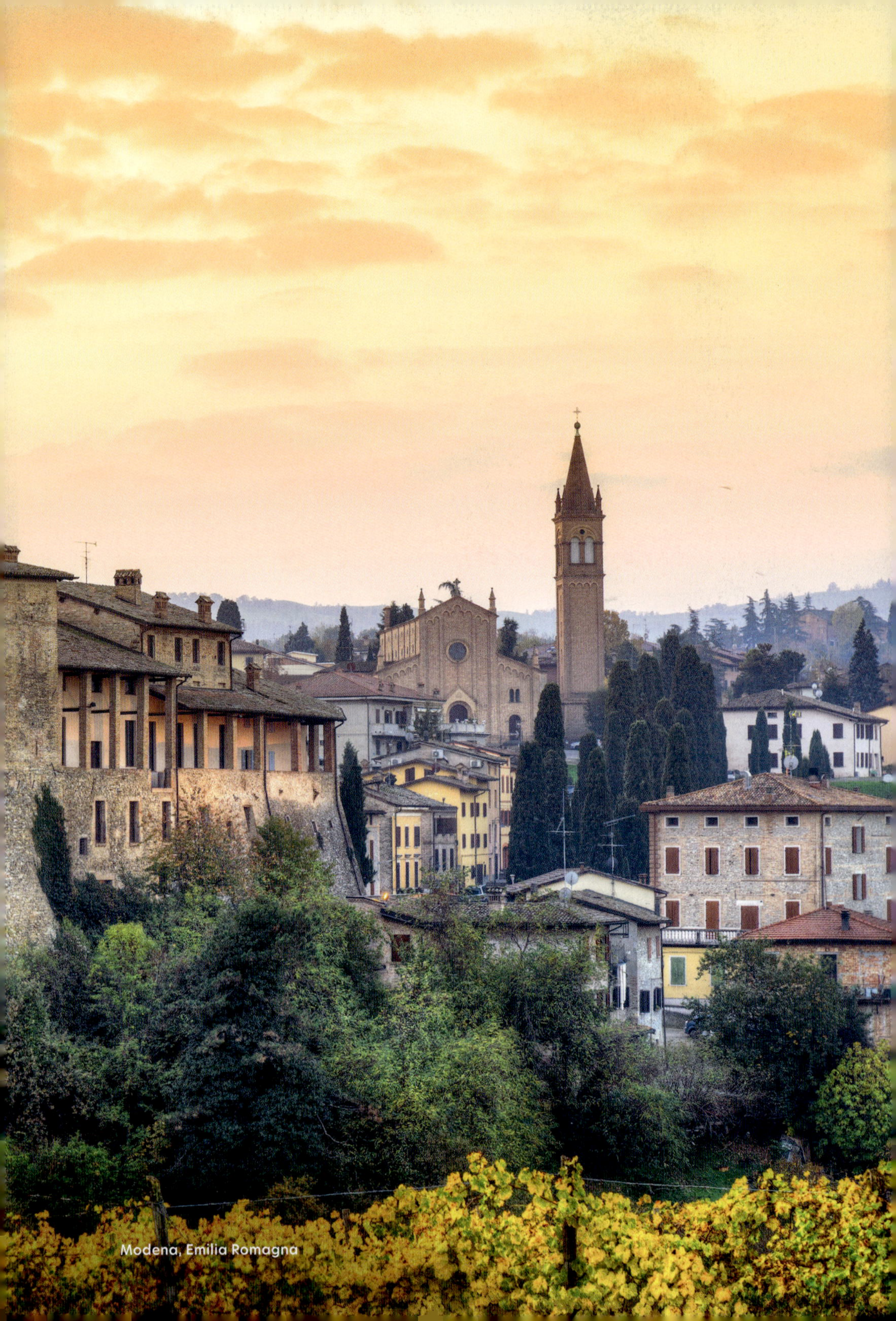

Modena, Emilia Romagna

BOLOGNA UND MODENA - ZWEI STÄDTE WIE PASTA UND RISOTTO

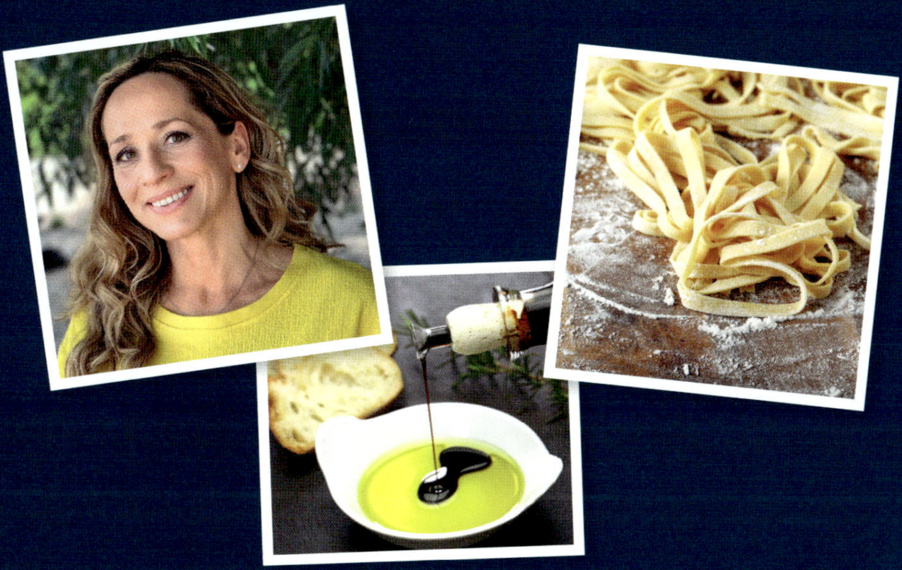

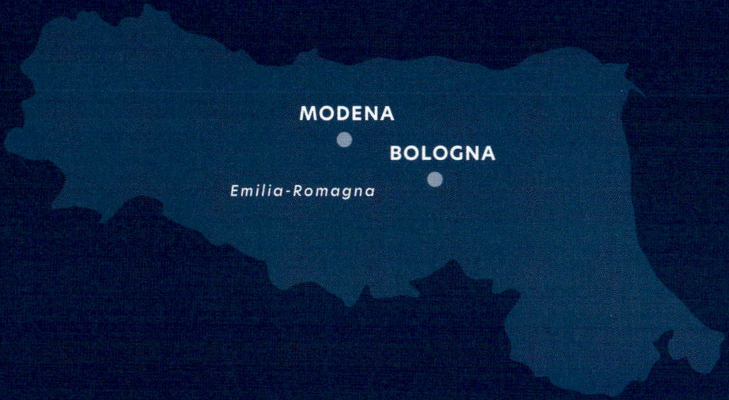

Cicero
**„Die am meisten nach Genuss jagen,
erlangen ihn am wenigsten.“**

TAMINA KALLERT

Bologna und Modena – zwei Städte wie Pasta und Risotto

Ich liebe Italien! Wenn ich nur an das Licht, die Luft und die Lebensfreude der Menschen dort denke, gerate ich sofort ins Schwärmen. Und dann die italienische Küche! Als ich erfuhr, dass wir in der norditalienischen Region Emilia Romagna drehen würden, machte ich vor Freude einen Luftsprung. Denn die Region zwischen Ravenna und Parma ist berühmt für besonders gutes Essen. Tortellini, Parmaschinken, Mortadella, Parmesan, Aceto balsamico und viele weitere erlesene Köstlichkeiten haben dort ihre Heimat. Kein Wunder, dass dieser Teil Italiens auch der „Bauch Italiens" genannt wird. Herrliche Gaumenfreuden erwarteten uns.

Schon die Anreise war beglückend. Mit dem Zug fuhr ich von Süddeutschland zum Treffpunkt mit dem Drehteam: Modena in Norditalien. In der Schweiz führten die Gleise erst durch weite Täler, dann rückten die Berge näher und immer häufiger ging es durch lange Tunnel. Kilometer für Kilometer ratterte der Zug in eine wärmere Klimazone hinein.

Als sich die italienische Ebene verheißungsvoll öffnete, nahm ich mir noch einmal den Drehplan vor. Teile des Teams waren bereits einige Tage zuvor zum Motivdreh angereist und hatten als kleine, wendige Truppe schon viele stimmungsvolle Bilder aufgenommen. Zum Moderationsdreh mit mir vor der Kamera stießen nun aus unterschiedlichen Richtungen kommend der zweite Kameramann, die Maskenbildnerin und eben auch ich dazu. Die kommenden Tage würden prall gefüllt sein.

Wir hofften, dass ein Treffen mit Nicoletta Mantovani eines der Highlights werden könnte. Sie ist in Italien eine echte Berühmtheit und die Witwe von Luciano Pavarotti, auch bekannt als „Big Luciano", dem weltberühmten Tenor. Geplant war ein gemeinsamer Besuch in seinem ehemaligen Lieblingsrestaurant, das sich in seiner Heimatstadt Modena befindet. Ein Sternekoch würde höchstpersönlich das Risotto für uns zubereiten, das der „Tenorissimo“ dort so gerne gegessen hatte. Es war aber noch offen, ob Frau Mantovani die für den nächsten Tag vorgesehene Verabredung auch wirklich würde einhalten können.

Kurz vor der Ankunft in Modena – ich freute mich schon aufs Hotel und die Dusche – erreichte mich eine SMS: „Für den Restaurantbesuch hat Frau Mantovani nur heute Abend Zeit. 1 Stunde, nicht länger.“ Uff! Es ist selten, dass die Dreharbeiten schon am Anreisetag losgehen. Und direkt nach einer langen Zugfahrt quer über die Alpen schon mal gar nicht. Doch nun hieß es: jetzt oder nie!

Maskenbildnerin Marie und der zweite Kameramann Roland waren kurz vor mir eingetroffen und nahmen mich auf dem Bahnsteig in Modena in Empfang. Kurze Begrüßung und schon hetzten wir in der Hitze des späten Nachmittags im Laufschritt zum kleinen Mietauto, das in einer ruhigen Seitenstraße geparkt war. *Avanti, avanti!* Die Zeit reichte nicht mehr für einen Abstecher ins Hotel, deshalb zog ich mich flugs zwischen geöffneter Vorder- und Hintertür des Autos um. In meinem Job muss man pragmatisch sein, anders geht es nicht. Zimperlichkeit würde das Team unnötig belasten. Marie hatte das Outfit schon zurechtgelegt und positionierte sich an strategisch günstiger Stelle, um mich vor neugierigen Blicken zu schützen. Dann fuhren wir sofort zum Restaurant. An einer kleinen Piazza in der Nähe unseres Treffpunkts fanden wir einen Parkplatz, dort hübschte Marie mich noch ein wenig auf – nach der langen Anreise sah ich ja nicht gerade wie aus dem Ei gepellt aus. Dann im Laufschritt über Kopfsteinpflaster weiter zum Restaurant, wo das restliche Team auf uns wartete.

Kaum hatten wir uns begrüßt, fuhr auch schon Nicoletta Mantovani vor. Normalerweise habe ich genug Zeit, meine Gesprächspartner vor Beginn der Aufnahmen ein wenig kennenzulernen. Wenn diese Aufwärmphase komplett wegfällt, muss ich vor der Kamera sehr kämpfen, damit sich ein lockeres Gespräch entwickelt. Zum Glück erwies sich Pavarottis zweite Ehefrau als erfahren im Umgang mit der Kamera – das war gut. Nicht so gut war, dass sie in der Vergangenheit schlechte Erfahrungen mit den Medien gemacht hatte. Als Pavarottis ehemalige Sekretärin, 30 Jahre jünger als er, hatte Nicoletta Mantovani einen schweren Stand gehabt. Reporter aus aller Welt hatten jede Menge Klischees bedient und sie hatte sich viel Übles anhören müssen.

Kein Wunder also, dass sie uns gegenüber erst einmal etwas verschlossen war.

Zum Glück gibt es immer schon ein erstes Kennenlernen beim Verkabeln der Gesprächspartner.

Zum Glück gibt es immer schon ein erstes Kennenlernen beim Verkabeln der Gesprächspartner. Bei Männern werden das kleine Akku-Kästchen und das Mikrofon meist am Hosengürtel und am Revers befestigt, doch bei Frauen kann das schon mal eine intimere Angelegenheit werden. Damit kein wildfremder Mann ihnen an BH oder Dekolleté herumnestelt, helfen ich oder die Maskenbildnerin manchmal aus. Dann sage ich zum Beispiel: „Schauen Sie, so ist das bei mir befestigt, das versuchen wir jetzt auch mal bei Ihnen." Und schon ist im wahrsten Sinne des Wortes die Distanz überwunden und man kommt ein wenig ins Plaudern. Wenn der Puschel wegrutscht oder das Klettband nicht halten will, bekommt das Ganze auch gleich eine humorige Note. Auch dieses Mal brach das Verkabeln das Eis. Nicoletta Mantovani und ich merkten schnell, dass das Thema Genuss uns beide bewegt. Sogleich wurde es ein paar Grad wärmer im Raum.

Endlich verkabelt, besuchten Frau Mantovani und ich zuerst die Küche des edlen Restaurants und schauten zu, wie der Küchenchef ein Risotto zubereitete, das besonders typisch für Modena ist. Die Grazie und Expertise des Küchenchefs verwandelten die Zubereitung des Risottos in eine würdevolle Choreografie. Wie beiläufig und doch mit allergrößter Sorgfalt rührte er im Topf. Denn wenn das Risotto zu stark gerührt wird, kommt zu viel Luft an den Reis und er wird pappig. Wird zu wenig gerührt, backt der Reis am Topfboden fest. Es ist wie immer und überall im Leben: Auf das richtige Maß kommt es an. Selten liegen das Zuviel und das Zuwenig so nah beieinander wie beim Risottorühren.

Es sah so lässig und einfach aus! Doch als auch ich im Topf rühren durfte, entpuppte ich mich umgehend als ein Störfaktor bei dieser weihevollen Handlung. Ständig schepperte der Löffel an den Topfrand. Auch von einer Eleganz der Bewegung konnte keine Rede sein. Ich fühlte mich verschwitzt und unbeholfen. Die Miene des Sternekochs spiegelte den Konflikt in seinem Inneren wider. Berufsehre siegte über Höflichkeit. Nach 1, 2 Minuten nahm er mir den Rührlöffel freundlich, aber bestimmt wieder aus der Hand. Wir beide waren erleichtert.

Nebenan war für Frau Mantovani und mich schon eingedeckt. Schönes, aber nicht aufdringlich gestaltetes Geschirr, dicke und gestärkte Servietten, kalt perlender Champagner. Und dann kam auch schon der Meister und servierte uns das Risotto. Aaah! Allein der Duft war eine Wonne. Auch die Portionsgröße hätte nicht besser sein können. Nicht zu wenig, aber auch nicht so viel, dass man sagt: „Na, danach bin ich aber pappsatt!" Genug, aber nicht zu viel - auch das gehört zum Genuss. Vollendet wurde das Risotto durch einige dickflüssige Tropfen Aceto balsamico di Modena, die der Chef mit unnachahmlichen Schwung auf das wohlig-dampfende Risotto gab.

Was für ein wunderbares Gefühl es war, die Gabel genüsslich in den herrlich cremigen Reis zu tauchen! Dann der erste Happen - es war zum Niederknien köstlich. Was für ein Wechselbad der Gefühle! Gerade noch die Hetze durch Modena und dann wurde ich in angenehmster Gesellschaft verwöhnt. Die Atmosphäre war alles andere als einschüchternd und die Stimmung wurde immer gelöster. Auch das gehört zur Perfektion: Es darf nicht so perfekt sein, dass man sich unwohl fühlt.

Nach diesem vielversprechenden Auftakt ging es in hohem Tempo weiter. Wir hatten ein günstig gelegenes Hotel bezogen, nicht zu teuer und eher praktisch als schön. Wichtig war, dass unsere beiden Mietautos Platz in einer Parkgarage hatten. Jeden Morgen schleppte das sechsköpfige Team Kameras, Tonaufnahmegräte und weiteres Gepäck in die Fahrzeuge und los ging es in ein neues Abenteuer.

Nächstes Ziel: Bologna! Obwohl wir früh aufgestanden waren und nur schnell gefrühstückt hatten, war es schon 11.00 Uhr, als wir in *„la dotta, la rossa, la grassa"* ankamen - also: die Gelehrte, die Rote, die Fette. *La dotta* heißt sie, weil die Universität Bolognas die älteste Europas ist und heute fast 100.000 Studierende die Stadt beleben. Auch *la rossa* ist wegen der Dächer aus roten Terracottaziegeln ein passender Name.

Nun wollten wir auf einem Gang durch die Altstadtgassen Bolognas *la grassa* mit ihren tausend kulinarischen Köstlichkeiten entdecken.

Mit Neid schaute ich auf die Touristen, die ganz ohne Gepäck oder mit kleiner Handtasche durch die Gassen flanierten. Wir dagegen mussten das ganze Equipment mitschleppen. Besonders gefürchtet war der „Rucksack des Todes", in dem die schweren Akkus für die Kameras transportiert wurden. Wie gut, dass wir dieses Mal einen faltbaren Bollerwagen dabeihatten!

Überall leuchteten uns handgefertigte Pasta in allen Farben und Formen, riesige Parmesanräder, gewaltige Schinken und Mortadellawürste, Reistörtchen und andere *dolci* aus den Schaufenstern entgegen.

Auf der Piazza Maggiore trafen wir wie verabredet auf unseren Tourguide für den Tag, die Musikstudentin Elena. Nun arbeiteten wir uns zu siebt durch die Gassen und Arkaden Bolognas. Von überall leuchteten uns handgefertigte Pasta in allen Farben und Formen, riesige Parmesanräder, gewaltige Schinken und Mortadellawürste, Reistörtchen sowie andere *dolci* aus den vielen Schaufenstern entgegen. Allein das Anschauen dieser überbordenden Fülle ließ uns das Wasser im Munde zusammenlaufen.

Wir waren vollauf damit beschäftigt, die schönsten Eindrücke per Kamera festzuhalten, uns in dem Gewimmel nicht zu verlieren und den Bollerwagen um die Ecken zu ziehen. Ständig musste das schwere Ding ein paar Stufen rauf- und wieder runtergehoben werden. Es war laut, voll und stressig. Nur wenn der Kameramann warten musste, bis er freie Sicht auf eine Sehenswürdigkeit hatte, gab es für uns ein Minütchen Pause. Wir mussten auch höllisch aufpassen, dass sich das Team nicht in den Fenstern spiegelte und der Bollerwagen nicht im Bild war. Dazwischen meine Rufe: „Schaut mal, ihr Lieben! Da drüben ist ein tolles Geschäft! Da *müssen* wir auch noch hin!"

Es war der maximale Kontrast. Um uns herum saßen Einheimische und Touristen vor Platten mit köstlichsten Speisen und zelebrierten genüsslich das italienische *Dolce Vita*, und wir hetzen durch die engen Gassen, um genau das mit der Kamera einzufangen. Ich weiß nur noch, dass ich zwischendurch mal dachte: „Hm, die Kollegen sahen auch mal frischer aus."

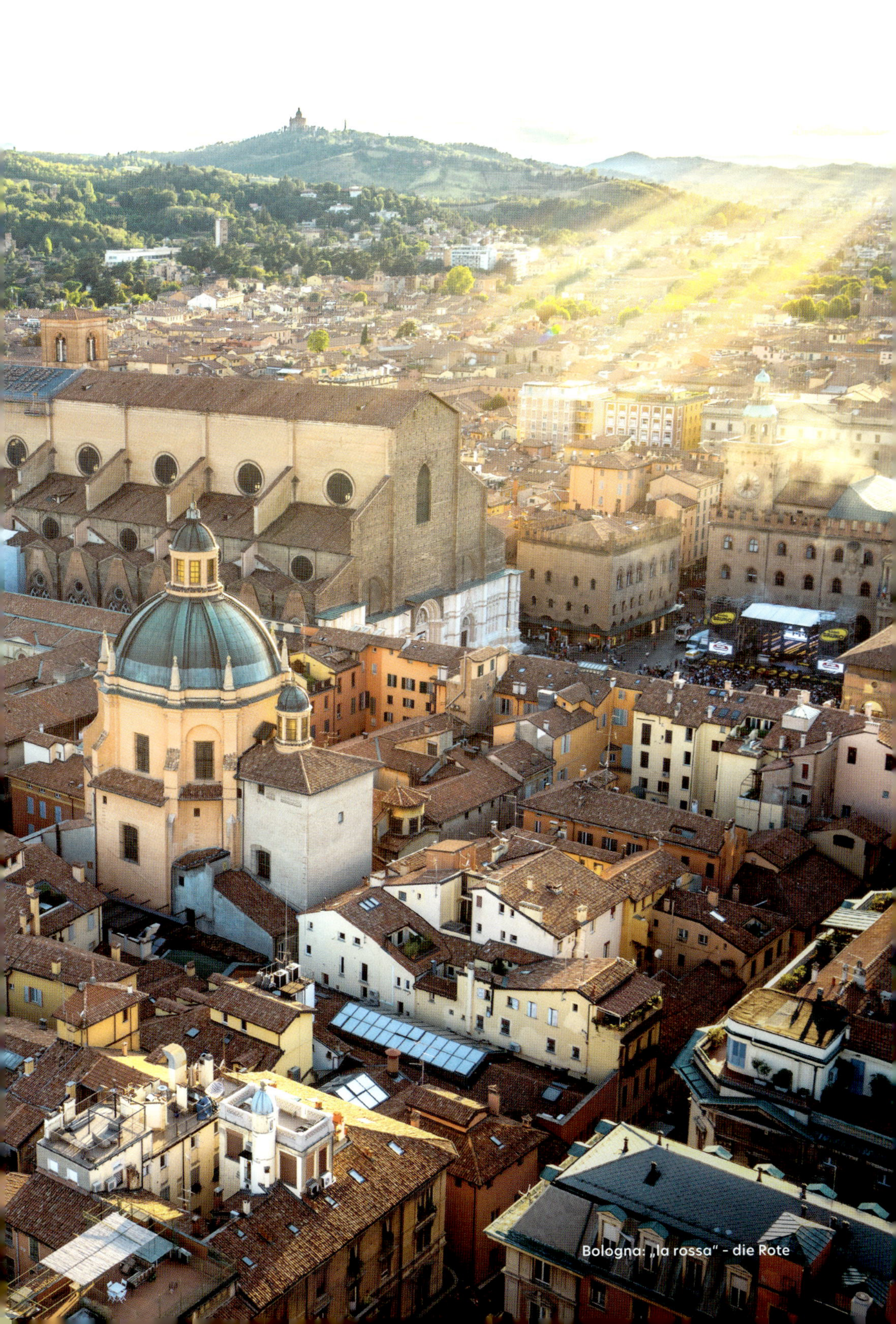

Bologna: „la rossa" - die Rote

Auf einmal blieb der erste Kameramann stehen und sagte: „So, jetzt ist es schon fast halb drei. Ich muss mal einen Kaffee und etwas zu essen haben." Auf einmal bemerkten wir alle unsere knurrenden Mägen. Wir hatten allerdings ein zeitliches Problem, da wir schon in 20 Minuten zu unserem nächsten Termin erwartet wurden: Tagliatelle herstellen und essen in der Osteria del Cappello.

Der Kompromiss war, dass die ortskundige Elena uns eine Ecke weiter zu einem Lokal führte, wo es Espresso, Wasser und Tramezzini zum Mitnehmen gab. So weit, so gut. Aber es standen auch zwei Tischchen und ein paar leere Stühle vor dem Laden. Es war ein Moment, in dem die Welt stillzustehen schien. Es war doch total verrückt! Wir waren nach Bologna gekommen, um den Fernsehzuschauern die genussreiche Seite dieser wunderbaren Stadt zu zeigen, zu der gehört, sich Zeit zu nehmen und das Leben zu feiern. Und für uns sollte es nur einen schnellen Kaffee und ein Sandwich auf die Hand geben?

„Rrratsch!" machte der eiserne Stuhl, als der erste von uns ihn unter dem Tisch hervorzog und sich demonstrativ hinsetzte. Und wenn erst mal einer aus einer Gruppe sitzt, dann setzen sich alle. Unsere Autorin, die den Drehplan immer genau im Blick hatte, sträubte sich heldenhaft noch ein wenig, aber dann saß auch sie mit uns an den Tischen. Wir tranken Kaffee und aßen Sandwiches - und zwar immerhin im Sitzen!

Die kurze Pause rückte die Prioritäten wieder ein wenig zurecht. Nein, zu spät zum Tagliatelle-Termin zu kommen ist nicht schön, aber auch kein Weltuntergang. Wir sind alle professionell genug, dass wir nicht aus Lust und Laune einen Zeitplan durcheinanderbringen. Es ist eine Sache des Respekts, Verabredungen einzuhalten. Aber manchmal läuft es eben anders als geplant.

Tatsächlich nahmen unsere Gastgeber in der Osteria del Cappello es uns nicht übel, dass wir eine halbe Stunde zu spät kamen. Wir hatten sie vorher informiert und sie waren flexibel genug, um mit der Verspätung zurechtzukommen. Es ist ja oft so: Irgendwie klappt's dann doch.

Als erstes drehten wir, wie Musikstudentin Elena und ich an einem gedeckten Tisch in der Osteria saßen, die schon seit 1375 für ihre Gäste sorgt. Hier wollten wir das weltberühmte *ragù bolognese* genießen, die authentische Variante der bei uns in Deutschland bekannten „Spaghetti bolognese". Kein Italiener käme auf die Idee, Spaghetti zum Tomatensugo mit Hackfleisch zu essen. Kenner stimmen die Form der Pasta exakt auf die Sauce ab, und zum *ragù* auf Bologneser Art gehören nun mal exakt 8 Millimeter breite Tagliatelle. Basta! Da passte es, dass auf dem T-Shirt des Kellners *„No Spaghetti bolognese"* stand. Anders als in Deutschland kommt in Italien auch kein Löffel auf den Tisch, der beim Aufwickeln der Pasta hilft. Tagliatelle allein mit der Gabel und ohne Saucengespritze in den Mund zu bekommen, schaffen dort sogar die Kinder.

Schon das Sitzen war eine Wohltat! Warm und wohlig durchströmte Elena und mich das *ragù bolognese*. Natürlich mussten wir zwischendurch immer wieder mal innehalten, zum Beispiel wenn einer der Kameramänner sagte: „Die Gabel bitte etwas höher halten!" Oder: „Jetzt noch mal die Tagliatelle aufzwirbeln!" Das musste man mir nicht zweimal sagen.

Weiter ging es mit den Dreharbeiten im benachbarten Nudel-Laboratorio, wo die Tagliatelle hergestellt wurden. Elena und ich kneteten Nudelteig, rollten ihn hauchdünn aus, falteten ihn, wie uns gezeigt wurde, und schnitten ihn in feine Streifen. Dann endlich Drehschluss. Es war spät geworden und den Besuch im Studentenviertel mussten wir leider ersatzlos streichen.

Es war schon fast dunkel, als wir endlich im Hotel ankamen. Maskenbildnerin Marie und ich hatten nun frei. Das war ausgleichende Gerechtigkeit, denn wenn wir morgens mit dem Rest des Teams am Frühstückstisch saßen, hatten wir schon 1 Stunde Arbeit hinter uns. Die anderen mussten noch das Equipment ausladen und verstauen, die Daten sichern, die Akkus laden, die Termine des kommenden Tages aktualisieren und vieles mehr. Die Armen! Kurzerhand machten Marie und ich uns auf den Weg und fanden in der Nähe unseres Hotels eine kleine Trattoria. Über unsere WhatsApp-Gruppe schickten wir den anderen ein Foto der Speisekarte und schrieben: „Kommt doch noch dazu!" So saßen wir spätabends doch noch alle gemeinsam erschöpft, aber zufrieden an einem Tisch und ließen es uns mit Köstlichkeiten der Emilia Romagna gut gehen. Buon appetito!

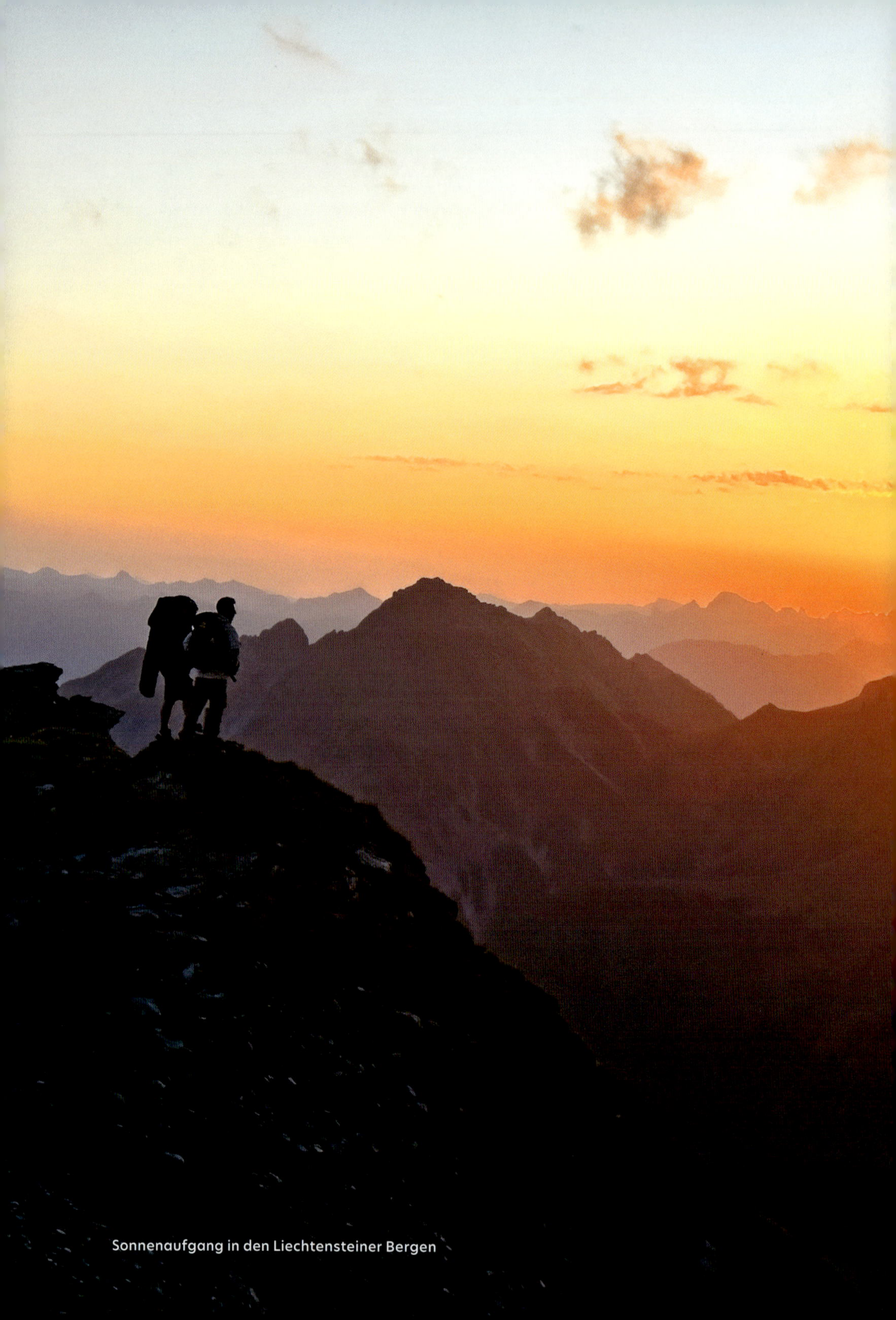

Sonnenaufgang in den Liechtensteiner Bergen

LIECHTENSTEIN - KLEINES LAND, GROSSER AUFWAND

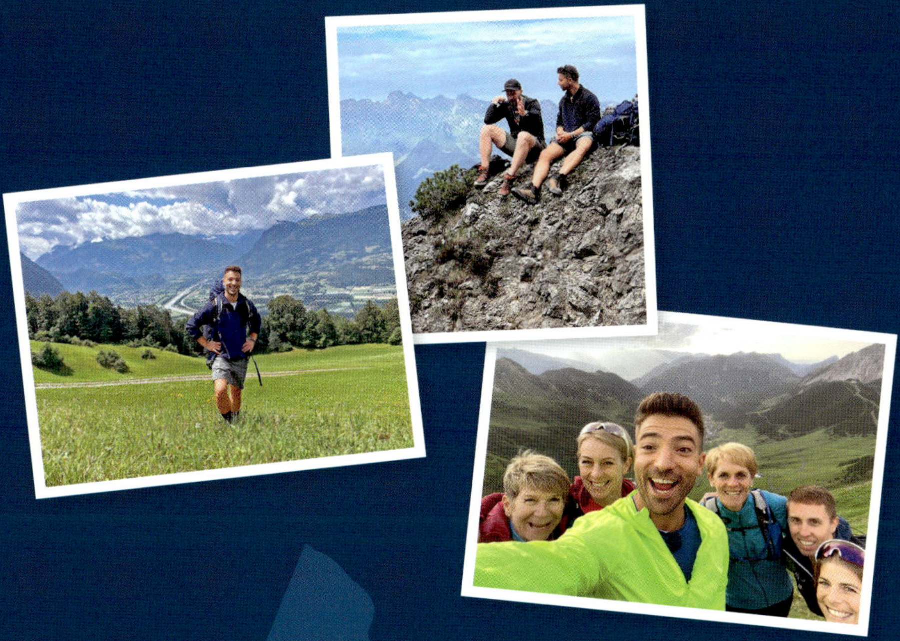

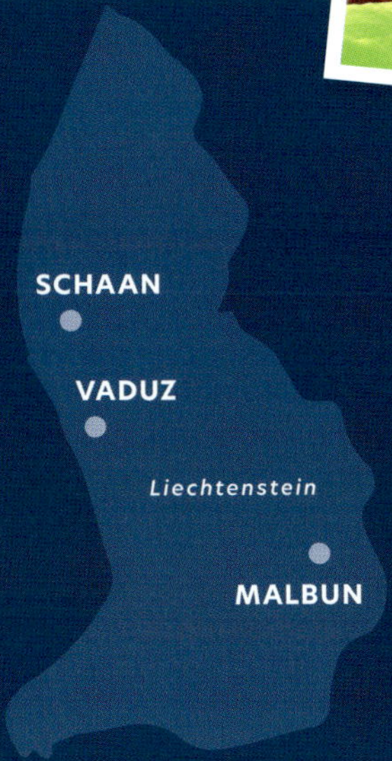

Hermann Löns
„Das wichtigste Stück des Reisegepäcks ist und bleibt ein fröhliches Herz."

RAMON BABAZADEH

Liechtenstein – kleines Land, großer Aufwand

Als ich noch nicht für die Sendung „Wunderschön" unterwegs war, dachte ich: Reisereporter muss ein Traumjob sein – immer im Urlaub, immer auf Entdeckungsreise, immer die völlige Entspannung. Zumindest fühlte es sich oft wahnsinnig erholsam an, Tamina, Judith und Daniel beim Reisen zuzuschauen. Manchmal dachte ich sogar, ich reise vom Sofa aus direkt mit in den Urlaub.

Heute weiß ich, wie viel Arbeit es ist, damit eine Sendung beim Zuschauenden genau diese Wirkung erzeugt. Zur Wahrheit gehört nämlich: Die Dreharbeiten sind oft ziemlich anstrengend. Unsere Aufgabe ist es, in wenigen Tagen große Teile eines Landes oder einer Region zu erkunden, kennenzulernen und authentisch abzubilden. Und je größer das Land oder eine Region, desto schwieriger die Arbeit vor Ort. Manchmal sitzen wir zum Beispiel stundenlang im Auto, nur um von einem Ort an den anderen zu kommen. Während dieser Fahrten geht wertvolle Zeit verloren, die wir eigentlich für unsere Dreharbeiten bräuchten. Und so entsteht dann manchmal eine merkwürdige subtile Sorge: eine Art kleines Männchen im Hinterkopf, das immer mal wieder auf die Synapsen klopft und fragt: „Reicht das? Habt ihr auch wirklich genug gedreht? Seid ihr sicher, dass ihr damit 90 Minuten Film füllen könnt?" Manchmal fahren wir sogar mit diesem Gefühl nach Hause und die Spannung fällt erst ab, wenn sich die Kollegen aus dem Schnitt melden und durchgeben, dass alles in Ordnung ist.

Als ich also hörte, dass eine „Wunderschön"-Reise nach Liechtenstein geplant war, habe ich mich total gefreut und gedacht: „Super, jetzt haben wir endlich mal leichtes Spiel - immerhin ist Liechtenstein sehr klein." Es ist eines der kleinsten Länder der Welt, misst an seiner längsten Stelle nicht einmal 25 Kilometer und an seiner breitesten nur etwa 12. Damit ist Liechtenstein kaum größer als Aachen. Vielleicht würde diese Reise ja also tatsächlich mal entspannt werden? Ohne lange Fahrzeiten, ohne viel Logistik und ohne Überstunden? Ich verrate es Ihnen gerne direkt: Das genaue Gegenteil war der Fall. Der Dreh in Liechtenstein war zwar unglaublich schön und bereichernd - aber er war auch einer der anstrengendsten bisher.

Liechtenstein ist besonders bekannt für seine vielen schönen Wanderwege. Diese abzubilden ist für uns als Filmteam aber gar nicht so einfach. Das liegt vor allem an der schweren Technik, die wir unterwegs brauchen: Darunter sind Kameras, Mikrofone, Stative, Akkus, Objektive und Beleuchtung. Normalerweise haben wir auf Dreharbeiten immer eine Art Bollerwagen dabei, in dem wir das alles unterbringen und den wir dann hinter uns herziehen. In steilen Berglandschaften mit steinernen Schotterwegen geht das natürlich nicht. Folglich mussten wir das Equipment in Liechtenstein auf die Berge hochtragen. Grundsätzlich war das auch kein Problem. Wir standen allerdings zusätzlich vor der Herausforderung, dass einige aus dem Team vorher noch nie in den Bergen gewesen waren und überhaupt nicht wussten, dass sie nicht ganz frei von Höhenangst waren. Dass uns dies wertvolle Zeit kosten würde, machte sich zum ersten Mal beim Dreh am Fürstensteig bemerkbar.

Der Fürstensteig ist ein schmaler Bergpfad auf etwa 1.900 Metern, der in eine massive Felswand geschlagen wurde. Er ist einer der bekanntesten Wanderwege in Liechtenstein und setzt Trittsicherheit und Schwindelfreiheit voraus. Einige Passagen sind so schmal, dass sie auf der einen Seite mit Drahtseilen und Geländern gesichert sind. Denn auf der anderen Seite geht es mit einem falschen Tritt mehrere hundert Meter steil hinab. Für Outdoor- und Wanderfans ist der Fürstensteig ein absolut tolles Erlebnis - manch ein Liechtensteiner bezeichnet die Tour sogar salopp als „Feierabendrunde". Für zwei unerfahrene Wanderer aus unserem Team war hier allerdings Schluss. Sie fühlten sich auf dem Pfad schlichtweg nicht sicher. Ich finde übrigens: Solchen Entscheidungen gebührt Respekt. Niemand hat etwas davon, wenn sich irgendwer selbst überschätzt und unnötige Risiken eingeht. Als Team müssen wir ehrlich zueinander sein, unsere Stärken und Schwächen kennen, behutsam damit umgehen und uns gegenseitig unterstützen. Die Kollegen haben sich also wieder auf den Weg nach unten gemacht und sich dort um andere Landschaftsaufnahmen gekümmert.

Oben blieben noch Autor Joshua, Kameramann Paul, Marco Büchel, ein ehemaliger Liechtensteiner Skirennfahrer, der mir die Lieblingsseite seiner Heimat zeigen wollte, und ich übrig. Joshua drückte mir direkt sein Smartphone in die Hand und bat mich, so viel wie möglich selbst zu drehen. Paul kümmerte sich um alles andere: Gangbilder, Gespräche und Drohnenaufnahmen. Was ein Kameramann wie Paul in dieser Situation geleistet hat, ist meiner Meinung nach geistige und körperliche Schwerstarbeit: Er scannte die Umgebung permanent nach schönen Bildern ab, lief mal vor, mal hinterher, sammelte Schnittbilder, verfolgte aufmerksam die Gespräche zwischen mir und den Gesprächspartnern und steuerte die Drohne entlang der Felsketten. Pauls Leistung verlangte mir die allerhöchste Anerkennung ab. Vor allem vor dem Hintergrund, dass er kein erfahrener Wanderer war. Am Ende meisterten wir den Dreh wunderbar und bekamen alle gewünschten Aufnahmen. Allerdings brauchten wir deutlich länger als eigentlich geplant und uns wurde klar: Unter diesen Bedingungen würde unser Zeitplan wohl nicht aufgehen - und die Dreharbeiten würden möglicherweise doch gar nicht so entspannt werden.

Ähnlich verhielt es sich wenige Tage später beim Dreh mit einer Trailrunning-Gruppe in den Bergen. Wir trafen uns alle gemeinsam bei strahlendem Sonnenschein an der Bergstation der Sesselbahn Sareis in Malbun - dem höchstgelegenen Dorf Liechtensteins. Glücklicherweise konnten wir all unsere Technik mit dem Auto bis zur Bergstation hochfahren. Von dort aus ging es dann zu Fuß weiter: einige Kilometer über einen schmalen, blumenreichen Grat auf den 2.359 Meter hohen Augstenberg und dann ein Stück bergab zur Übernachtung in die Pfälzer Hütte. Wieder waren wir dafür in kleinerer Besetzung unterwegs - und wieder

Das Licht, die Wolken, die Landschaft, die interessanten Menschen – schlichtweg alles um uns herum schien ideal für perfekte Aufnahmen.

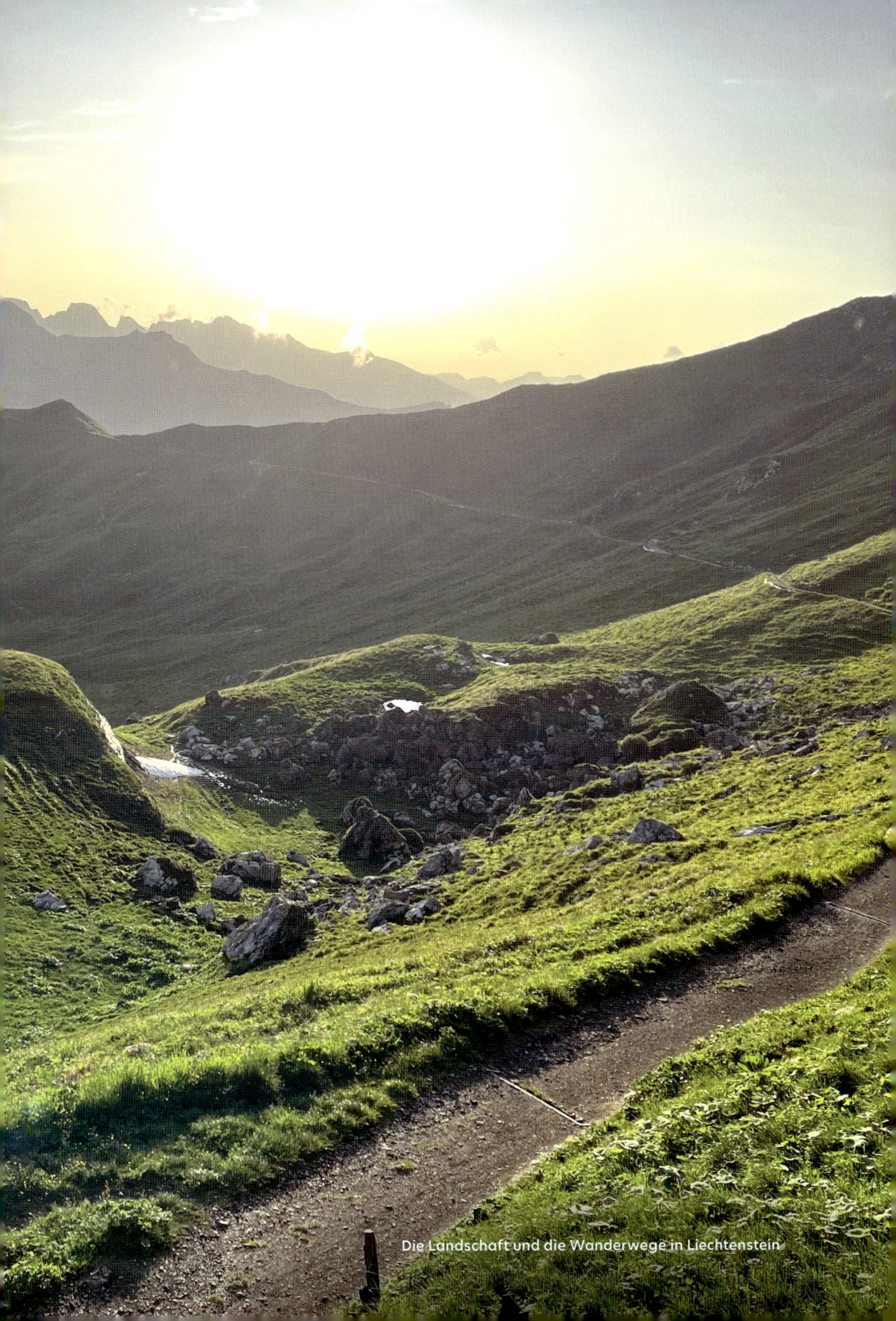

Die Landschaft und die Wanderwege in Liechtenstein

waren die Aufnahmen ein Kraftakt. Das lag zum einen daran, dass wir mit einer ziemlich fitten Jogging-Gruppe mit straffem Tempo unterwegs waren. Zum anderen hatten wir erst am späten Nachmittag mit unseren Dreharbeiten begonnen und deshalb ging unser Zeitplan wieder nicht auf. In diesem Fall waren das gute Wetter und die traumhafte Kulisse das Problem: Das Licht, die Wolken, die Landschaft, die interessanten Menschen – schlichtweg alles um uns herum schien ideal für perfekte Aufnahmen. Also drehten wir und drehten und drehten. Als wir nach einigen Stunden das Gipfelkreuz auf dem Augstenberg erreichten, ging die Sonne gerade unter. Aus der anfänglichen Euphorie wurde plötzlich eine nicht mehr ganz ungefährliche Situation, denn bis zur Pfälzer Hütte war es noch ein ganzes Stück und der Weg war schmal und führte steil bergab. Wir beschlossen, uns aufzuteilen: Ich bekam eine Actionkamera in die Hand, mit der ich den Rest der Trailrunning-Tour im schwindenden Tageslicht selbst filmen sollte, und die Kollegen machten sich schwer bepackt zu Fuß und in ihrem Tempo auf den Weg in Richtung Hütte. Die Trailrunner und ich waren nach etwa 20 Minuten am Ziel. Was dann folgte, waren einige der unruhigsten Stunden meines Lebens. Es war mittlerweile dunkel geworden und wir warteten und warteten – aber die Kollegen wollten einfach nicht an der Hütte eintreffen. Natürlich gab es dort oben auch keinen Handyempfang, weshalb ich immer nervöser wurde: War es eine gute Idee, uns aufzuteilen? Würden die Jungs den Weg finden? Und was, wenn ihnen etwas passiert war? Dann endlich öffnete sich die schwere, dunkle Tür und zwei schwitzende, erschöpfte, aber grinsende Männer betraten die warme Hütte. Was für eine Erleichterung. Die beiden legten Technik und Gepäck in der Gaststube der Hütte ab und wir aßen und tranken zusammen. Dabei reflektierten wir, was gerade passiert war: Im Grunde hatten wir uns von den tollen Bildern ablenken lassen und dabei schlichtweg die Zeit vergessen. Die Berge, das Panorama, die Lichtstimmung – alles um uns herum fühlte sich so außergewöhnlich gut an, dass wir nicht satt wurden und immer noch mehr und mehr wollten. Angesichts der Bilder hatte sich das natürlich gelohnt. Fast alle Aufnahmen dieses Tages sind am Ende auch im Film gelandet und bereichern ihn sehr. Dennoch beschlossen wir, künftig aufmerksamer und bewusster unterwegs zu sein und unsere Zeitpläne zu überdenken.

So anstrengend und kompliziert hatten wir uns die Reise durch Liechtenstein auf jeden Fall nicht vorgestellt. Aber wie stellt man sich eine Reise durch Liechtenstein überhaupt vor? Jetzt mal Hand aufs Herz: Was wissen Sie eigentlich über Liechtenstein? Vermutlich auch nicht wirklich viel, oder? Vielleicht denken Sie an ein kleines Land in den Alpen irgendwo zwischen Österreich und der Schweiz? Vielleicht kommen Ihnen auch Begriffe wie Bankengeheimnis, Schwarzgeldkonto oder Steuerparadies in den Sinn? Oder Sie sehen vor ihrem geistigen Auge Luxusautos mit schwarzen Kennzeichen, die auf der Autobahn an Ihnen vorbeirasen? Mich würde das alles nicht wundern, denn so oder so ähnlich waren zumindest meine ersten Assoziationen mit dem Land. Natürlich sind das alles oberflächliche Vorurteile, die wenig mit der Realität gemein haben und selbstverständlich haben wir während der Dreharbeiten viel mehr über das Land und seine wunderbaren Menschen erfahren. In aller Kürze: Liechtenstein besticht durch eine malerisch schöne Landschaft und ein tolles Angebot an Wanderwegen. Und die Menschen, die wir getroffen haben, waren allesamt herzenswarm, traditionsbewusst, voller Heimatliebe und großer Gastfreundschaft.

Liechtenstein besticht durch eine malerisch schöne Landschaft und ein tolles Angebot an Wanderwegen.

Dennoch erinnere ich mich an einen Tag, an dem unser Autor Joshua plötzlich unsicher und unruhig wurde. Konnten wir mit dem, was wir bisher gedreht hatten, wirklich ein vollständiges Bild dieses Landes zeichnen? Kurzerhand holte er während der Dreharbeiten sein Handy heraus und begann erneut zu recherchieren. Etwa 10 Minuten später hatte er herausgefunden, dass die Band „Die Fantastischen Vier" am nächsten Tag ein Konzert in der Gemeinde Schaan geben würde – und zwar anlässlich ihres neuen Albums „The Liechtenstein Tapes". Für Joshua war klar: Da müssen wir hin. Wenn die Fantas eine Platte mit diesem Titel herausbringen und sich zufällig auch noch zeitgleich mit uns im Land befinden, dann müssen wir mit ihnen sprechen. Also kontaktierte Joshua das Management der Fantas und organisierte für den nächsten Tag einen Interviewtermin. Ich fand das natürlich super, weil ich früher selbst gerappt habe und viele Songs der Fantastischen Vier kenne. Inhaltlich hatte das Interview allerdings weniger mit dem Land zu tun als erwartet. Es stellte sich heraus, dass die Fantastischen Vier keine wirklichen Liechtenstein-Experten sind. Ihr Album heißt „The Liechtenstein Tapes", weil die Band die Songs in einem Studio in der Liechtensteiner Gemeinde Eschen aufgenommen hat. Das Treffen war trotzdem witzig und interessant und auch auf dem anschließenden Konzert, bei dem überraschend viele Kinder im Publikum waren, ließen es die Fantas ordentlich krachen.

Nebenbei bemerkt - mit Musik kriegt man mich eigentlich immer rum. Dazu müssen Sie wissen: Seit meiner Kindheit mache ich selbst Musik. Als kleiner Junge lernte ich Cello und später auch ein wenig Klavier spielen. Seit ich mich erinnern kann, hat Musik also eine große Bedeutung für mich. Und je älter ich werde und je mehr ich von der Welt sehe, desto klarer wird mir: Musik ist eine Art universelle Sprache. Im Grunde sprechen wir sie alle. Deshalb interessiere ich mich sehr für Kunstschaffende - und immer auch für die Volksmusik der Länder und Regionen, die wir bereisen.

Kurz bevor wir nach Liechtenstein aufbrachen, hatte ich mir auf einem Flohmarkt in Konstanz ein kleines, rotes Akkordeon gekauft. Vermutlich, weil ich vorher auf YouTube nach „Liechtenstein" gesucht und das Lied „Liechtensteiner Polka" gefunden hatte. Egal. Den grauen Koffer, in dem das Instrument war, mischte ich dann kommentarlos unter unser Reisegepäck. Mein Plan war es, abends im Hotel zu üben und die Kollegen dann irgendwann während der Dreharbeiten in den Bergen mit etwas Volksmusik zu überraschen. Doch aus dem Plan wurde leider erstmal nichts - und Schuld war nur der Enzian. Eines Abends kamen wir auf der Terrasse unseres Hotels in Malbun an. Auf dem Akkordeon geübt hatte ich zu diesem Zeitpunkt noch nicht. Während das Team es sich bequem machte, ging ich in das Restaurant, suchte nach einer der Bedienungen und bestellte eine Runde Schnaps für alle. Enzianschnaps. Gemeinsam stießen wir an und suchten auf der Karte nach etwas zum Abendessen. Noch bevor wir bestellt hatten, ging ich hoch ins Hotelzimmer und schnappte mir den grauen Koffer mit dem kleinen, roten Akkordeon. Zurück auf der Hotelterrasse schnallte ich es mir um und begann zu spielen. Eigentlich konnte

Das Team und einige der Gäste lachten, sangen mit und machten Fotos und Videos.

ich das damals aber noch gar nicht. Mein Repertoire beschränkte sich auf den Refrain eines einzigen schweizerischen Volkslieds. Es heißt „Dini Seel ä chli la bambälä la", was so viel wie „Deine Seele ein wenig baumeln lassen" bedeutet. Die Terrasse war zu diesem Zeitpunkt übrigens fast voll mit Gästen, die aßen, tranken, sich unterhielten und in Ruhe die letzten Strahlen der Abendsonne genossen. Und mittendrin stand ich nun mit meinem kleinen, roten Akkordeon und bestellte eine weitere Runde Enzianschnaps. Immer wieder spielte ich den Refrain und versuchte kläglich, auf Schweizerdeutsch mitzusingen. Am Anfang sorgte das tatsächlich auch für gute Laune: Das Team und einige der Gäste lachten, sangen mit und machten Fotos und Videos. Wie nervig es allerdings ist, wenn jemand auf einem Instrument, das er nicht beherrscht, immer wieder das Gleiche spielt, habe ich in diesem Moment wohl unterschätzt. Zum Glück haben mir die Kollegen mein kleines, rotes Akkordeon irgendwann aus der Hand genommen, zur Seite gelegt und mich zurück an den Tisch geholt.

Am nächsten Tag hatte sich die Akkordeon-Show auf der Hotelterrasse aber schon herumgesprochen: Fast alle, mit denen wir danach drehten, sprachen uns auf die Gaudi an und kicherten. Wieder einmal wurde uns klar: Liechtenstein ist wirklich sehr klein. Und auf dem Akkordeon hatte ich noch jede Menge Arbeit vor mir.

Bis zum Ende unserer Reise übte ich also jeden Abend auf dem Hotelzimmer. Und wie es der Zufall so wollte, sollte der Plan, das Team in den Bergen mit etwas Volksmusik zu überraschen, doch noch aufgehen: Denn an unserem letzten Abend waren wir an einem kleinen Bergsee mit einer echten Liechtensteiner Jodelgruppe verabredet. Als die zehnköpfige Gruppe in Trachten gekleidet am Gänglesee ankam, hatten wir ein Lagerfeuer für sie vorbereitet. Und zur Überraschung aller stand ich plötzlich mit dem Akkordeon bereit, um unsere „Seelen ein wenig baumeln zu lassen". Die Frauen und Männer der Jodelgruppe staunten nicht schlecht – auch, wenn meine Akkordeonfähigkeiten freilich immer noch sehr zu wünschen übrig ließen. Aber natürlich kannten alle das schweizerische Lied und wir musizierten gemeinsam, bevor wir uns um das Feuer setzten, grillten, Bier tranken und plauderten. Obwohl wir uns alle nicht kannten und noch nie gesehen hatten, lag in diesem Moment eine Art Wärme und Verbundenheit in der Luft. Mit einigen der Sängerinnen bin ich auch heute noch in Kontakt. Und auch ein gemeinsames Abendessen im Hause der Chorleiterin steht noch aus. Ich denke, wer seinen Mitmenschen näherkommen, sie besser kennenlernen und etwas über ihre kulturellen Eigenheiten erfahren möchte, kommt mit Musik als Sprache ziemlich weit. Das Treffen mit der Jodelgruppe ist die letzte Szene unseres Films und für mich ein authentischer und runder Abschluss, der beweist: Auch in einem so kleinen Land wie Liechtenstein leben lauter Menschen mit großem Herzen. Sie sehen also: Unsere Reisen sind oft ziemlich ereignisreich und menschlich sehr bereichernd. Dafür bin ich enorm dankbar. Auch uns als Team hat die Liechtenstein-Tour wegen seiner logistischen Herausforderungen zusammengeschweißt.

Obwohl wir uns alle nicht kannten und noch nie gesehen hatten, lag in diesem Moment eine Art Wärme und Verbundenheit in der Luft.

Egal wie anstrengend die Dreharbeiten auch sein mochten – für mich wäre es eine große Freude, wenn es Ihnen beim Schauen des Films „Liechtenstein entdecken" so geht wie mir, wenn ich Tamina, Judith oder Daniel zugucke: Dass Sie dann genau wie ich die Erholung spüren und direkt vom Sofa aus mit uns in den Urlaub reisen.

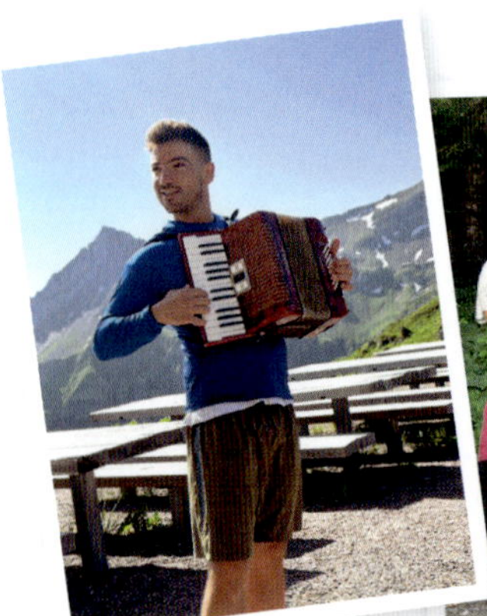

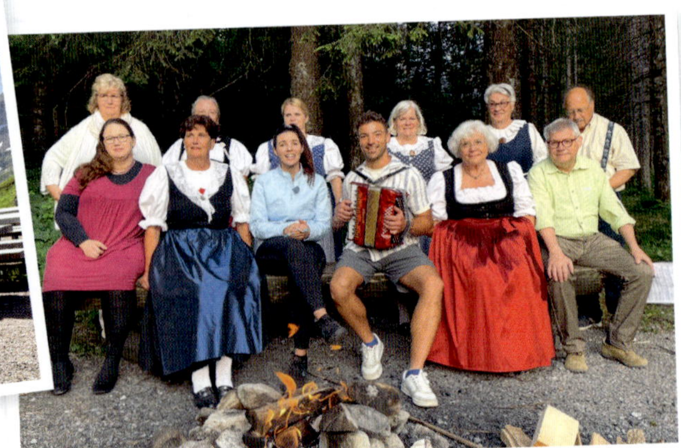

Mit einer Jodelgruppe beim Musizieren

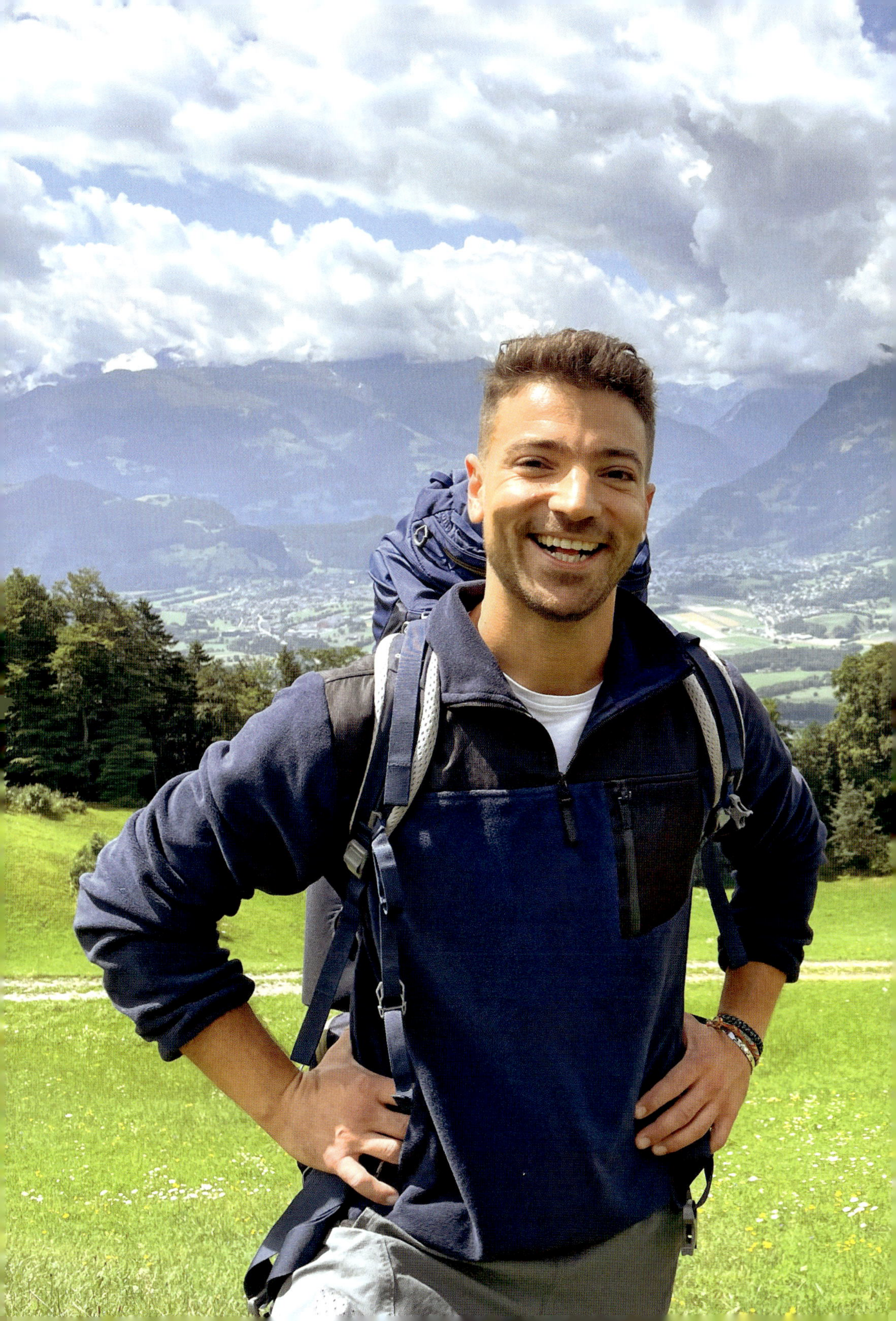

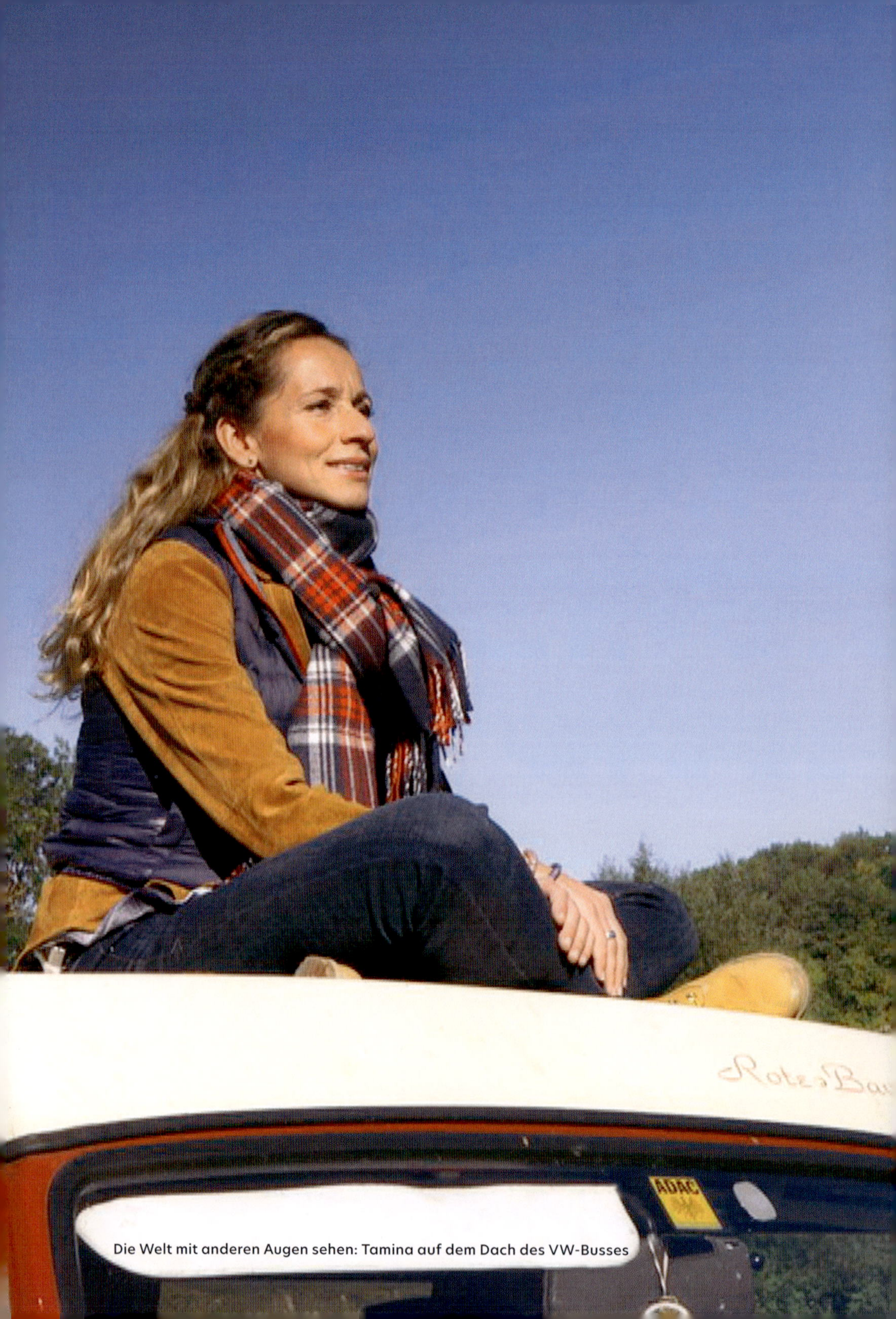

Die Welt mit anderen Augen sehen: Tamina auf dem Dach des VW-Busses

EIN PERFEKTER MOMENT IM PADERBORNER LAND

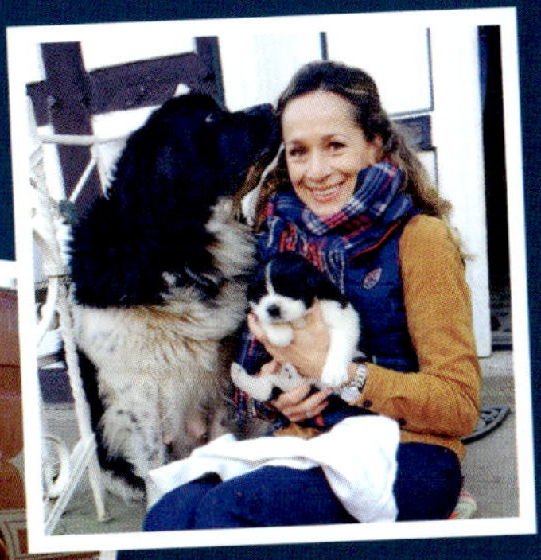

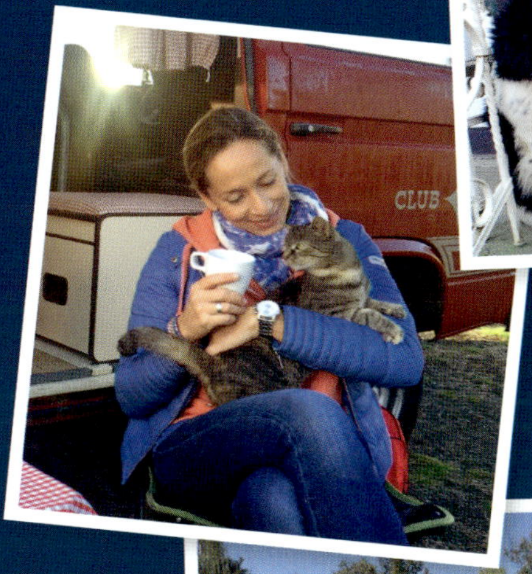

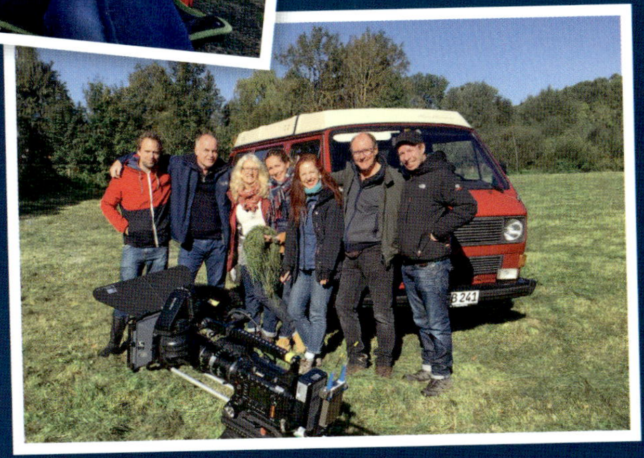

Albert Einstein

„Es gibt zwei Arten, die Welt zu sehen. Entweder nichts ist ein Wunder oder alles ist ein Wunder.“

TAMINA KALLERT

Ein perfekter Moment im Paderborner Land

Der Morgennebel hängt noch in einzelnen Schwaden über der weiten Landschaft, auf den Wiesen glänzt der Morgentau. Die Nacht war kalt, doch bald wird sich die Sonne gegen den Dunst durchsetzen und es wird wieder sommerlich warm werden. Mein „Fernweh-Bulli“, mein Übernachtungsort, steht mitten auf einer Streuobstwiese, in den Bäumen finden sich noch ein paar letzte Äpfel. In aller Herrgottsfrühe wollen wir hier bei Landwirt Pötting im Paderborner Land ein gemütliches Frühstück auf dem Bauernhof drehen.

Ich bin noch gar nicht richtig wach, sitze eingemummelt in dicke Pullover auf einem Klappstuhl neben der geöffneten Schiebetür des Busses und genieße die kurzen Minuten, in denen meine Kollegen noch konzentriert mit Mikros, Stativen und Kameras werkeln. Wie herrlich, müßig die Morgensonne genießen zu dürfen! Ein lieber Mensch hat mich mit einem Becher Kaffee versorgt, und auf dem kleinen Tischchen neben mir stehen schon ein Korb mit frischem Brot und zwei kleine Töpfe mit Leberwurst und Quittengelee bereit – alles hier auf dem Hof selbst gemacht. Mehr braucht es gar nicht, um sich ein ganz einfaches, und doch genussreiches Vergnügen zu gönnen.

Gleich wird der Dreh auch für mich losgehen. Aber es macht sich so gar keine Hektik in mir breit. Ich bin wunschlos glücklich – so oft wird davon geredet, und so selten gelingt es. Dass dieser selige Zustand mich genau hier überkommt, hat mehrere Gründe: Kindheitserinnerungen an Familienurlaube mit dem Bulli, der Pott Kaffee in meinen Händen, die wärmenden Sonnenstrahlen im Gesicht … Und dann nähert sich auch noch zögernd das kleine Kätzchen, das gestern nur scheu um die Ecken gelugt hatte. Der unwiderstehliche Duft der Leberwurst auf dem Tisch ist vielleicht nicht ganz unschuldig daran, dass es nun um meine Beine streicht und seine Wangen an meinen Waden reibt, aber das tut der Sache keinen Abbruch. Als es nach kurzem Zögern ganz sacht auf meinen Schoß hüpft, ist der Paderborner Glücksmoment perfekt. Tiefste Zufriedenheit und großes Einverstandensein durchströmen mich. „Wie wunderbar!", denke ich.

Als nächstes kommt mir etwas weniger Naheliegendes in den Sinn. Ich denke an - Island. Genau dort ist jetzt gerade ein anderes „Wunderschön"-Team unterwegs. Warum ich bei diesem Gedanken lächeln muss, will ich gerne erklären. Aber dazu hole ich mal ein wenig weiter aus.

Während die Drehteams, die hinter der Kamera für das Gelingen der Sendungen sorgen, in immer neuen Konstellationen zusammengestellt werden, gab es vor der Kamera lange Zeit nur eine einzige Moderatorin: Tamina. Ich liebte es, mit den Teams neue Länder und Regionen entdecken zu dürfen. Aber rein kräftemäßig gingen die vielen Reisen an die Substanz. Bis zu 200 Tage im Jahr war ich unterwegs! „Komm! Stell dich nicht an!", dachte ich. „Du hast den schönsten Job der Welt. Da kannst du dich ruhig ein bisschen anstrengen!"

Erst als ich im sechsten „Wunderschön"-Jahr schwanger wurde, war die hohe Drehzahl keine Option mehr. Ganz aufhören wollte ich auf keinen Fall, es gab also nur eine Lösung: So wie alle anderen Aufgaben im Drehteam sollte nun auch die Moderation auf mehrere Schultern verteilt werden. Aber würden die „Wunderschön"-Zuschauer und Zuschauerinnen ein neues Gesicht akzeptieren? Es hat sich herausgestellt - das tun sie! Alle Sorgen erwiesen sich als unbegründet. Die Zuschauer schlossen meine Kollegen und Kolleginnen sofort ins Herz. Einer von ihnen erzählte mir einmal, dass er während eines „Wunderschön"-Drehs von Fans angesprochen wurde: „Wo ist denn Ihre Frau, die Frau Kallert?" Schöner kann man gar nicht ausdrücken, dass der Moderatorinnen- und Moderatorenzuwachs keine Konkurrenzsituation erzeugt hatte, sondern als bereichernde Ergänzung wahrgenommen wurde.

Seit 2009 haben neben mir über die Jahre noch acht weitere Moderatoren und Moderatorinnen mit jeweils ganz eigener Handschrift die Zuschauenden durch die Reisesendungen geführt, allerdings nie mehr als vier gleichzeitig. Das ist eine überschaubare Zahl. Und dennoch haben wir nie alle gemeinsam an einem Tisch gesessen. Der Grund dafür liegt auf der Hand: Ständig sind zwei oder drei von uns auf Reisen, und darüber hinaus sind wir alle auch noch für andere Sendereihen aktiv. So kommt es, dass wir zwar über die Sozialen Medien mehr oder weniger intensiv in Verbindung stehen, aber bei unseren vollen Terminkalendern kaum die Gelegenheit haben, uns auch mal privat zu treffen.

So, und jetzt zu Island. Im Sommer 2015 standen die Dreharbeiten für zwei Sendungen auf dem Programm: Ein Team sollte nach Island fahren, ein anderes ins Paderborner Land. Für mich war es keine Frage, welches Reiseziel ich bevorzugt hätte: Island! Das Land der elementaren Naturerlebnisse! Da hatte ich immer schon mal hingewollt. Aber irgendwie wurde es dann doch das Inland-Ziel für mich. Während das andere Team Gletscher, Geysire und Vulkane bei den weltoffenen, reiselustigen und als überaus mitteilsam bekannten Isländern besuchen würde, bestand meine Aussicht darin, durchs Paderborner Land zu stapfen. Ich weiß ja, dass Nordrhein-Westfalen voller wunderschöner Ecken ist, aber ein Sehnsuchtsort wie Island schien mir das tiefste Ost-Westfalen nun wirklich nicht zu sein. Ehrlich gesagt hatte ich einen eher wortkargen Menschenschlag vor Augen. Der Kabarettist Rüdiger Hoffmann, der aus Paderborn kommt und es wissen muss, sagte mal: „Wäre Jesus ein Ostwestfale gewesen, würde die Bibel auf eine DIN-A4-Seite passen."

„Wäre Jesus ein Ostwestfale gewesen, würde die Bibel auf eine DIN-A4-Seite passen."

Aber wie so oft im Leben kam alles ganz anders als gedacht. Das Island-Team musste eine extrem anstrengende Woche überstehen, es regnete in einem durch und alle hatten mit fiesen Erkältungen zu kämpfen. Die Wege zwischen den Drehorten zogen sich endlos, und es war nicht daran zu denken, wenigstens mal für einen halben Tag im Warmen zu bleiben. Mit roten Nasen und kratzenden Hälsen zog das Team die Dreharbeiten durch, völlig entkräftet kehrte es nach Köln zurück.

Die Island-Folge bekam von den Zuschauern begeisterte Zuschriften, aber diesen Erfolg hatten die Kollegen sehr, sehr mühsam erarbeiten müssen. Ich kenne solche Drehs aus eigener Erfahrung und kann mich kaum entscheiden, was schlimmer ist: die endlosen Fahrten mit durchfeuchteter und müffelnder Kleidung im Tourbus, dessen Lüftung auch auf maximaler Einstellung die beschlagenen Scheiben nicht freibekommt? Oder das Filmen bei waagerecht peitschendem Regen, wenn einem ständig nasse Planen ins Gesicht klatschen, die im strammen Wind umherflattern, statt Kamera und Tongeräte zu schützen? All das sind nun wirklich keine genussreichen Momente.

Ich saß 2 Meter über den Dingen, fühlte mich herausgehoben aus dem Alltag und sah die Welt mit anderen Augen.

Das Paderborner Land war dagegen ein Paradies! Ohne große Erwartungen hatte ich mich zur einer „Na, ich lass mich mal überraschen"-Haltung durchgerungen. Es wurde eine meiner allerschönsten Reisen. Das Wetter war traumhaft, das Team harmonierte aufs Schönste und das Drehbuch mit einem stimmigen Potpourri aus Natureindrücken, Begegnungen und Geschichten war so locker geschrieben, dass wir genug Zeit für spontane Extras hatten. Zum Beispiel kam unterwegs in uns der Wunsch auf, dieses leicht verwegene Gefühl von Freiheit und Abenteuer, das für Reisen mit dem VW-Bus so typisch ist, in einem Bild einzufangen. Doch wie verleiht man dem Gefühl Ausdruck, im eigenen Tempo unterwegs sein zu dürfen und dort bleiben zu können, wo es einem gefällt? Mit dampfender Kaffeetasse in der Hand in der geöffneten Schiebetür sitzen? Nein, wir fanden ein noch besseres Bild. Ich kletterte auf das Autodach und setze mich dort im Schneidersitz in die Sonne. So wurde der Perspektivwechsel sichtbar, der mit dem Reisen einhergeht: Ich saß 2 Meter über den Dingen, fühlte mich herausgehoben aus dem Alltag und sah die Welt mit anderen Augen.

Die größte Überraschung im Paderborner Land waren für mich meine Gesprächspartner. Sie waren herzlich, humorvoll und bester Laune. Der junge Singer-Songwriter Matthias Lüke, ein feiner, begabter Musiker, zeigte mir seine Heimat. Paderborn erinnerte mich sehr an meine

Heimatstadt Freiburg. Beide Städte haben eine lange Geschichte und sind doch bunt und lebendig. Ich war überrascht, wie viel im Paderborner Land in Bewegung ist. Matthias zeigte mir zum Beispiel das Café Kleidsam, in dem es neben selbst gebackenem Kuchen auch Klamotten und Möbel zu kaufen gab. Mit dieser ungewöhnlichen Kombination war es einer der ersten Concept Stores in Deutschland. Wer hätte das gedacht!

Angeschmiegt an den breiten Pferderücken erfüllte mich ein unvergleichliches Gefühl des Vertrauens, des Getragen-Werdens.

Rund um Paderborn gab es so viel zu entdecken! Da fällt mir gleich der Besuch auf dem Kaltblut-Gestüt ein, das sich der gutmütigen und kraftvollen Pferderasse der Noriker verschrieben hatte. Was für ein magischer Moment, als uns die Tiere aus dem goldenen Morgennebel entgegenkamen, uns freundlich umringten und aus ihren weichen, großen, warmen Nasen anpusteten! Auf dem Gestüt wird auch therapeutisch mit den Pferden gearbeitet, und ich durfte das gleich ausprobieren. Ich legte mich auf den Rücken eines langsam im Kreis laufenden Pferdes, meine Arme und Beine baumelten locker an seinen Seiten herunter. Anfangs war es noch ein bisschen ruckelig, dann aber hatte ich die richtige Position gefunden. Angeschmiegt an den breiten Pferderücken erfüllte mich ein unvergleichliches Gefühl des Vertrauens, des Getragen-Werdens. Dass ich mich kaum von diesem Hof trennen konnte, lag auch an der Bernhardiner-Familie – Vater und Mutter, beide hüfthoch, samt vierköpfigem Nachwuchs. Die Welpen waren erst ein paar Wochen alt, dicke, tapsige Fellknäuel, die nur aus Lefzen und Pfoten zu bestehen schienen. Sie waren zum Niederknien goldig. Große Verzückung allenthalben, ich schmolz dahin.

Ein Kontrastprogramm dazu war unser Besuch auf der 400 Jahre alten Wewelsburg. Zu Zeiten der Weimarer Republik wurde sie als Jugendherberge genutzt, doch dann zogen die Nationalsozialisten ein. Die Burg wurde zu einem Schulungszentrum ausgebaut, wo die zukünftige Nazi-Elite auf den mörderischen Ideologie-Mix aus Rassenlehre, Germanen-Kult und Größenwahn eingeschworen werden sollte. Und weil den Nazis alles noch nicht groß genug war, wurden gigantische Bauvorhaben geplant und zu deren Umsetzung eine KZ-Außenstelle eingerichtet.

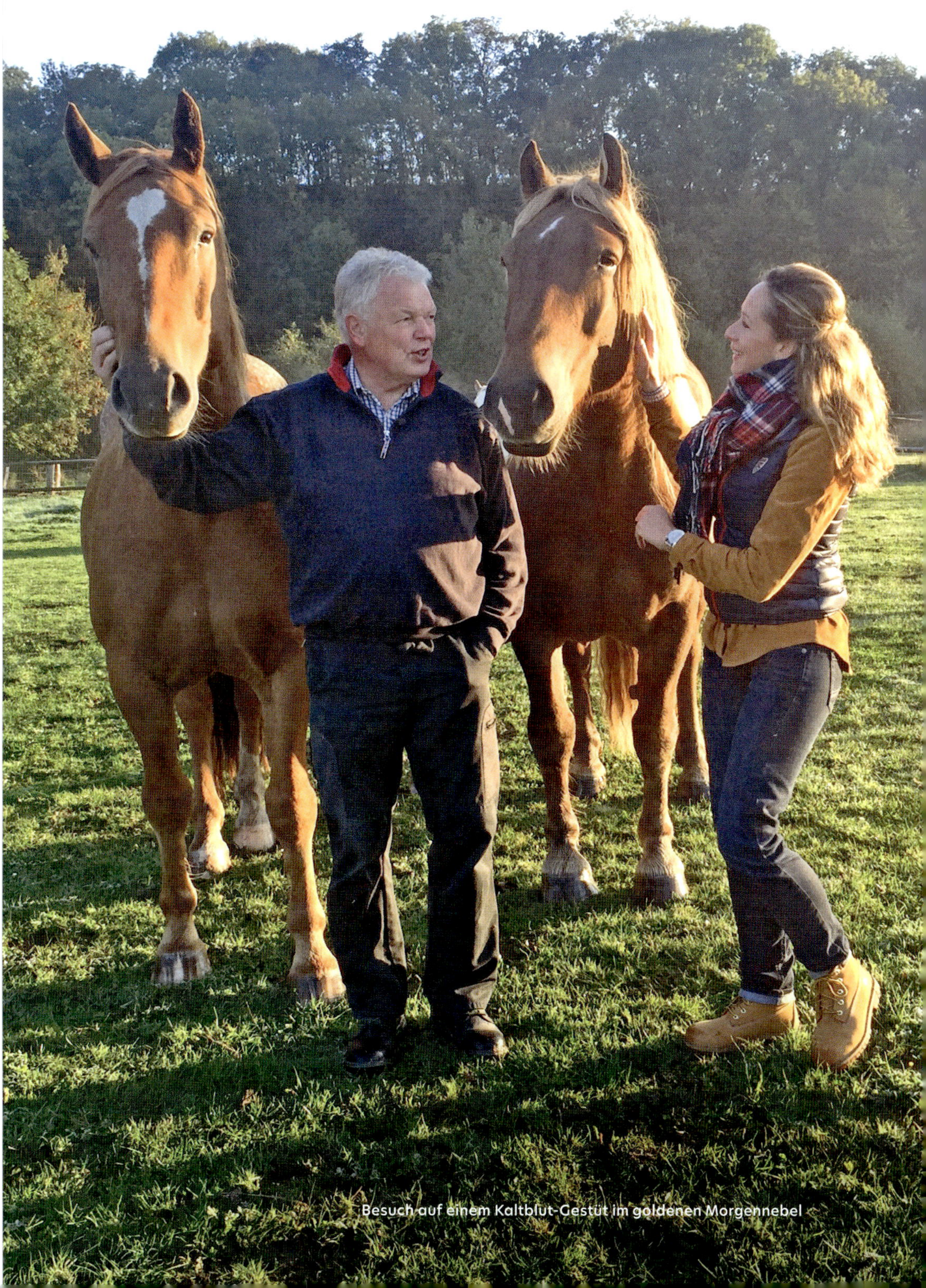

Besuch auf einem Kaltblut-Gestüt im goldenen Morgennebel

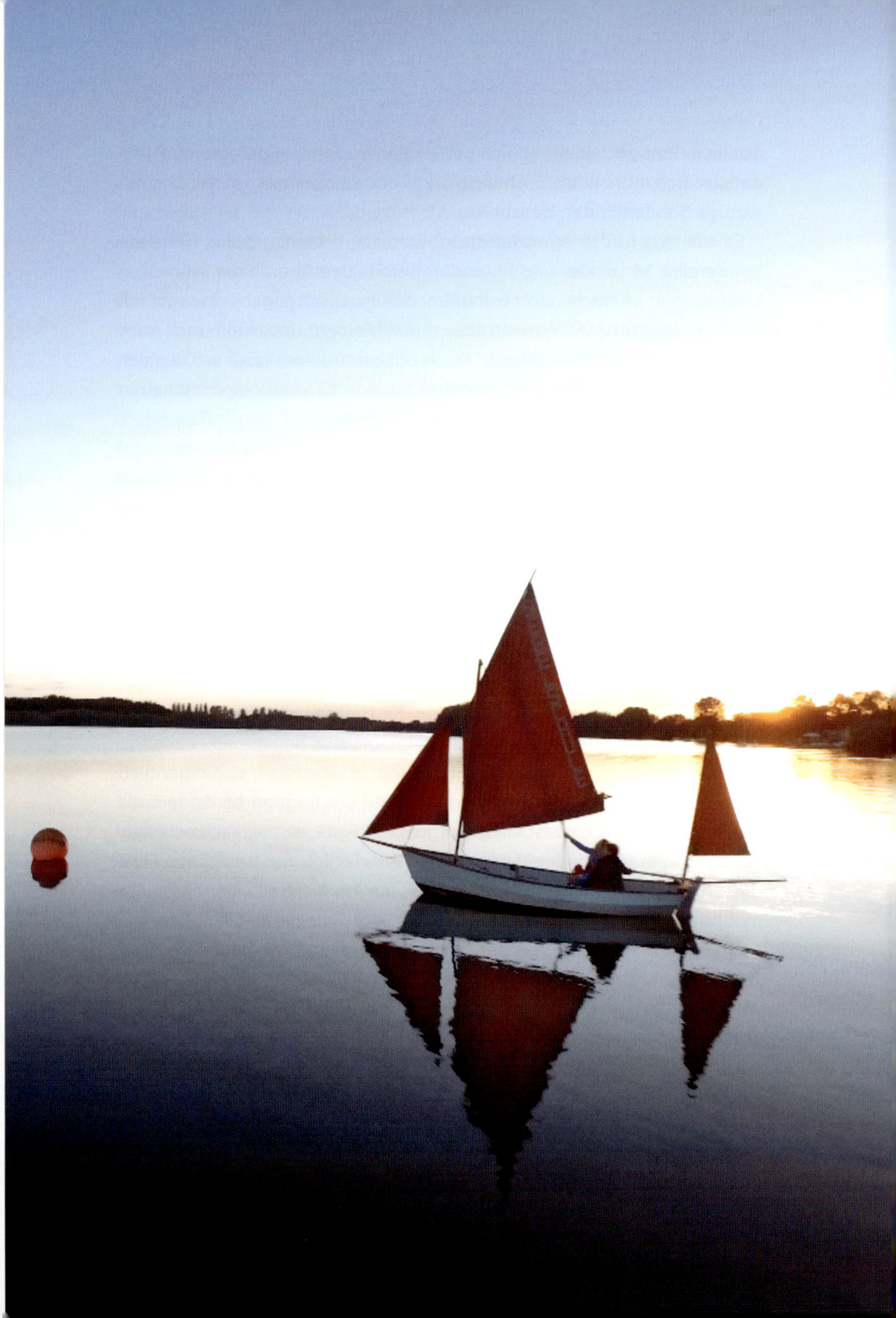

Worte machte er uns klar, dass jede Situation einen bestimmten Knoten erfordert. Und wenn der nicht sitzt, kann es das Leben kosten.

Auch an Natur hat Helgoland viel zu bieten. Damals durfte man noch ganz nah an die träge auf der Düne liegenden Robben herangehen. Aus 2 Metern Nähe hauchten sie mir ihren Fischatem entgegen. Eines der Robbenbabys lag ein wenig abseits, und wenn so ein kulleräugiges Tierchen einen süß anblinzelt, zieht es einen mit Macht dorthin. Aber da wurden wir direkt von unserem Guide strengstens aufgefordert, Abstand zu halten. Schon allein, weil Robbenmamas sehr wehrhaft sein können.

Ja, Helgoland ist klein – es wurde zum *running gag,* dass uns der damalige Bürgermeister während der Dreharbeiten immer wieder über den Weg lief: „Ach, da sind Sie ja wieder!“ Aber was steckt alles an Geschichte und Geschichten, an Natur und Menschen in dieser Insel! Mittlerweile ist „Wunderschön“ sogar ein zweites Mal auf Helgoland gewesen.

Es ist nur ein wenig Unvoreingenommenheit und Entdeckerfreude nötig, um die verborgenen Qualitäten von Reisezielen zu entdecken. Das Paderborner Land schien auf den ersten Blick unspektakulär zu sein, und Helgoland stellte ich mir zwar einzigartig, aber nicht sehr vielfältig vor. Gerade weil meine Vorurteile komplett beiseitegefegt wurden, habe ich beide Reisen als außergewöhnlich und besonders intensiv in Erinnerung. Ob Knoten-Fiete oder meine Katzen-Leberwurst-Begegnung – die Welt hält immer und überall schlichtweg unvergessliche Momente parat.

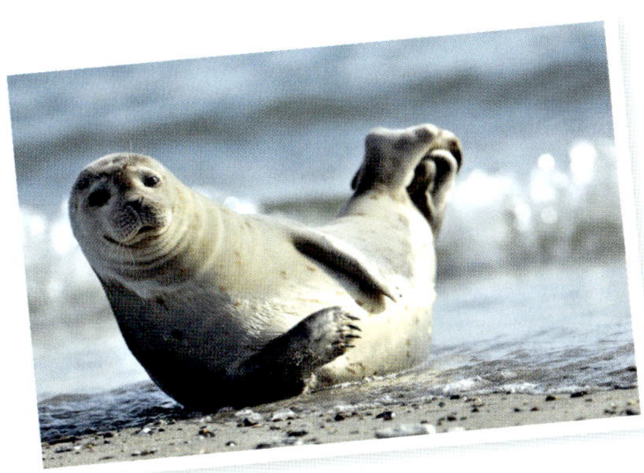

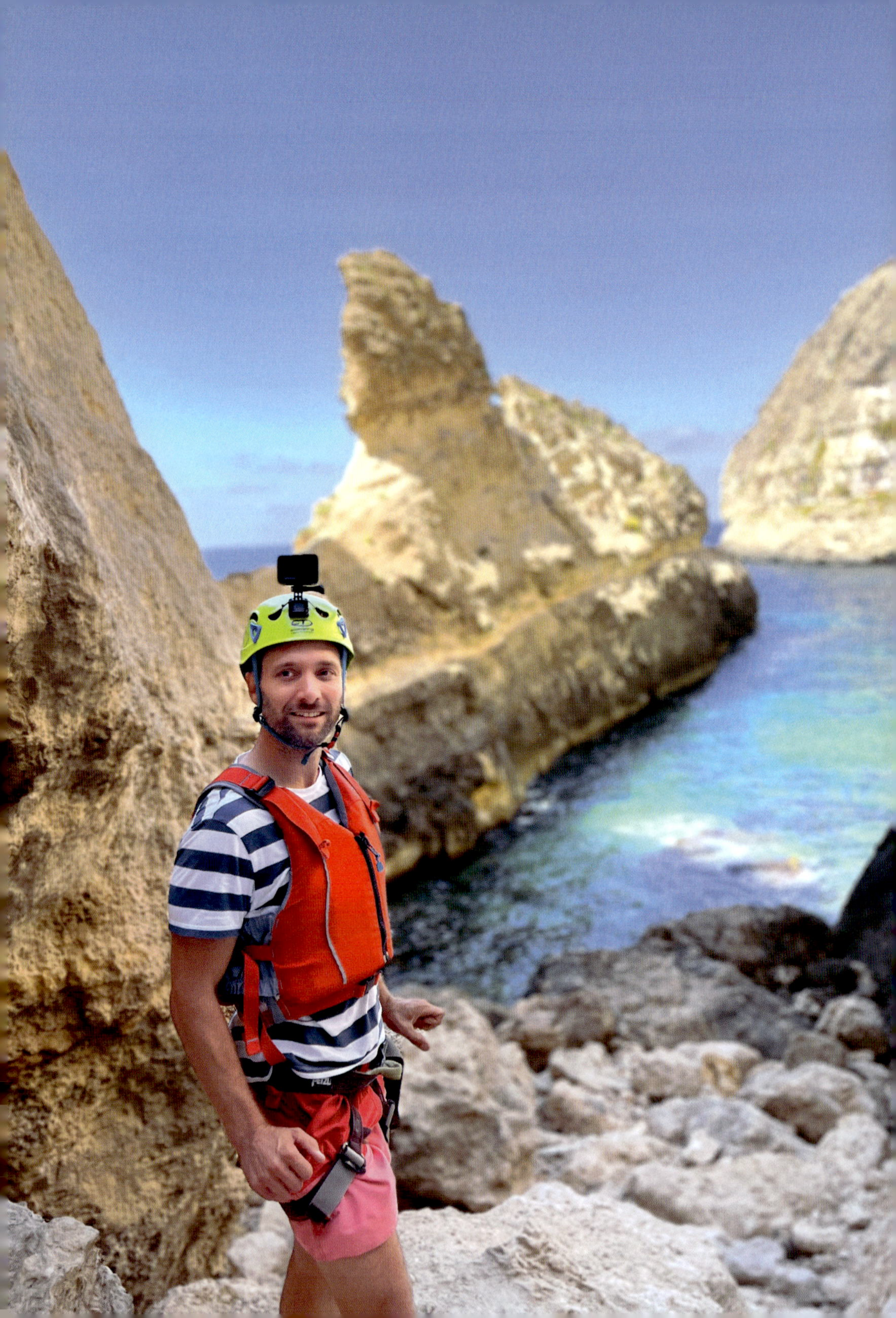

KEIN GUTER STERN ÜBER MALTA

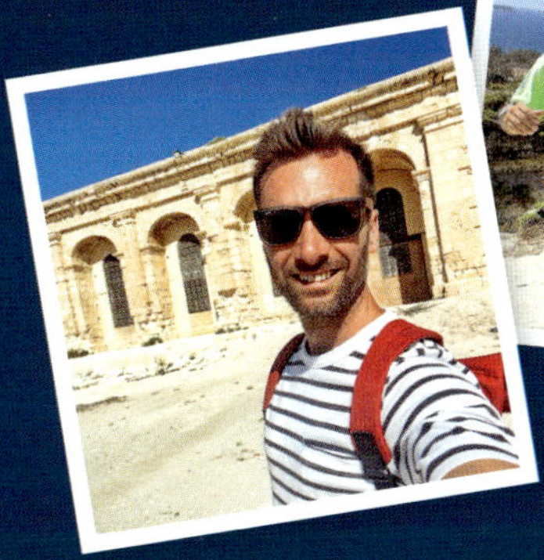

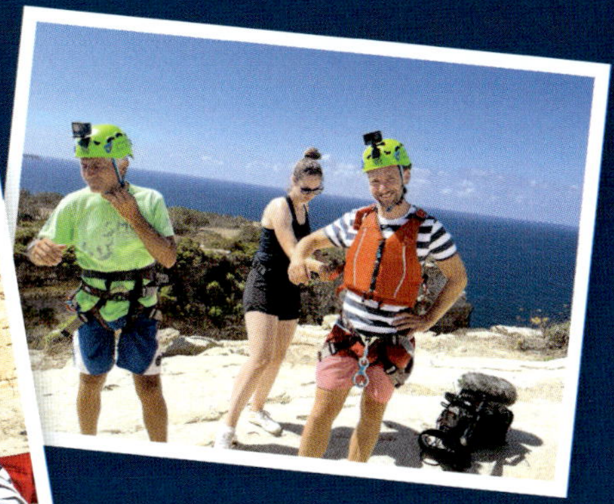

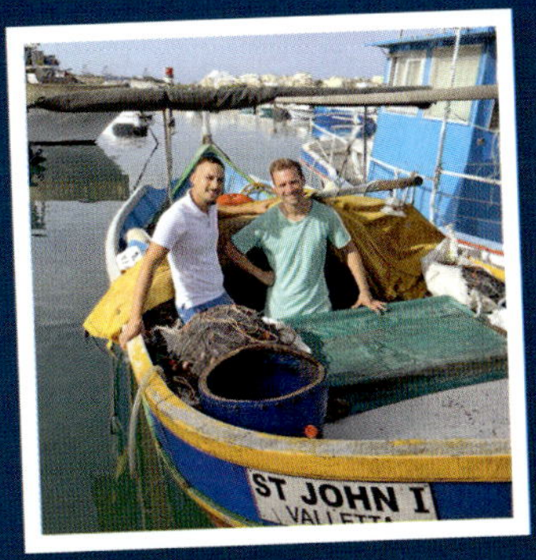

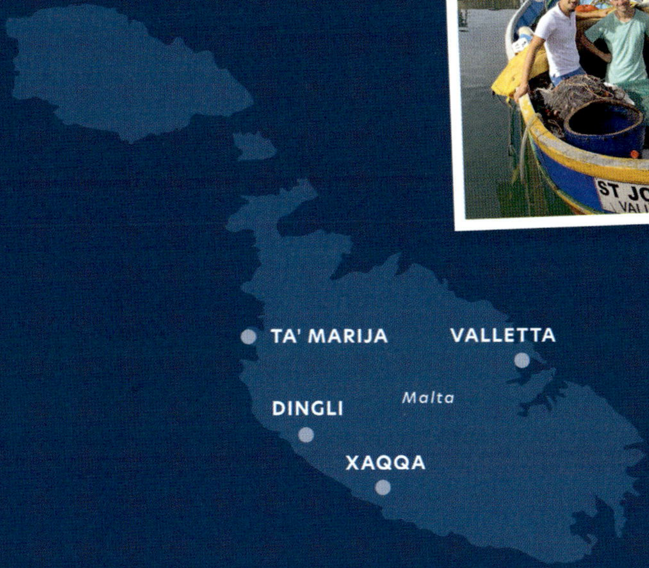

Eckhart Tolle

„Du kannst eine Herausforderung benutzen, um aufzuwachen, oder du kannst sie benutzen, um noch tiefer zu schlafen.“

DANIEL ASSMANN

Kein guter Stern über Malta

Malta war meine bisher weiteste Reise für „Wunderschön“. Über 300 Sonnentage im Jahr, wenig Regen und kristallklares, türkisblaues Meer. Also die perfekten Voraussetzungen für Erholung und alle möglichen Wassersportarten. Wer mag, wandert durch spektakuläre Klippenlandschaften oder erkundet die engen Altstadtgassen des zentral gelegenen Städtchens Mdina. Auch für kulturell Interessierte hat die Mittelmeerinsel viel zu bieten. Die Inselhauptstadt Valletta gehört zum UNESCO-Weltkulturerbe, Tempelritter hinterließen hier ihre Spuren, und die steinzeitlichen Tempelanlagen sind mindestens genauso beeindruckend wie Stonehenge. Dazu eine eigenständige Küche mit leckeren Spezialitäten, und fertig ist die perfekte Urlaubs-Destination.

Gleich der erste Tag auf Malta war gefüllt mit Entdeckungen und Erlebnissen. Auf dem Programm stand Abseilen in die Schlucht von Xaqqa – ausgesprochen wird dieser Ort übrigens „Scha-a“, ein „Q“ wird in der maltesischen Sprache nicht gesprochen. Unser Kletterführer sicherte mich, als es mit Meerblick 45 Meter tief in die Schlucht hinab ging. Ein Stück weiter am Klippenrand gab es eine in den Stein gehauene Treppe, die steil nach unten in Richtung Meer führte. Für die hätte man allerdings die Geschicklichkeit einer Bergziege benötigt. Kaum zu glauben, dass die Fischer diesen sehr anspruchsvollen Weg früher fast täglich liefen, um zu ihren Fischgründen zu kommen. Da war das Abseilen deutlich sicherer und bequemer. Mit Helm und Schwimmweste ging's hinab in die Schlucht. Unten angekommen kletterten wir weiter bis zu einer schmalen, ins Meer hineinragenden Felsnase, um von dort ins Wasser zu springen. Nach dem schweißtreibenden Abseilen war das eine willkommene Abkühlung!

Ich muss allerdings sagen, dass mein Hochgefühl bei diesem Sprung ins Meer ein wenig überschattet war. Denn kurz zuvor, als wir noch alle zusammen oben auf der Klippe gestanden hatten, hatte unser Guide das „Wunderschön“-Team darauf hingewiesen, dass es dort unten im Meer manchmal Quallen gab. „Die roten sind nicht so schlimm“, hatte er gesagt. „Die weißen sind viel schlimmer.“ Ach so? Ich hatte keine große Lust, auf eine Qualle zu springen. Denn wenn sie einen mit ihren langen Tentakeln erwischen, tut das nicht nur weh. So ein Aufeinandertreffen kann einen auch für ein paar Tage mit Fieber, Übelkeit und Atemnot außer Gefecht setzen. Was würde dann aus den Dreharbeiten werden? War das Risiko nicht zu groß? Nach kurzer Beratschlagung im Team hatten wir entschieden: „Es bleibt dabei. Wir springen.“ Also gut.

Ich kann nur sagen: Es war ein Quallensprung mit Ansage. Ins Meer zu tauchen war wirklich eine herrliche Abkühlung. Doch ich war keine 10 Meter geschwommen, da erwischte es mich auch schon. Zuerst dachte ich ganz erschrocken: „Da knabbert mich etwas an!“ Und dann fing es an zu brennen. Es tat wirklich teuflisch weh. Schnell raus aus dem Wasser – und da sahen wir es auch schon: Ein paar abgerissene Tentakel-Fädchen kringelten sich über mein Bein. Unser Kameramann holte geistesgegenwärtig eine Hotelzimmerkarte aus seiner Tasche und rieb mit ihr den Glibber von meiner Haut. Ich hatte Glück gehabt, ich war nur gestreift worden. 2 Tage hatte ich noch Spaß mit dem Brennen und Jucken, aber das war auszuhalten. Vor allem, weil unsere Stadtführerin, die mir am nächsten Tag Mdina zeigte, ihre Cortisonsalbe zur Verfügung stellte.

Gleich nach meiner Begegnung mit der Qualle widerfuhr mir das nächste Unglück. Im „Wunderschön“-Film ist die Szene zu sehen, in der ich mit einem Kajak in eine der Kalksteinhöhlen fahre, die das Meer aus den Klippen ausgewaschen hat. Diese Tour war ganz klar eines der Highlights dieser Reise. Doch kurz vor dem Höhleneingang erwischte mich eine Welle seitlich und ich kippte ins Wasser. Nicht schlimm, so ein Missgeschick lockert ja einen Drehtag und auch später die Sendung wunderbar auf. Alles lachte, hatte gute Laune. Erst ein paar Stunden später merkte ich, dass mein teures Handy das Salzwasser-Bad nicht überstanden hatte. Unrettbar hinüber! Ich konnte es nicht fassen. Ich rief beim Kundendienst an und sagte: „Hört mal! Eure Handys sollen doch wasserdicht sein!" Die Antwort: „Nee, sind sie nicht." Der Service-Mitarbeiter hatte das schon öfter gehört: Handy in die Badewanne, in den Swimmingpool, ins Klo gefallen, Handy kaputt. „Ich weiß, Sie werden sich jetzt aufregen", meinte er. „Aber wir garantieren Wasserdichtigkeit nur bei Auslieferung. Sobald Sie das Gerät in der Hand gehabt haben, gilt die Gewährleistung nicht mehr." Tja, das ist die Sache mit dem Kleingedruckten ... Ich musste mich damit abfinden, dass das Meerwasser im Gehäuse meines Handys kein Garantiefall war. Pech gehabt.

Man lernt dazu und versucht, es beim nächsten Mal besser zu machen.

Es geht im Leben nicht immer nach Plan. Beim Reisen erst recht nicht. Das Portemonnaie geht verloren, der Koch des im Reiseführer hochgelobten Restaurants hat einen schlechten Tag, der gebuchte Tagesausflug fällt wegen schlechtem Wetter aus ... Pannen und Missgeschicke lassen sich nicht vermeiden. Schlauer ist man meistens erst hinterher. Ich erinnere mich zum Beispiel an eine private Urlaubsreise, bei der wir vor Ort ein Auto mieten wollten. Ich hatte gedacht, dass sich die für meine beiden Kinder notwendigen Sitzschalen problemfrei organisieren lassen würden. Taten sie auch. Nur kostete die Miete für die zwei Sitzschalen mehr als für das ganze Auto. In solchen Fällen hilft nur: nicht lang ärgern und weitermachen! Genauso war es ja auch mit den Quallen-Striemen an meinem Bein und dem kaputten Handy. Fast alles lässt sich heilen, ersetzen, organisieren. Man lernt dazu und versucht, es beim nächsten Mal besser zu machen.

Und dann gibt es die Dinge, die sich nicht mehr retten lassen. Bei denen es keinen anderen Weg gibt, als die eigene Machtlosigkeit anzuerkennen und irgendwie mit ihnen fertig zu werden. Auch eine solche Erfahrung hielt die Reise nach Malta für mich bereit. Auf dieser Insel musste ich einige der schmerzlichsten Stunden meines Lebens überstehen.

Mein Handy war kaputt, Ersatz nicht so schnell zu besorgen. Wie sollte ich nun die Verbindung zu meiner Familie in Hattingen halten?

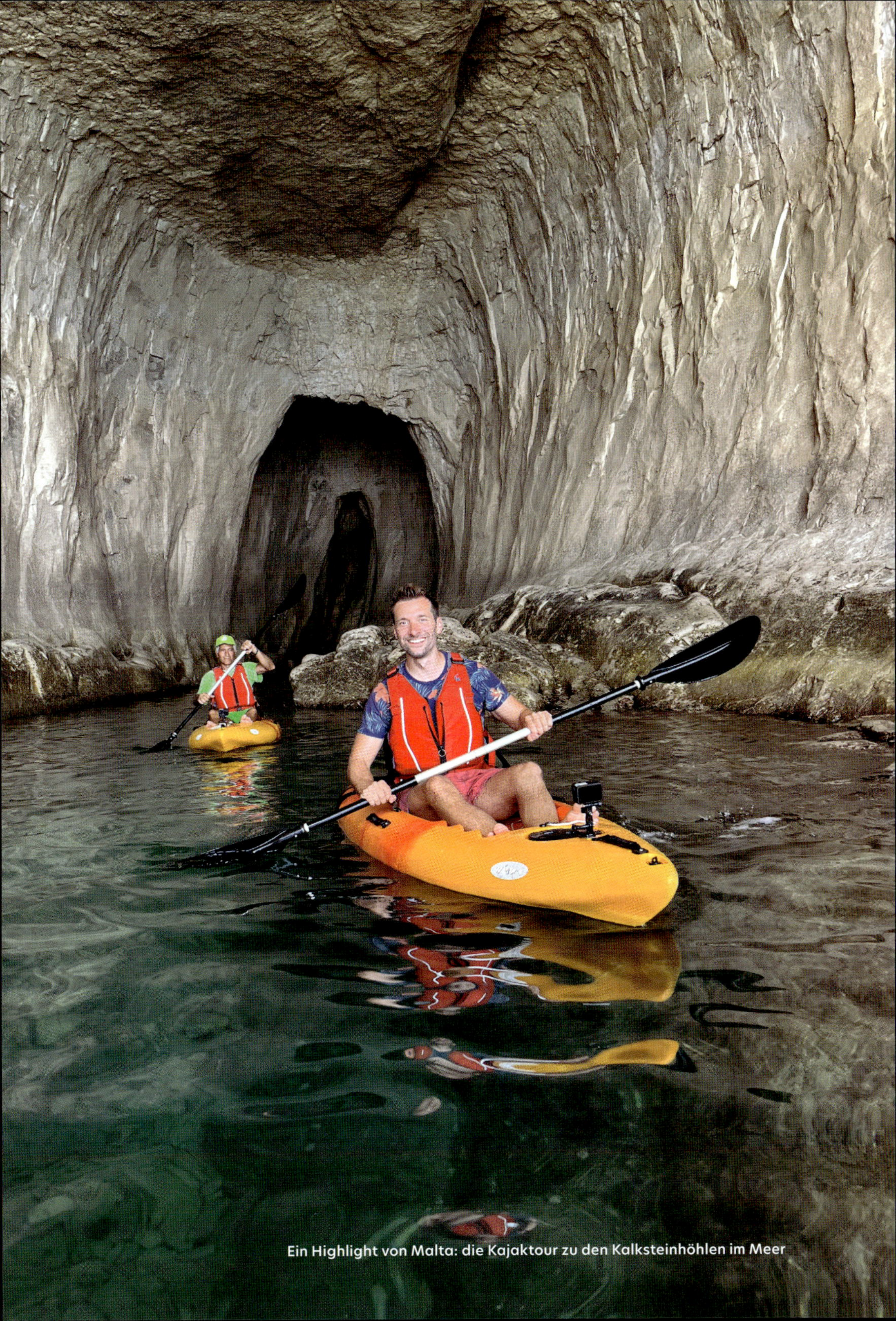

Ein Highlight von Malta: die Kajaktour zu den Kalksteinhöhlen im Meer

Autorin Antje machte den Vorschlag, meiner Frau ihre Nummer zu geben. Für den Notfall. Problem gelöst.

Kurz darauf erntete ich in dem Dörfchen Dingli mit Mario auf dessen Feld Bio-Tomaten. Der große Eimer war schnell gefüllt, gemeinsam trugen wir ihn in die Küche seines Hofladens. *From field to fork*, also „vom Feld auf die Gabel" ist das Prinzip, nach dem er seinen Betrieb führt. Wir standen gerade an dem großen Arbeitstisch, um die Tomaten einzumachen, da meldete sich das Handy der Autorin. Ich sah, wie sie aufs Display und dann zur mir schaute. Klar: Die Anruferin war meine Frau. Mir wurde ganz kalt. Nie im Leben hätte sie mitten am Tag angerufen, nur um mal „Hallo" zu sagen. Sie weiß ja genau, wie dicht gepackt die Termine bei den Drehs sind. Sofort war mir klar: Es musste etwas Schlimmes passiert sein. Wir machten eine Drehpause, Antje reichte mir das Handy. Ich habe heute noch die Uhrzeit vor Augen, die es anzeigte: 15:03. „Du musst sofort nach Hause kommen", hörte ich. „Deine Mama liegt im Krankenhaus. Es sieht schlecht aus."

Was fühlst du in so einer Situation? Autorin Antje fing mich in diesem Moment wunderbar auf. Es war die perfekte Mischung aus Empathie, ohne übergriffig zu sein, und Tatkraft. Sie machte die nötigen Anrufe und war gleichzeitig für mich da. Ihre Zuwendung hat mich über die ersten Stunden getragen.

1,5 Jahre zuvor hatte ich meinen Vater verloren. Er ist *an* Corona verstorben, nicht *mit* Corona. Es war die Zeit, in der es nicht möglich war, Angehörige im Krankenhaus zu besuchen. Es war unerträglich grausam gewesen, dass wir uns nicht von ihm verabschieden konnten. Und jetzt sollte mir dasselbe noch einmal mit meiner Mutter passieren? Kann das Leben so erbarmungslos sein?

Für mich bedeutete dieser Anruf: Dreh abbrechen, sofort nach Hause. Da gab es keine Alternative. Von einer Sekunde auf die andere war ich im Ausnahmezustand. Und doch bekam ich irgendwie noch mit, dass alle im Team an einem Strang zogen: „Der Daniel muss nach Hause." Keiner gab mir auch nur andeutungsweise zu verstehen: „Aber wie soll das denn gehen, wenn du das hier nicht zu Ende bringst?" Das war nicht selbstverständlich, denn auch für das Team war es eine schwierige Situation. Alle Pläne mussten erst einmal ausgesetzt werden. Später würden diejenigen, die auf Malta blieben, sich überlegen müssen: Wie machen wir weiter? Wie können wir in der Zeit, die uns hier noch zur Verfügung steht, das Maximum herausholen?

Nicht nur das Team auf Malta wuchs an diesem Tag über sich hinaus. Von Deutschland aus setzte die Produktion alle Hebel in Bewegung, um mich noch am gleichen Tag nach Hause zu bringen. Doch alle Flüge waren hoffnungslos überbucht. Ich weiß nicht, wie sie es schafften, dass mein Name wenigstens auf eine Warteliste kam. Auf der war ich allerdings so weit unten, dass kaum eine Chance bestand, noch in die Passagierliste reinzurutschen. Dass ich trotzdem um 17:00 Uhr im Flieger saß, war ein echtes Wunder. Am Flughafenschalter saß eine junge Frau, ungefähr 30 Jahre alt. Ich stürzte zu ihr: „Ich weiß, ich stehe nur auf der Warteliste, aber ich muss unbedingt heute noch nach Hause." Sie schaute meinen Ausweis an, sah in ihren Computer, blickte dann hoch zu mir und sagte mit professionellem Lächeln: „Tut mir leid, das wird heute nichts mehr." Bis zu diesem Zeitpunkt war ich wie versteinert gewesen, hatte mechanisch meinen Koffer gepackt, mich ins Taxi gesetzt und am Flughafen den richtigen Schalter gesucht. Und genau in diesem Moment kamen die Tränen und es brach aus mir hervor: „Meine Mutter stirbt! Ich hab mich schon von meinem Vater nicht verabschieden können. Das darf nicht auch noch mit meiner Mutter passieren!" Die Frau vom Bodenpersonal sah mich mit großen Augen an, und dann passierten zwei Dinge gleichzeitig: Sie begann, rasend schnell auf ihrer Tastatur zu tippen, und sie begann auch zu weinen. 2 Minuten später war mein Ticket ausgedruckt. Mit total verheulten Augen gab sie mir noch ein „Ich wünsch dir einen guten Flug und ich hoffe, dass alles gut geht" mit auf den Weg.

Die Frau vom Bodenpersonal sah mich mit großen Augen an, und dann passierten zwei Dinge gleichzeitig: Sie begann, rasend schnell auf ihrer Tastatur zu tippen, und sie begann auch zu weinen.

3 Wochen später bekam ich von ihr über Instagram eine Nachricht. „Es soll jetzt nicht zu privat sein", schrieb sie. „Aber das war für mich so ein emotionaler Moment und ich würde gerne wissen, ob es gut gegangen ist." Nein, es ist nicht gut gegangen. Kein Happy End. Als ich im Krankenhaus eintraf, war meine Mutter bereits gestorben.

Vielleicht denken Sie jetzt: Das ist mir echt zu krass! Warum erzählt der Daniel Aßmann in diesem Buch eine so extrem traurige Geschichte? Was hat das mit „Wunderschön" zu tun? Ich möchte betonen: Bei allem persönlichen Horror ist Malta für mich auch mit Zuversicht und Hoffnung verbunden. Es war unglaublich tröstend, in diesem unfassbar schrecklichen Moment zu erfahren, wie viel Menschlichkeit einen begleitet. Hass und Pöbeleien im Internet, wenig Bereitschaft, respektvoll miteinander zu diskutieren, fehlender Zusammenhalt – das ist ja ein Bild unserer Gesellschaft, das sich einem manchmal aufdrängt. Alles scheint laut und schrill zu sein. Aber als es darauf ankam, wurde ich wunderbar getragen.

Seit Malta ist diese Zuversicht ganz tief in mir verankert: In höchster Not findet sich immer jemand, der die entscheidende Hilfe leistet.

In dem einen Moment befindest du dich in einer Landküche, in der du mit einem sympathischen Bauern sonnengereifte Tomaten einmachst. Und im nächsten Moment wirst du schlagartig, mit einem einzigen Anruf, in eine Schreckenswelt hineingestoßen. Deine schlimmsten Träume werden wahr und du weißt gar nicht, wie du das überstehen sollst. Und dann sind da eine Autorin, die so unglaublich empathisch ist, und ein WDR-Team, bei dem du denkst: Es gibt noch Menschlichkeit. Alle waren so freundlich und fürsorglich! Das war etwas, das ich in meinem Gefühlschaos sehr wohl wahrgenommen habe. Die Frau am Schalter lieferte den letzten Baustein dafür, dass ich weniger als 2 Stunden nach dem Anruf im Flieger sitzen konnte. Am Flughafen war ich noch zu betäubt, um all die Unterstützung komplett zu realisieren, aber später hat mir das Erlebte viel Mut gemacht und mir durch die bitterste Zeit geholfen. Ich wünsche mir, dass andere Menschen Hoffnung aus meiner Erfahrung ziehen können und sich wieder daran erinnern, dass auf menschliche Beziehungen Verlass ist. Seit Malta ist diese Zuversicht ganz tief in mir verankert: In höchster Not findet sich immer jemand, der die entscheidende Hilfe leistet – und sei es durch ein paar Klicks auf der Reservierungsliste für einen Flug nach Hause.

Und was wurde aus den Dreharbeiten? Den Tomatenbauern Mario sah ich leider nicht wieder. Deshalb können die Zuschauer in der fertig geschnittenen Sendung ihn und mich bei der Ernte seiner Tomaten begleiten, doch die Bilder von unserem gemeinsamen Tomaten-Einmachen konnten nicht verwendet werden – Mario hatte ja in der Küche auf einmal alleine vor der Kamera gestanden. Trotzdem wurde der Besuch bei ihm ein stimmungsvoller Teil der „Wunderschön"-Sendung.

Einiges hatte das Team nach meinem überstürzten Aufbruch noch erledigen können. Zum Beispiel die Begegnung mit Toni, der im Nordwesten Maltas in Mellieħa wohnte und aus Kaktusfeigen Marmelade kochte. Aufmerksame Zuschauer erkennen, dass ich bei keiner der Szenen mit ihm im Bild, sondern nur im Off-Text zu hören bin. Den habe ich später, als die „Wunderschön"-Sendung fertig geschnitten war, im Kölner Studio eingesprochen. Das Einsprechen der Off-Texte war für mich ein schwerer Termin. Im Film konnte ich ja genau sehen, bei welchen Szenen meine Welt noch im Lot gewesen war und welche bei dem Nachdreh auf Malta entstanden waren. In die Schlucht von Xaqqa war ich als unbeschwerter Daniel hinabgestiegen, der noch nicht wusste, was auf ihn zukommt. Und dann gab es die beim Nachdreh entstandenen Szenen, in denen jemand vor der Kamera stand, der seine Mutter verloren hatte.

Toni hätte ich gerne wie ursprünglich geplant persönlich kennengelernt. Er ist hart im Nehmen und pflückt die Kaktusfeigen mit bloßer Hand. Wer schon mal Bekanntschaft mit diesen scheibenförmigen Kakteen gemacht hat, weiß, wie fies die kleinen, haarfeinen Stacheln sind, wenn sie sich in die Haut bohren. Will man sie herausziehen, brechen sie sofort ab und bleiben stecken. Toni wurde gefragt, warum er keine Handschuhe trägt: „Du musst doch Stacheln in die Finger kriegen!" Was war sein Geheimnis? Ob er in 45 Jahren eine besondere Pflücktechnik eingeübt hatte? „Nein", sagte Toni, und zeigte seine Hände, in denen Hunderte Stacheln steckten. Wie hielt er das aus? „Das macht mir nichts", sagte er. „Ich hab mich einfach dran gewöhnt." Das ist ein Gedanke, der mich seitdem begleitet: Es gibt keine Handschuhe fürs Leben. Und manchmal, wenn es mal wieder nicht so gut läuft, denke ich an Toni, wie er lachte: „Die meisten gehen beim Duschen wieder raus."

Der Nachdreh konnte aus Termingründen erst ein gutes halbes Jahr nach unserem ersten Besuch auf Malta starten. Zu den nachgeholten

Szenen, bei denen ich nicht fehlen durfte, gehörte auch die Schlussmoderation. Ursprünglich war sie für den 8. September geplant gewesen, denn jedes Jahr an diesem Tag erinnert ein großes Feuerwerk an das Ende der osmanischen Belagerung vor fast 500 Jahren. Doch diesen Jahrestag hatten wir ja verpasst. Sieben Monate später stand mit dem „Malta International Fireworks Festival" wieder ein großes Feuerwerk auf dem Programm. Mit ihm feiert Malta seit 2004 jedes Jahr Ende April seinen Beitritt zur Europäischen Union. Das Feuerwerk hat auf Malta eine lange Geschichte, überall auf der Insel gibt es traditionelle Handwerksbetriebe und stolze Meister, die diese Kunst ausüben. Auf dem „Fireworks Festival" messen sie sich mit Feuerwerkskünstlern aus aller Welt.

Da stand ich nun mitten im Gedränge in Vallettas Hafenviertel. Überall Musik und Lachen, um mich herum tanzten die Menschen auf den Straßen. In mir kämpften die unterschiedlichsten Gefühle. Ich dachte an Mario und seine Bio-Tomaten, die wir vor laufender Kamera einmachen wollten. An den Anruf auf dem Handy der Autorin. An meinen chaotischen, entsetzlichen, wunderbaren Rückflug. An all die Menschen, die mich an diesem Tag begleitet und gestützt hatten. Und dann schaute ich auf die tanzenden, feiernden Menschen um mich herum und tauchte ein in die ausgelassene Stimmung.

Es wurde das großartigste Feuerwerk, das ich je gesehen hatte.

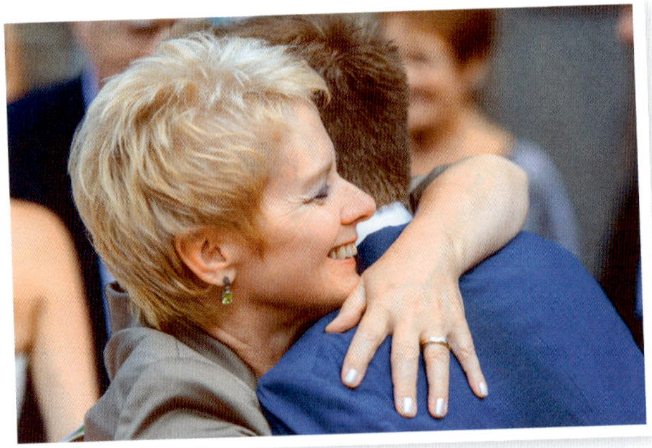

Ich vermisse dich, Mama!

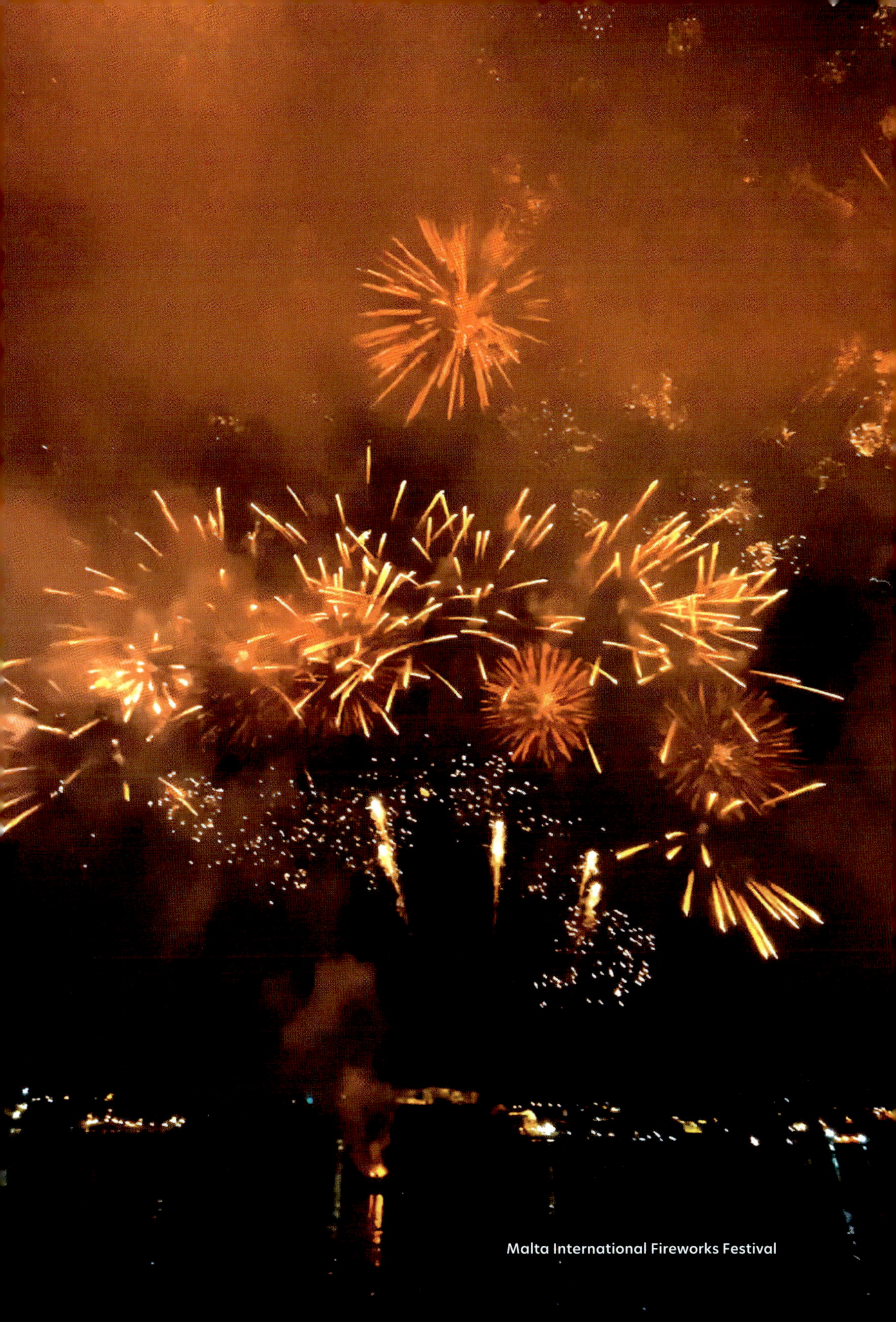

Malta International Fireworks Festival

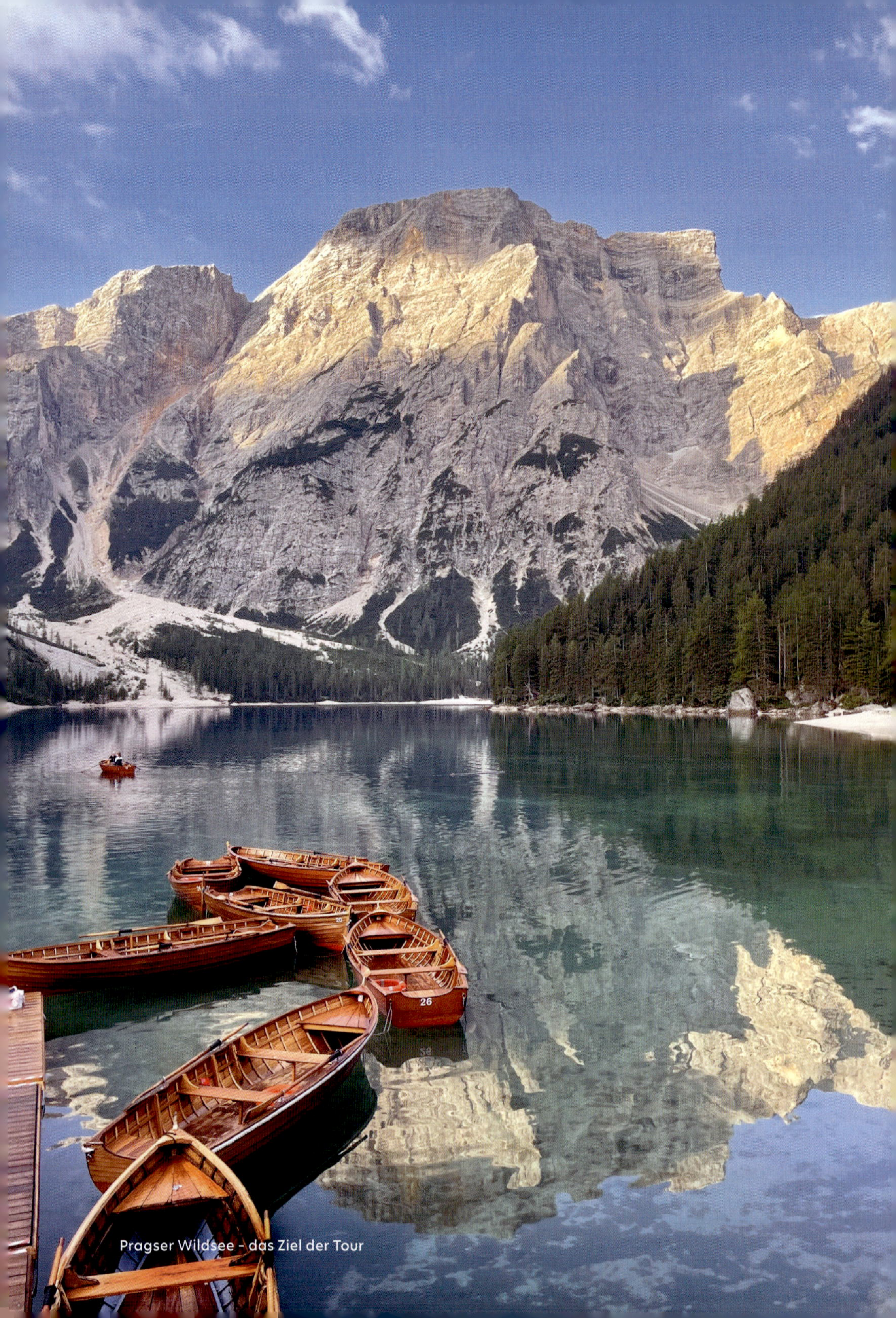
Pragser Wildsee – das Ziel der Tour

BERGAUF UND BERGAB IN DEN DOLOMITEN

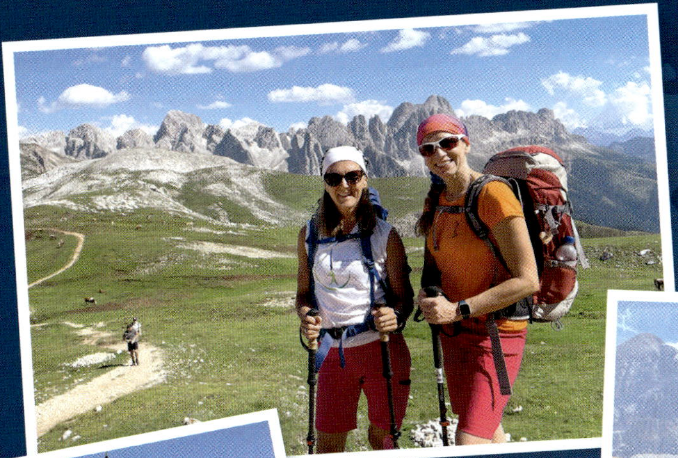

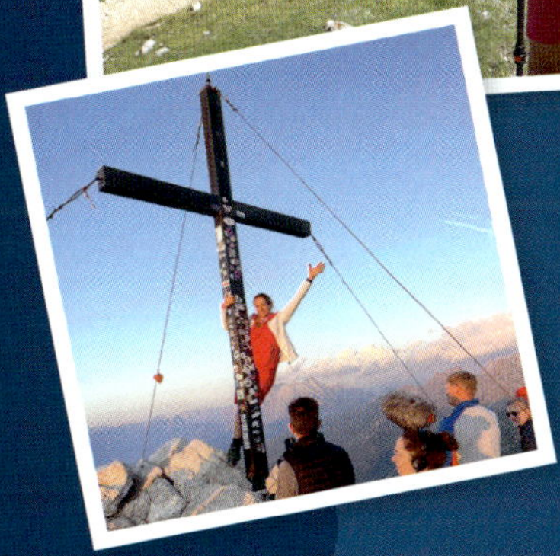

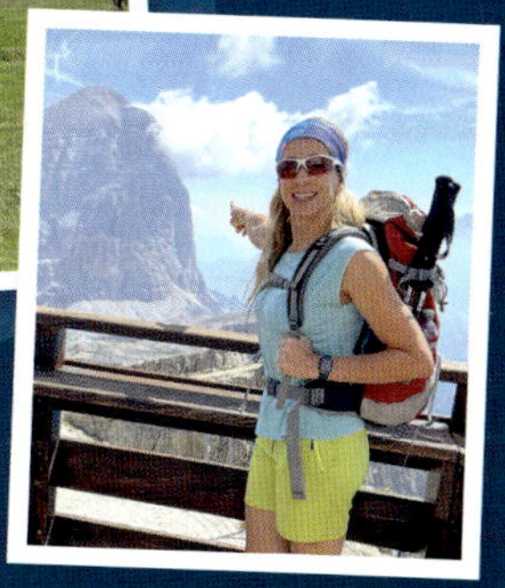

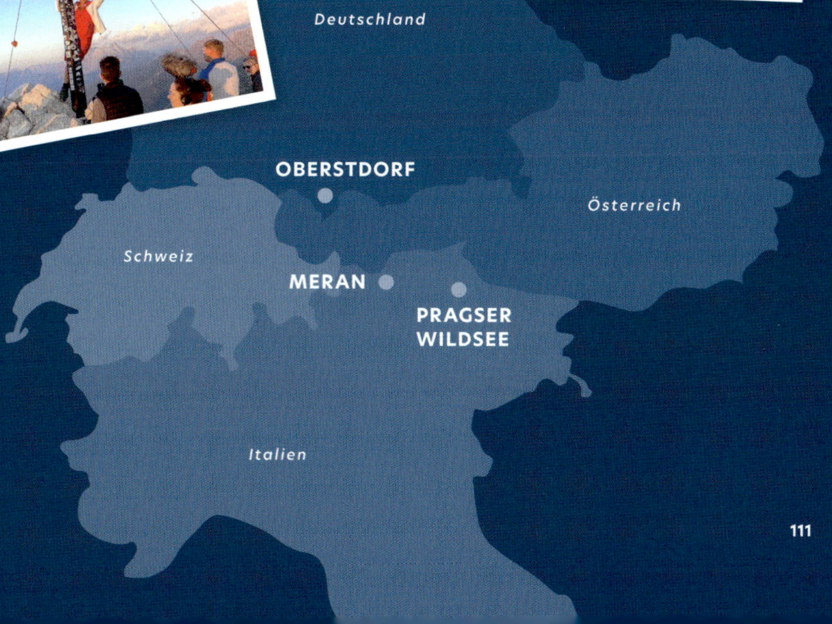

Johann Wolfgang von Goethe
„Nur wo du zu Fuß warst, bist du wirklich gewesen."

TAMINA KALLERT

Bergauf und bergab in den Dolomiten

Nur unser Keuchen und das leise Rollen losgetretener Steinchen waren zu hören, als unsere neunköpfige Wandergruppe den steilen Bergweg hinaufkraxelte. Hinter uns das Drehteam, das an Kamera und Tonaufnahmegerät besonders schwer zu schleppen hatte. Der erste Streckenabschnitt dieses Tages hatte uns über die sanften Hänge der Seiser Alm geführt und war trotz ungewöhnlicher Sommerhitze noch eine leichte Übung gewesen. Aber jetzt schleppten wir uns im jäh aufragenden Schlernmassiv Schritt für Schritt steil bergauf. Hoch über uns wartete das Schlernhaus, unsere erste Übernachtungshütte. Der Weg schien kein Ende zu nehmen, die Sonne brannte unbarmherzig, der Schweiß lief uns in Strömen übers Gesicht. Und das gleich am ersten Tag unserer Wandertour durch die Dolomiten! „Genau dies erwartet dich auch in den kommenden sechs Tagen", dachte ich. Und dabei hatte unser kundiger Bergführer beim Losgehen sogar noch gesagt, dass diese erste Etappe die leichteste sei. Oh Gott! Wie war ich nur hierhergeraten?

Von Anfang an spielte das Wandern bei „Wunderschön" eine wichtige Rolle. Schon auf Teneriffa, auf Madeira, im Allgäu und an vielen anderen Reisezielen der ersten Jahre waren wir viel zu Fuß unterwegs gewesen – keine andere Fortbewegungsart erlaubt unmittelbarere Eindrücke von der Umgebung. Und auch heute noch sind in viele Drehpläne kleinere Wanderstrecken eingebettet. Oft begleitet uns ein Guide, der Interessantes über Menschen und Landschaft zu berichten weiß. So zeigen wir den Zuschauern, wie viel Schönes sie auf ausgedehnten Wandertouren erleben können. Wir vom Drehteam erhaschen allerdings oft nur ein Zipfelchen vom Wanderglück. Denn für uns geht es in der Regel schon nach wenigen Stunden auf dem ausgewählten Streckenabschnitt gleich weiter zum nächsten Drehort.

Dass wir uns bei „Wunderschön" erst relativ spät an mehrtägige Wandertouren wagten, hatte vor allem logistische Gründe. Bei Dreharbeiten übernachten wir meist in zentral gelegenen Hotels, die uns als Basis dienen und in die wir nach einem arbeitsreichen Tag zurückkehren. Und wenn der Drehplan jeden Tag eine neue Unterkunft erfordert – so war es zum Beispiel 2012 bei meiner mehrtägigen Fahrradtour den Elberadweg entlang –, werden Gepäck und schweres Equipment in einem Begleitfahrzeug verstaut. Doch auf tagelanger Wanderschaft über abgelegene Waldwege und steile Bergpfade gibt es weder Hotelzimmer noch Tourbus. Man ist mit Sack und Pack auf sich allein gestellt.

Würde es überhaupt möglich sein, dass ein Drehteam zusätzlich zum eigenen Gepäck Kameras und Tongeräte mitschleppt? Und würden die Zuschauer eine verschwitzte, vor Anstrengung keuchende Tamina sehen wollen? Denn auch das war klar: Auf einer mehrtägigen Wandertour würde es für mich weder Extrakoffer geben noch eine Maskenbildnerin, die mich bei Wind und Wetter in eine passable Form für die Kamera bringt.

Trotz aller Bedenken wagten wir uns 2015 auf dieses „Wunderschön"-Neuland. Die siebentägige Alpenüberquerung von Oberstdorf nach Meran machte den Anfang. Mir war ganz schön mulmig zumute. Würde ich unterwegs schlapp machen? Aber Autor Michael machte mir Mut. Weil er und die Redaktion sogar überzeugt waren, dass auch Kinder und ältere Personen diese Tour schaffen würden, wählten sie einige Mitwanderer aus. Neben unserem Team waren zwei Elternpaare mit ihren insgesamt vier Kindern sowie ein Ehepaar in seinen Siebzigern mit dabei. Auch die kleine Hündin Franzi begleitete uns. Sie brachte auf kräftezehrender Strecke immer wieder Humoriges in den Tag und war für unseren Kameramann ein willkommener Anlass für Aufnahmen aus der Frosch- oder besser: Hundeperspektive.

Zwei kundige Wanderführerinnen trugen mit ihrer kompetenten und unaufgeregten Art maßgeblich zum Erfolg unserer Reise bei. Seitdem weiß ich, dass organisierte Touren nicht zwangsläufig mit Massentourismus und Zeitkorsett einhergehen. Sie hatten unsere Alpenüberquerung perfekt auf unsere individuellen Bedürfnisse zugeschnitten – ständige Stopps für Dreharbeiten eingeschlossen.

Die Sendung „Wunderschön – Komm, wir wandern über die Alpen" traf bei unseren Zuschauern einen Nerv.

Die Gruppendynamik stimmte, gemeinsam durchlebten wir auf unserer Wandertour buchstäblich alle Höhen und Tiefen. Die Zeit, die wir miteinander verbrachten, gehört zu meinen intensivsten und nachhaltigsten Eindrücken der vergangenen 20 Jahre.

Die Sendung „Wunderschön – Komm, wir wandern über die Alpen" traf bei unseren Zuschauern einen Nerv. Nie zuvor hatten wir so viel positives Feedback bekommen. Gleich im Jahr darauf liefen wir mit leicht veränderter Besetzung die Anschlussetappe: „Komm, wir wandern weiter – Von Meran zum Gardasee". Und wieder wurde die Sendung zu einem Highlight. Doch die Organisation dieser Touren war extrem herausfordernd. Auch die Kameraleute und Toningenieure vor Ort sowie später in Köln die Cutter, die aus unzähligen Filmschnipseln einen in sich stimmigen Film schneiden mussten, benötigten eine hohe Leidensfähigkeit. Erst 2023 nahm die Redaktion einen neuen Anlauf, mit einer Wandergruppe die Berge zu erobern. Dieses Mal waren die Dolomiten unser Ziel. Wie schon im Jahr zuvor, als ich „Norwegens Westen – Vom Sognefjord nach Bergen" entdeckt hatte, wurde sogar eigens eine Filmmusik komponiert und vom WDR-Funkhausorchester eingespielt – von dem Abenteuer, eine Reisesendung mit Musik zu untermalen, werde ich später noch berichten.

Für die Dolomiten-Tour von der Seiser Alm zum Pragser Wildsee waren sechs einzelne Etappen vorgesehen, zwischen denen zum Teil Auto- und Busfahrten eingeplant waren. Dieses Mal waren wir zum ersten Mal mit Teilnehmern unterwegs, die sich anfangs noch nicht untereinander kannten. Über 100 Menschen hatten sich gemeldet, als der Radiosender WDR 2 gefragt hatte: „Wer will mit uns in die Dolomiten?" Die Wahl fiel auf zwei junge Lehrerinnen aus Köln, zwei Freunde aus Gelsenkirchen und eine vierköpfige Familie aus Büren. Wie bei den Langstrecken-Wanderungen über die Alpen war auch dieses Mal ein Hund mit dabei: die kleine Lotta mit ihren großen Hütehund-Ambitionen.

Und da waren wir nun – unser erster Tag in den Dolomiten! Meter um Meter kämpften wir uns bergauf. Endlich kam das an den Hang unterhalb des Monte-Pez-Gipfels geschmiegte Schlernhaus in Sicht. Ich staune immer wieder darüber, was für große, wehrhafte Anwesen mitten in den Bergen, weitab von jeder größeren Siedlung, stehen. Dass wir uns auf 2.457 Metern Höhe erschöpft auf der Terrasse mit herrlichem Ausblick niederlassen und unser erstes kühles Getränk genießen konnten, verdankten wir den Menschen, die vor über 100 Jahren all das Baumaterial zu Fuß und mit Maultieren hier hochgeschleppt hatten.

… und alles, was wir nun noch leisten mussten, war die Entscheidung zwischen fluffigem Kaiserschmarrn, mächtigen Knödeln und anderen Köstlichkeiten.

Der Tag neigte sich seinem Ende zu, als wir erschöpft und müde von der Terrasse ins Haus gingen, unsere Schuhe auszogen, brav in den Regalen aufreihten und mit dampfenden Socken in die Hausschläppchen schlüpften. Nur noch eine letzte Steigung: die Rucksäcke hinauf in die überraschend komfortablen Zimmer bringen, wo frisch bezogene Betten wohligen Schlaf versprachen. Und dazu der weite Blick aus dem Fenster auf das gegenüberliegende Rosengarten-Massiv! Auch die Düfte, die von unten aus dem Gastraum emporschwebten, hatten wenig mit dem Pritschen-und-Brotkanten-Flair zu tun, das früher so typisch für Berghütten war. Beim Hinuntergehen zum Abendessen merkte ich, wie müde meine Beine waren, jeder Schritt hätte ein Ächzen verdient. Endlich saßen wir alle zusammen um einen großen Holztisch herum und alles, was wir nun noch leisten mussten, war die Entscheidung zwischen fluffigem Kaiserschmarrn, mächtigen Knödeln und anderen Köstlichkeiten. Jetzt hatten wir es wirklich geschafft. Angekommen, erste Etappe gemeistert, ausatmen.

Die Sonne berührte schon die Bergspitzen, da schlug Franco, unser Bergführer, vor, noch zum Gipfel des Monte Pez hinaufzulaufen. „Es ist nur eine gute halbe Stunde", munterte er uns auf. Oh nein! Raus aus der wohligen Erschlaffung und noch mal rein in die Wanderstiefel? Bloß nicht! Aber Francos „Ihr werdet es nicht bereuen" überzeugte uns. Dass keiner in der Hütte zurückblieb, lag mehr am Gruppendruck als an freudiger Motivation. Wie gut, dass wir wenigstens unsere schweren Rucksäcke nicht mitschleppen mussten!

Der Blick wird weit, der Kopf ist frei für neue Eindrücke, und der Körper freut sich, dass er zeigen darf, was er kann.

Und dann waren wir alle doch sehr froh, dieses kleine Extra auf uns genommen zu haben. Denn Franco hatte Recht gehabt: Am Gipfelkreuz belohnte ein fantastischer 360-Grad-Blick unsere Mühen. Unter uns war das Schlernhaus in tiefem Bergschatten versunken und die hoch aufragenden Felswände um uns herum erstrahlten in herrlichen Rosa- und Rottönen im Licht der untergehenden Sonne - keine Kamera der Welt kann das Alpenglühen so einfangen, wie das Auge es sieht. In den Anstrengungen des vergangenen Tages hatten wir uns als Gruppe zusammengefunden, und das gemeinsame Gipfelerlebnis schweißte uns nur noch mehr zusammen. Die magische Stimmung machte uns schweigsam, aber es war ein gemeinsames Schweigen. Demütig und andächtig schaute ich auf die Bergwelt. Mein Herz wurde ganz weit und ich fühlte mich mit der Schöpfung verbunden.

Als aus dem Rot der Felswände ein immer dunkler werdendes Blau wurde, machten wir uns an den Abstieg zurück zur Hütte. Hell und heimelig strahlte uns Licht aus ihren Fenstern entgegen.

Was macht das Wandern eigentlich so attraktiv? Mit vollgepacktem Rucksack von Unterkunft zu Unterkunft laufen, vielleicht sogar noch bergauf und bergab - das hört sich so gar nicht nach Erholung an! Und doch gibt es kaum eine schönere Möglichkeit, den Alltag hinter sich zu lassen und Neues zu entdecken. Sorgen und Probleme schrumpfen zusammen, als würde man sie durch ein umgekehrtes Fernglas betrachten. Der Blick wird weit, der Kopf ist frei für neue Eindrücke, und der Körper freut sich, dass er zeigen darf, was er kann. Alles fällt von einem ab. Auf unserer Dolomiten-Wanderung hatten wir bald alle jeden Tag nur

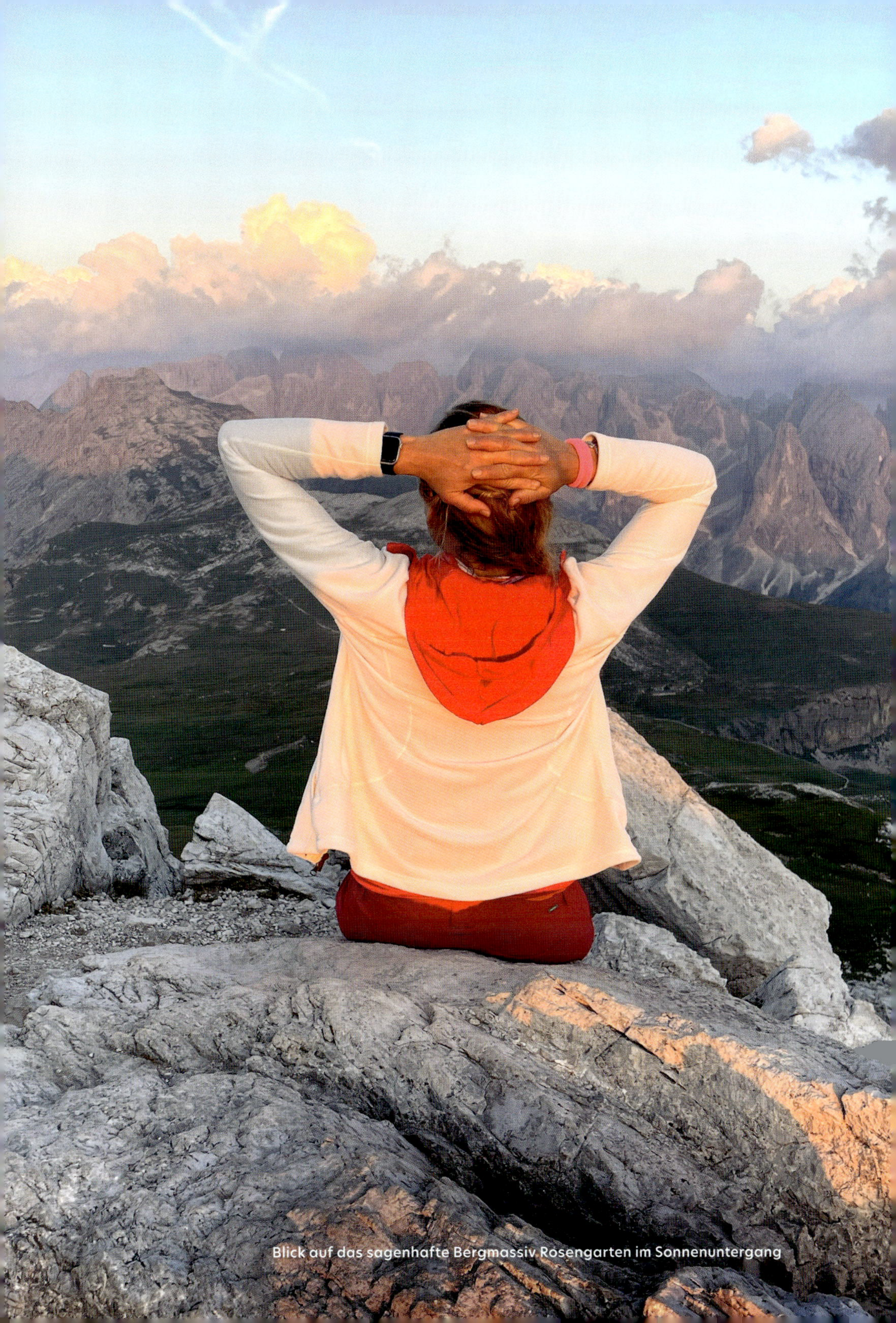

Blick auf das sagenhafte Bergmassiv Rosengarten im Sonnenuntergang

noch dieselbe Hose an. Immer wieder kamen wir an die Grenzen unserer Kräfte und so manches Mal dachte ich: „Wäre es doch nur schon vorüber!" Doch sobald wir unser Tagesziel erreicht hatten, ließ unsere Freude über das Geschaffte alle Strapazen vergessen.

Unser Abschlusstag hielt allerdings noch einmal eine besondere Herausforderung für uns bereit. Nach einem anstrengenden Vormittag standen wir in brütender Hitze an der Talstation einer Seilbahn, die uns auf den karnischen Hauptkamm bringen sollte. Von der Bergstation aus waren es weitere 300 Höhenmeter bis auf den Gipfel des 2.434 Meter hohen Bergs namens Helm. Auf Italienisch heißt er *Monte Elmo* und gilt als der schönste Aussichtsberg in den Sextner Dolomiten. Viele Besucher machen von Sexten oder Vierschach aus einen Tagesausflug auf diesen Berggipfel, und wir wollten den Fernsehzuschauern zeigen, was sie dort oben erwartet.

Gondelfahren ist ja sehr erholsam. Was für ein Luxus, mühelos und sanft über steile Hänge zu gleiten! Aber hier an der Talstation zu stehen, war mental wohl die größte Herausforderung der gesamten Dolomiten-Tour. Denn der Abstecher auf den Helm würde uns dem Ziel unserer tagelangen Mühen und Entbehrungen, dem Pragser Wildsee, keinen Meter näherbringen. Das verheißungsvolle Bild, wie wir zum Abschluss unserer Wanderwoche in sein kühles Wasser springen, übte auf uns alle eine unglaubliche Sogwirkung aus. Hätte uns der Weg über den Gipfel des Helm hinweg an dieses Ziel geführt, wären wir mit wundersam vermehrten Kräften hinauf- und auf der anderen Seite wieder hinabgelaufen, sozusagen mit Stalltrieb. Aber wir wussten, dass wir in ein paar Stunden genau hier an der Talstation wieder ankommen würden. Und erst dann würde es in Richtung Pragser Wildsee weitergehen.

In 20 Jahren „Wunderschön" war dieser Moment einer von sehr, sehr wenigen, in denen ich dachte: „Ich hab jetzt echt keine Lust mehr!

Wir alle kauten schwer daran, uns für dieses „unnötige" Teilstück unseres Weges zu motivieren. Oben an der Bergstation war es mit über 30 Grad weiterhin extrem heiß, und das auf einer Höhe von über 2.000 Metern! In 20 Jahren „Wunderschön" war dieser Moment einer von sehr, sehr wenigen, in denen ich dachte: „Ich hab jetzt echt keine Lust mehr! Ich will nach Hause!" Nur mit einem letzten Rest an

Professionalität brachte ich meine Füße dazu, sich in Bewegung zu setzen. Und dann waren die letzten Höhenmeter bis zum Gipfel auch noch fies zu laufen! Aber vielleicht lag es auch nur an meinem Missmut, dass mich das Geröll unter meinen Wanderschuhen besonders nervte. Nun kann man so einen Weg maulig hoch- und wieder runtergehen. Oder sich von einer „Mal sehen, wie es dort oben aussieht!"-Haltung tragen lassen. Dies ist wirklich eine Entscheidung, die man treffen kann. Ich gebe zu, dass es mir dieses eine Mal nicht so recht gelang, zu meinem gewohnten Optimismus und zur Entdeckerfreude zu finden. Mein Gehirn schaltete auf Nörgelei: „Echt jetzt? Warum denn noch einen Gipfel? Gehst rauf, guckst runter ... na und?" Ich biss meine Zähne so sehr zusammen, dass es knirschte.

Und dann hatte sich die Anstrengung doch wieder gelohnt! So viel Gipfelglück!

Und dann hatte sich die Anstrengung doch wieder gelohnt! So viel Gipfelglück! Der weite Blick bot uns ein unvergessliches Panorama, der gesamte Gebirgszug der Sextner Dolomiten samt den Drei Zinnen breitete sich vor uns aus. Von dieser Warte aus konnten wir alle Etappen, die wir in den vergangenen sechs Tagen bewältigt hatten, noch einmal nachverfolgen: Dort sind wir entlanggegangen! Und aus eigener Kraft haben wir es hierher geschafft! Dieser unvergessliche Eindruck erfüllte uns alle mit großem Stolz.

Der Helm trägt seinen Namen ganz zu Recht, denn anders als bei den spitzzackigen Bergen um uns herum ist sein Gipfel rund und grasig wie eine Kuppe. Auf seiner höchsten Stelle steht kein Gipfelkreuz, sondern eine nicht mehr bewirtschaftete Hütte. Also entschlossen wir uns, ein kleines Kreuz aus Stöcken zu basteln. Mit einem Häuflein aus gesammelten Steinen brachten wir es zum Stehen. Was für eine schöne Art, sich mit diesem Ort zu verbinden und zu zeigen: Wir waren hier! Trotz meiner für mich überraschenden Begegnung mit einer unleidlichen Tamina, die mir dieser letzte Aufstieg beschert hatte, möchte ich die einmaligen Momente auf dem Monte Elmo nicht missen.

Mit schmerzenden Füßen und hochzufrieden stiegen wir wieder hinab zur Bergstation der Seilbahn. Und dann ließen wir innerhalb von Minuten die Welt der Gipfel hinter uns. Unten im Tal mussten wir nach einer kurzen Busfahrt nur noch eine breite Forststraße entlanglaufen, dann konnten wir den Pragser Wildsee türkis zwischen den Bäumen leuchten sehen. Endlich! Nur noch eine knappe Stunde, dann waren wir erschöpft, aber glücklich am Ziel. Alle hatten es geschafft!

Doch was für ein Wechsel! Aus einsamen Höhen waren wir an einem Touristen-Hotspot gelandet. Wie gemalt liegt der Pragser Wildsee in die mächtige Berglandschaft hineingebettet. An pittoresken Holzstegen sind in langer Reihe Miet-Ruderbötchen festgemacht. Aber von beschaulicher Stille ist tagsüber nicht viel zu spüren, denn ein Geheimtipp ist der See schon lang nicht mehr. Keine 100 Meter vom See entfernt befindet sich der erste von einer ganzen Reihe großer Parkplätze für PKW und Reisebusse. Im Sommer muss man sogar einen Platz reservieren, um sein Auto dort abstellen zu dürfen.

Wir hatten unser Ziel in sechs anstrengenden Tagen erwandert. Andere waren bequem mit dem Auto auf geteerter Straße angereist. Gibt es „gute" und „schlechte" Touristen? Diejenigen, die sich den Aufenthalt an einem schönen Ort „verdient" haben, und die anderen, die eigentlich gar nicht dort sein sollten? Ich finde: Nein. Jeder nutzt den See auf seine eigene Weise - als Insta-Spot, als Ort der Erholung nach einem beschaulichen Rundgang um den See oder auch als Ziel einer langen Wanderung. Wer will das bewerten? Ich denke, großzügiges Teilen mit gegenseitiger Rücksichtnahme ist das Richtige.

Vor der Heimkehr in unseren Alltag durften wir noch in dem hochherrschaftlichen Hotel übernachten, das sich direkt am Ufer des Sees befindet. Am späten Nachmittag leerte es sich merklich, die Tagesgäste fuhren wieder ab. Bis zum nächsten Morgen hatten wir den See fast für uns allein. Geplant war nur noch eine Fahrt mit dem Ruderbötchen im Morgenlicht. Wir verabredeten, erst danach das Ende unserer Tour mit dem lang ersehnten gemeinsamen Bad im See zu feiern.

Wie gemalt liegt der Pragser Wildsee in die mächtige Berglandschaft hineingebettet.

Der Tag erwacht. Mein erster Blick aus dem Fenster zeigt den nahezu unberührten Bergsee in seiner ganzen Magie. Die Luft ist klar und kühl.

Nur sehr wenige Menschen sind jetzt unterwegs. Unten am kiesigen Seeufer tänzelt ein Fotograf um eine junge Frau, die vor der majestätischen Kulisse von Berg und See mit wechselndem Erfolg Yogastellungen einnimmt, und macht von ihr Bilder aus allen Perspektiven. Ich muss unwillkürlich lächeln. Wie vielfältig doch die Bedürfnisse an diesem Ort sind!

Kurz darauf treffen wir uns zur morgendliche Rudertour auf dem spiegelglatten See. Nur das Knarren der Ruder und das leise Plätschern des von den Ruderblättern herabtropfenden Wassers ist zu hören. Nach all der Anstrengung der vergangenen Tage ist dies das ultimative Zur-Ruhe-Kommen. Die Kamera fängt diese magische Stimmung ein, und trotzdem schaffen es die Bilder nicht in die fertig geschnittene Sendung. Zu viele andere Erlebnisse der Dolomiten-Tour wetteiferten damit, sich den Zuschauern zeigen zu dürfen.

Und dann endlich ist es so weit! Die Sonne ist schon hinter den Berggipfeln hervorgekommen und das Seeufer beginnt, sich mit Tagesbesuchern zu füllen, als meine Mitwanderer und ich übermütig in den eiskalten Bergsee springen. 6 Tage lang haben wir in größter Hitze und schweißgebadet auf diesen Moment hingefiebert.

So wie die Alpenüberquerung ist auch die Dolomiten-Tour für mich eines der ganz großen Glanzlichter der letzten 20 Jahre. Das gilt für die fertige „Wunderschön"-Folge, aber auch für meine persönlichen Erinnerungen an diese Tour. Es hatte keinen Tag gegeben, an dem ich nicht innerlich gejubelt hatte: „Was für ein Privileg, all dies erleben zu dürfen!" Und auch keinen, an dem ich nicht gedacht hatte: „Warum tue ich mir nur diese Schinderei an? Mir ist jetzt alles egal, ich bleibe einfach sitzen und lege einen Hüttentag ein!"

Das ist die Magie des Wanderns: Im Nachhinein verblassen die schwierigen Momente, dafür treten die herrlichen Eindrücke und Gipfelerlebnisse umso leuchtender in den Vordergrund. Das hat nicht etwa mit einer selektiven Demenz zu tun, sondern bestätigt ganz einfach die in mir tief verankerte Erfahrung, dass den schönsten Erlebnissen fast immer große Mühen vorausgehen. Ich freue mich schon auf die nächste große „Wunderschön"-Wanderung, auch wenn es wahrscheinlich wieder Momente des Zweifelns und des Fast-Aufgebens geben wird. Aber am Ende wird es sich wieder gelohnt haben.

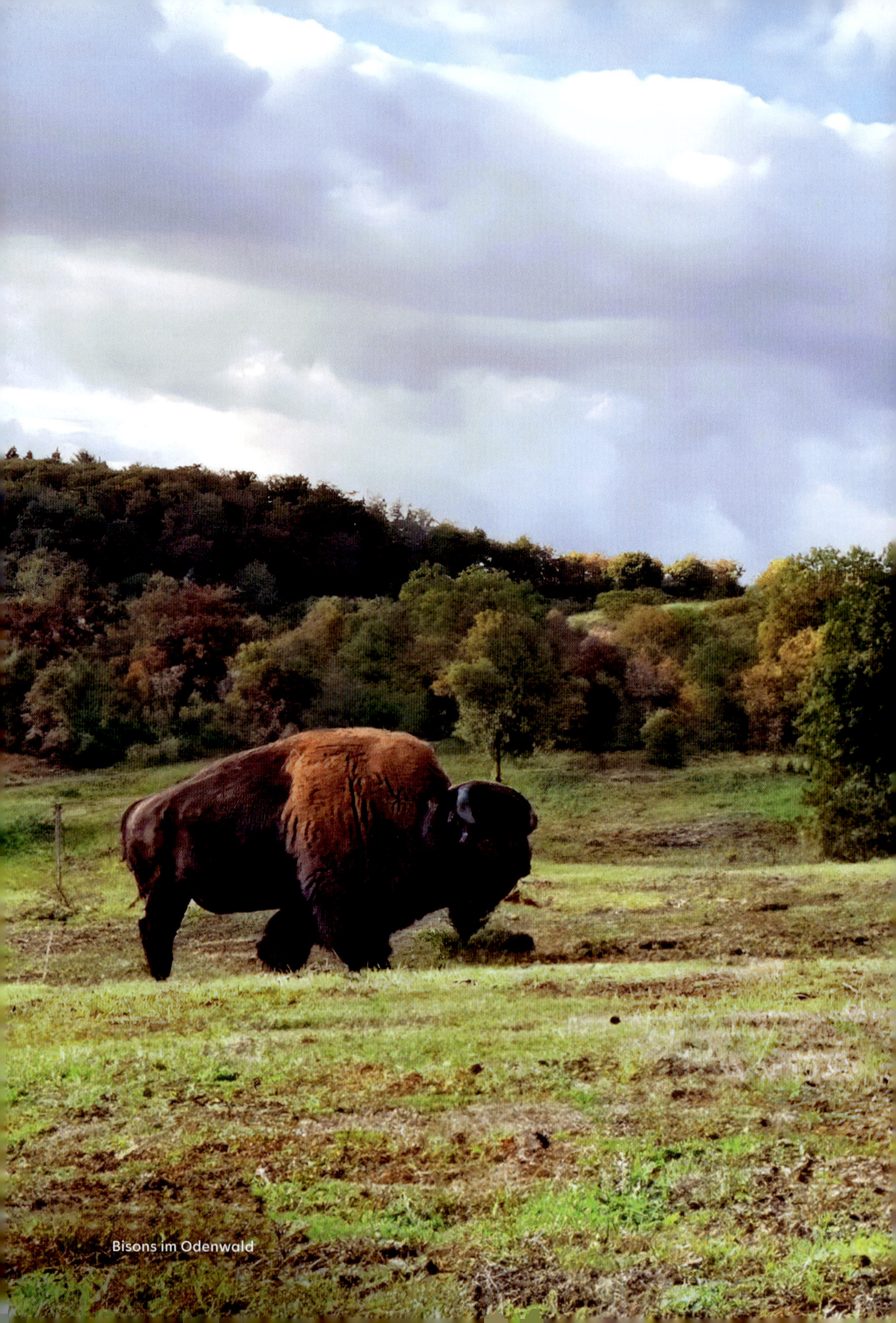

Bisons im Odenwald

DER ODENWALD – AUGE IN AUGE MIT DER „WILDNIS“

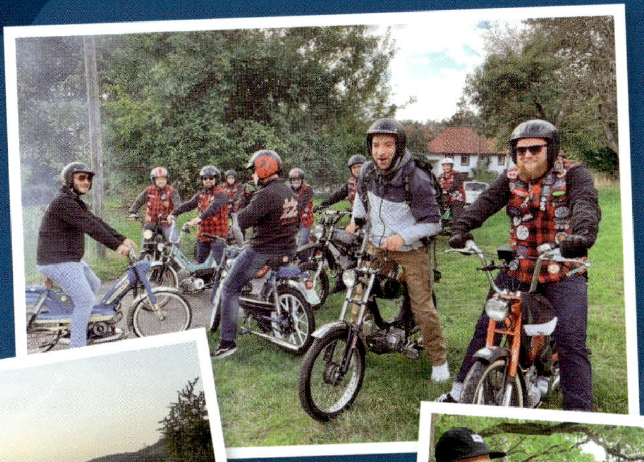

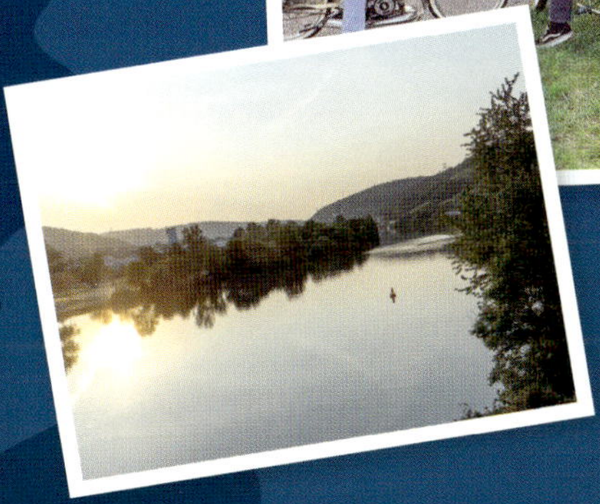

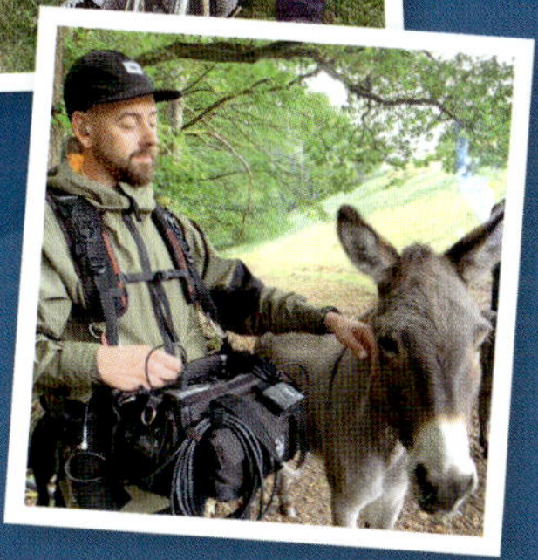

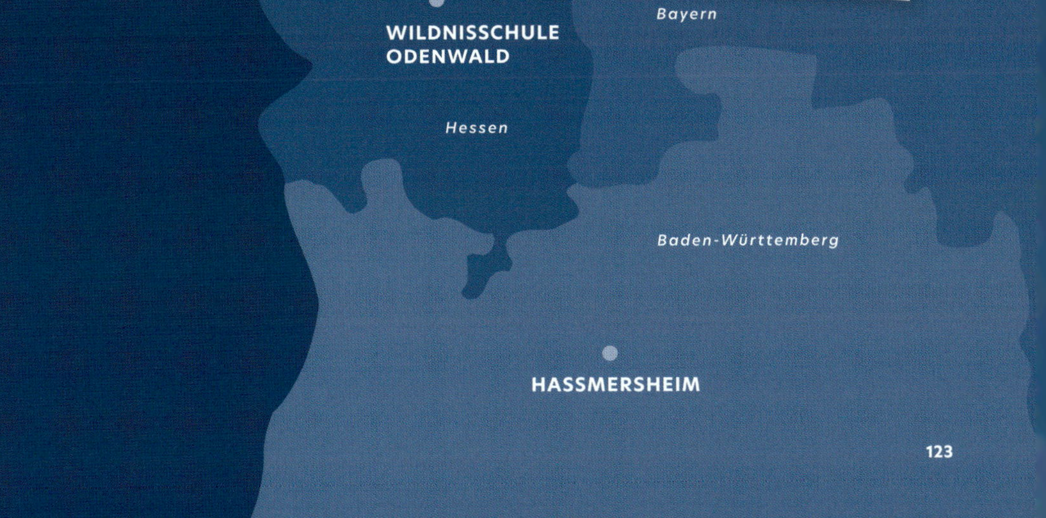

Paolo Coelho

„Wer denkt, Abenteuer seien gefährlich, der sollte es mal mit Routine versuchen: Die ist tödlich.“

RAMON BABAZADEH

Der Odenwald – Auge in Auge mit der „Wildnis“

Wenn wir für die Reisereportage „Wunderschön" auf Dreharbeiten unterwegs sind, besuchen wir oft klassische Urlaubsziele. Regionen, in denen es touristisch viel zu entdecken gibt und die Sehnsüchte wecken. Oft reisen wir deshalb zum Beispiel in Berglandschaften mit außergewöhnlichen Wanderwegen, in Genussregionen mit weltberühmter Küche oder an atemberaubende Küsten mit glasklarem Wasser und Traumstränden. Umso erstaunter war ich, als ich von den Plänen erfuhr, eine Folge über den Odenwald zu drehen. Der Odenwald als touristisches Reiseziel? Was gibt es denn dort zu entdecken? Vermutlich viele Bäume und ein paar Streuobstwiesen mit ihren für die Region bekannten Apfelsorten. Aber Sehnsüchte wecken? Wie sollte das funktionieren? Ich begann zu recherchieren und bekam schnell einen ersten Eindruck: Der Odenwald schien ein wildes, mystisches Mittelgebirge voller schöner Burgen und geheimnisvoller Sagen zu sein.

Unserem Autor Joshua ging es ähnlich. Vor den Dreharbeiten tauschen Joshua und ich uns immer aus, um zentrale Fragen für die jeweilige Reise zu entwickeln. Für den Odenwald kristallisierten sich diese heraus: Ist der Odenwald tatsächlich ein touristisches Reiseziel? Was macht die Seele der Region und der Menschen aus? Und ist es im Odenwald möglich, ein wenig Wildnis zu spüren und seiner eigenen Naturverbundenheit auf die Spur zu kommen? Besonders auf die letzte Frage sollte ich im Verlauf der Reise eine eindeutige Antwort bekommen.

Unser erster Drehtag im Odenwald begann geheimnisvoll. Es war ein nebelverhangener Morgen im Neckartal. Wir hatten in einem kleinen

Hotel in Haßmersheim direkt am Neckarufer übernachtet und ich war um kurz vor 5:00 Uhr morgens aufgestanden. Das mache ich auf Dreharbeiten übrigens immer so: Jeden Morgen um kurz vor 5:00 Uhr aufstehen, Zähne putzen, rein in die Joggingkleidung und raus in die Natur. Arbeitsbeginn mit dem Team ist in der Regel gegen 8:30 Uhr. Wenn ich es also um 5:00 Uhr morgens aus dem Hotel schaffe, bleibt mir genug Zeit, um ausgiebig Sport zu machen, den Kreislauf und die Konzentration hochzufahren, den Tag im Geist vorzuplanen und die Region schon einmal allein zu erkunden. Für mich ist das eine sehr wichtige Routine, die mir hilft, 1 Woche lang konzentriert zu bleiben und auch in stressigen Situationen Ruhe zu bewahren. Und auch den einen oder anderen Kraftort habe ich so auf meinen morgendlichen Touren schon entdeckt.

Der Nebel im Neckartal war an diesem Morgen so dicht, dass die eigene Hand vor den Augen kaum zu sehen war. Auch der Neckar war wegen der dicken Nebelschwaden nicht wirklich zu erkennen. Orientierung gab nur die Straßenbeleuchtung. Also joggte ich an den Straßen entlang und freute mich sehr, als es langsam hell wurde, sich die ersten zarten Sonnenstrahlen durch den Nebel wagten und meine Haut berührten. Mich überkam in diesem Moment ein merkwürdiges Gefühl: Es kam mir vor, als würde dieser Tag noch etwas ganz Besonderes für uns bereithalten.

Unser erster Treffpunkt mit dem Team war an der Burg Guttenberg – eine der ältesten und schönsten Burgen Deutschlands. Umringt von vielen grünen Bäumen thront sie über dem Ort Haßmersheim und erlaubt fantastische Ausblicke ins Neckartal. An diesem Morgen lag die Burg noch halb im Nebel. Ein Bild, das unserem Kameramann Paul sofort auffiel. Mit Paul hatte ich bis dahin noch nie zusammengearbeitet. Als ich aber sah, wie er direkt nach der Ankunft an der Burg aus dem Wagen sprang und zum Kofferraum hetzte, um den Drohnenkoffer auszupacken, war mir klar: Das würde eine tolle Woche mit einem wachen, aufmerksamen und sehr engagierten Team im Odenwald werden. Übrigens: Heute sind Paul und ich gute Freunde und drehen und telefonieren regelmäßig miteinander.

Die erste Aufnahme, die er mit der Drohne machte, war ein Blick vom Turm der Burg hinab ins verträumte Neckartal. Er steuerte das Gerät dafür ein wenig durch den Nebel und durch die Wolken und komponierte so ein wahrlich märchenhaftes Bild.

Der zweite Stopp war die Greifenwarte auf der Burg Guttenberg, wo viele faszinierende Vögel leben: Etwa 60 Greifvögel wie Adler und Geier, aber auch einige Eulen und Uhus werden dort gehalten. Unser Regisseur Joshua sagte mir, dass wir uns dort eine Flugvorführung anschauen würden, bei der die Vögel ganz knapp über die Köpfe der Besucherinnen und Besucher hinwegfliegen. Das würden sicher weitere spektakuläre Aufnahmen für unseren Film werden.

An dieser Stelle sei mir ein kleiner Exkurs erlaubt: Obwohl ich in meinem privaten Umfeld nur wenige Berührungspunkte mit Tieren habe, mag ich sie sehr gern. Gerade auf Dreharbeiten begegne ich oft Hunden, Eseln oder Pferden und ich empfinde dabei immer sowohl Zuneigung als auch Ehrfurcht. Ich habe nämlich festgestellt, dass ich Tiere nicht wirklich „lesen" kann. Wenn sich Tiere auf eine bestimmte Art verhalten oder mir Blicke zuwerfen, dann merke ich immer wieder, dass ich ihre Gefühle und Bedürfnisse nicht wirklich einordnen kann. Manchmal ist das ziemlich verunsichernd. Aber nun zurück zur Greifenwarte auf der Burg Guttenberg.

Wir trafen uns mit der Falknerin Nathalie, einer spannenden Frau mit einer unglaublichen Verbindung zu ihren Vögeln. Ich hatte das Gefühl, dass sie und die Tiere pausenlos miteinander kommunizierten – über aufmerksame Blicke, subtile Bewegungen und liebevolle Berührungen.

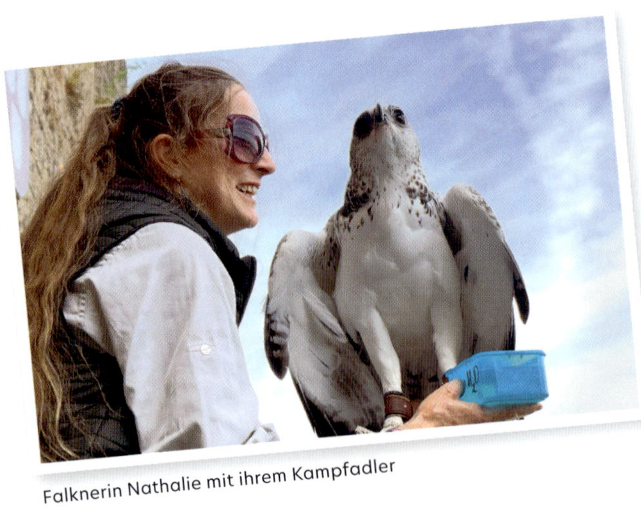

Falknerin Nathalie mit ihrem Kampfadler

Nathalie lud uns auf einen Rundgang durch die Greifenwarte ein und stellte uns all ihre Vögel vor. Plötzlich holte sie einen großen, braunen Lederhandschuh hervor und drückte ihn mir in die linke Hand. Einen Moment stand ich ratlos da und blickte auf den Handschuh hinab, dann wanderte mein Blick zu unserem Autor Joshua und ich sah sein breites, verschmitztes Grinsen. Offenbar hatten er und Nathalie sich abgesprochen: Ich sollte vor laufender Kamera einen Weißkopfseeadler auf den Arm gesetzt bekommen. Schlagartig schoss mein Puls in die Höhe und ich merkte, wie mir ganz mulmig wurde. Kein Wunder - immerhin haben diese Tiere eine Spannweite von etwa 2 Metern, wiegen rund 3 Kilo und tragen im Gesicht einen spitzen Schnabel.

Da stand ich nun – Auge in Auge mit einem Raubvogel. Einen winzigen Moment lang traute ich mich tatsächlich, ihm in die Augen zu schauen.

„Egal, wir probieren das aus", dachte ich. Also streckte ich meinen linken Arm aus und hielt ihn parallel zum Boden. Nathalie setzte mir den Adler auf den Handschuh und sofort sank mein Arm nach unten. Der Vogel fühlte sich deutlich schwerer an, als er war. Das lag sicherlich auch daran, dass sich seine kraftvollen gelben Krallen direkt in den Handschuh bohrten und Druck auf meinen Unterarm ausübten. Da stand ich nun - Auge in Auge mit einem Raubvogel. Einen winzigen Moment lang traute ich mich tatsächlich, ihm in die Augen zu schauen. Allerdings merkte ich sofort, dass ich dem Tier gegenüber keine Souveränität ausstrahlen konnte, sondern vermutlich nur Angst. Es fühlte sich an, als sei mir der Adler in allen Belangen überlegen: Er war stärker, schneller und aggressiver als ich, hatte deutlich besser ausgeprägte Instinkte, konnte die Umgebung lesen und hatte meine Furcht vor ihm vermutlich schon längst registriert. Zitternd bat ich Nathalie, mir den Vogel wieder abzunehmen. Sie lachte, nahm ihn zurück auf ihren Arm und gab ihm einen liebevollen Kuss.

Im Film ist die Szene an der Burg Guttenberg eher am Ende platziert. Gedreht haben wir sie allerdings an Tag 1. Es kommt immer mal wieder vor, dass wir unsere Geschichten nicht in chronologischer Reihenfolge drehen können. Zum Beispiel, wenn es die Öffnungszeiten der Ausflugsziele oder die Terminkalender der Protagonisten nicht anders zulassen. Das ist zwar nicht optimal, aber in diesem Fall kam es mir sehr gelegen, denn ich merkte: Eine der zentralen Fragen arbeitete wohl schon in mir. Offenbar hatte ich eben meine erste kleine Erfahrung mit der Odenwälder Wildnis gemacht – und ich fühlte mich wie ein Weichei. Wovor hatte ich eigentlich Angst? Wie wahrscheinlich war es gewesen, dass der Adler mich verletzte? Je länger ich darüber nachdachte, desto klarer wurde mir, dass ich vermutlich einfach keine Ahnung von der Natur und seinen Lebewesen hatte. Das, was sich wie Angst anfühlte, war vermutlich eher so etwas wie Unerfahrenheit und Orientierungslosigkeit. Irgendwie fühlte sich das mies an. Also beschloss ich, künftig mutiger zu sein, mich meinen Ängsten zu stellen und mich mehr mit der Natur und seinen Lebewesen auseinanderzusetzen. Und so wurde aus der Reise in den Odenwald plötzlich auch so etwas wie eine Reise zu mir selbst.

Also beschloss ich, künftig mutiger zu sein, mich meinen Ängsten zu stellen und mich mehr mit der Natur und seinen Lebewesen auseinanderzusetzen.

Einige Tage später machten wir uns mit dem Team auf den Weg in den Wald. Wir waren dort mit Stevan von der Wildnisschule Odenwald verabredet. Der Plan war, dass Stevan mich durch die Wildnis führen und mir zeigen würde, wie man eine Laubhütte aus Ästen, Zweigen und Laub baut. Anschließend sollte ich eine Nacht in einer Laubhütte im Wald verbringen. Gerade im Herbst und im Wald macht das Schlafen in einer Laubhütte laut Stevan besonders Sinn: Erstens, weil alle Materialen zum Bauen im Überfluss vorhanden sind. Zweitens, weil das Laub eine isolierende Wirkung hat und sowohl innen als auch außen vor Kälte schützt.

Schon nach wenigen Minuten war klar: Stevan hatte eine ganz besondere Verbindung zur Natur. Alle paar Meter blieb er stehen, zeigte auf den braunen Waldboden oder auf einen Haufen vergilbter Blätter und Äste und erklärte uns, was diese Spuren verraten würden. Wir waren alle ziemlich beeindruckt von seinen Kenntnissen. Stevan erzählte uns, dass er früher mit indigenen Völkern zusammengelebt und dort die Kunst des Fährtenlesens gelernt hatte. Ich war voller Bewunderung, spürte aber gleichzeitig auch wieder diese Unerfahrenheit und Orientierungslosigkeit. Also erinnerte ich mich an das, was ich mir vorgenommen hatte und beschloss, Stevan aufmerksam zu folgen und die Nacht auf jeden Fall im Wald zu verbringen.

Sie müssen wissen: Theoretisch besteht für mich als Moderator immer die Möglichkeit, auch Nein zu sagen. Konkret hätte das bedeutet, dass das Team mich am Abend mit ins Hotel genommen und ich die Nacht ganz normal in einem Bett verbracht hätte. Wir hätten Stevan dann vermutlich ein Licht und eine Kamera gegeben und ihn gebeten, seine Erlebnisse der Nacht selbst für uns zu dokumentieren. Das kam für mich aber nicht infrage.

„Nein, ich will das auf jeden Fall machen. Falls etwas passiert, melde ich mich bei euch."

Nachdem wir die letzten wichtigen Einstellungen mit Stevan gedreht hatten, packte das Team das Equipment zusammen und machte sich langsam auf den Weg ins Hotel. Vor der Abfahrt drückte mir unser Kameramann Paul noch eine kleine Handkamera, ein paar Akkus und eine Lampe in die Hand und sagte halb besorgt und halb lächelnd: „Willst du echt hier pennen? Ist doch voll kalt und ungemütlich. Wir können dich auch mitnehmen und dann kommen wir morgen früh alle zusammen wieder." Ich dachte kurz darüber nach und antwortete: „Nein, ich will das auf jeden Fall machen. Falls etwas passiert, melde ich mich bei euch." Paul lachte: „Was soll denn passieren? Ist doch nur ein ganz normaler Wald."

Als alle weg waren, setzte ich mich mit Stevan ans Lagerfeuer, das er bereits vorbereitet hatte. Er packte einen Fisch aus, steckte ihn auf einen Stock, hielt ihn übers Feuer und teilte ihn brüderlich. Wir unterhielten uns über Gott und die Welt. Stevan erzählte mir von sogenannten Schattenläufern, die früher quasi unsichtbar durch die Wildnis geschlichen waren und für die Sicherheit ihres Stammes gesorgt hatten. Er erklärte mir, was die Natur uns Menschen alles geben kann und wie wenig wir alle eigentlich brauchen, um wirklich glücklich zu sein. Und er berichtete davon, dass er so oft wie möglich im Wald übernachtete. Ich erwiderte, dass ich zumindest ein paar Mal in der Woche versuche, Sport im Wald zu machen. Vor ein paar Jahren hatte ich nämlich mal gemerkt, dass mich das sehr entspannt und ich danach immer das Gefühl habe, wirklich etwas Substanzielles für mein Wohlbefinden getan zu haben. Stevan lachte und antwortete, dass wissenschaftliche Studien belegen würden, dass regelmäßiger Aufenthalt im Wald Stress reduziere. Um kurz nach Mitternacht machten wir uns bereit, schlafen zu gehen. Während ich damit kämpfte, in meinen winzigen Unterschlupf zu kriechen, machte es sich Stevan mitten im Wald gemütlich. Er spannte eine große grüne Plane zwischen zwei Bäume, sammelte sich einen bunten Haufen Laub zusammen, den er als eine Art Isomatte auslegte, und breitete seinen Schlafsack darauf aus. „Wenn was ist, melde dich oder komm vorbei!", rief er mir zu. Kurz darauf hörte ich ihn leise schnarchen.

In der Laubhütte war es eng. Sehr eng. Mein Körper passte gerade so in die Öffnung und einmal drin, war eigentlich kaum mehr Bewegung möglich. Jedes Austreten mit dem Bein und jede Bewegung mit dem Arm hätte bedeutet, dass ich gegen die schützenden Äste gekommen und die Hütte zusammengefallen wäre. Also suchte ich vorsichtig nach einer einigermaßen gemütlichen Position und blieb still liegen. Doch so richtig zur Ruhe kommen wollten weder mein Körper noch mein Geist. Von jetzt auf gleich hatte ich das Gefühl, viel aufmerksamer zu sein – als wären meine Sinne plötzlich in einer Art Habachtstellung. Der muffige, feuchte Waldgeruch wurde intensiver, Krabbel-, Raschel- und Umgebungsgeräusche lauter.

Kurz darauf schlief ich ein. Allerdings schlief ich nicht lang, denn irgendetwas fiel mir auf den Kopf. Vermutlich eine Spinne oder ein Käfer. Ich erschrak, wachte auf und hörte etwas im Laub davonkrabbeln. In diesem Moment spürte ich meinen Puls steigen. In der Laubhütte fühlte es sich plötzlich viel zu eng an und in mir machte sich eine Art innere Unruhe oder Fluchtinstinkt breit. Ich kroch aus der schmalen Hütte heraus und versuchte, mich zu sammeln. Für einen kurzen Moment wurde ich schwach und dachte tatsächlich über Pauls Angebot nach: Wie schön wäre es jetzt, in einem warmen Hotelzimmer zu sein – mit einem großen, kuscheligen Bett ohne Äste, Laub, Spinnen und Käfer. Aber der Gedanke verflog schnell wieder. Denn erstens hätte das bedeutet, dass ich das Team um den wohlverdienten Schlaf gebracht hätte. Und zweitens wäre ich meinem Vorhaben, mich endlich mal zu überwinden, nicht gerecht geworden. Es war also klar, dass ich im Wald bleiben wollte.

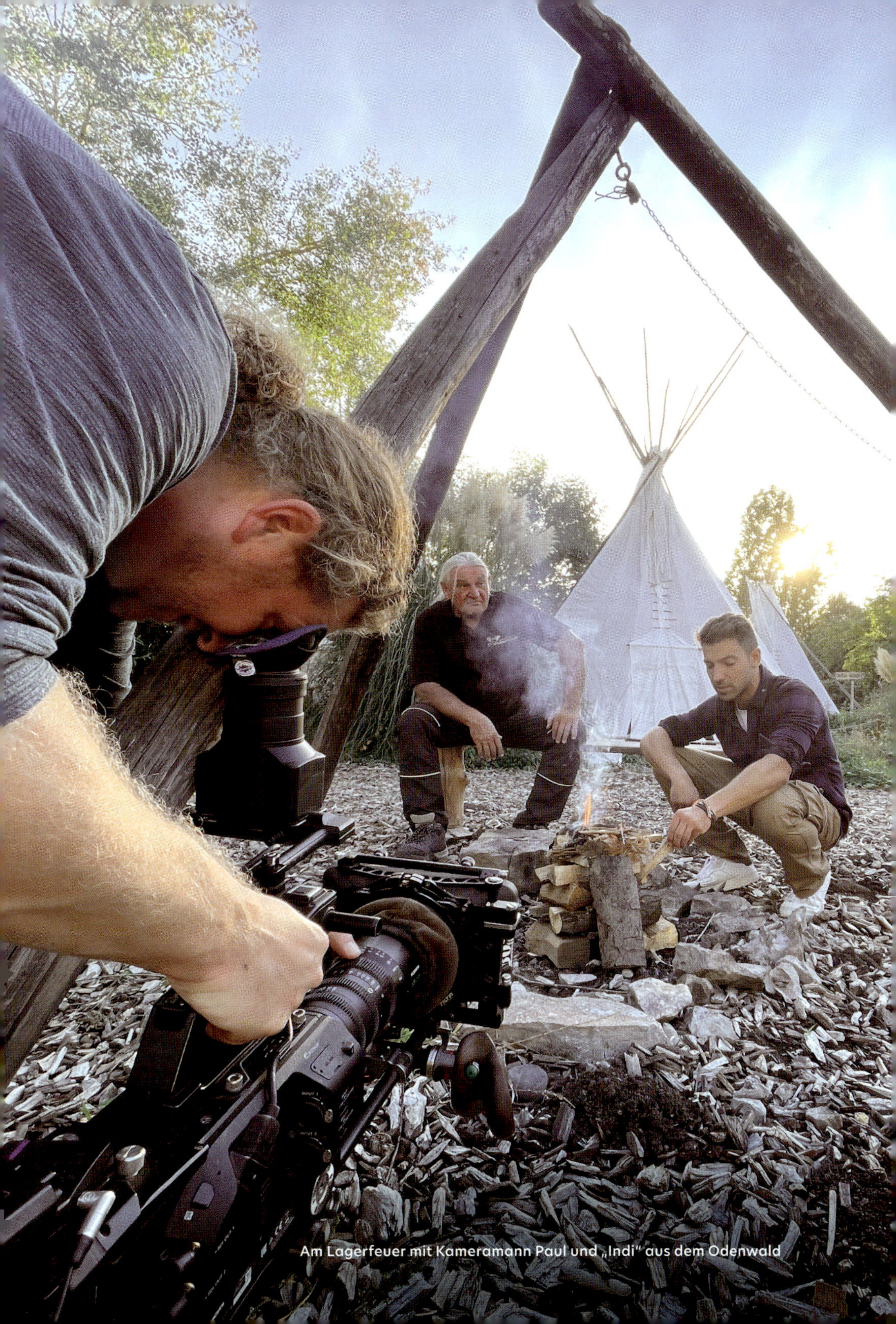

Am Lagerfeuer mit Kameramann Paul und „Indi" aus dem Odenwald

Klar war aber auch, dass ich nach der Mini-Panikattacke nicht zurück in die Laubhütte konnte. Also schnappte ich mir meinen Schlafsack, ging rüber zu Stevan, legte mich neben ihn in den Wald und schlief sofort ein.

Am nächsten Morgen wachten Stevan und ich fast gleichzeitig auf. Ich erzählte ihm von meinem Erlebnis und er amüsierte sich köstlich. Das mit der Enge könne er verstehen, sagte Stevan. Laubhütten müssten aber nun mal so eng sein, damit sie richtig vor der Kälte schützen. In einer gut mit Laub ausgelegten Hütte könne man auch im Winter problemlos warm und gemütlich schlafen. Ich war völlig überrascht davon, wie entspannt, ausgeschlafen und voller Tatendrang ich mich nach der Nacht fühlte. Immerhin hatte ich ein paar Stunden vorher noch mit Panik zu kämpfen und dachte, dass ich kein Auge zumachen würde. Stevan nickte wissend: „Das ist die Kraft der Natur, die du in dir spürst. Du bist wahrscheinlich ein Stückchen näher zu dir selbst gekommen."

„Das ist die Kraft der Natur, die du in dir spürst. Du bist wahrscheinlich ein Stückchen näher zu dir selbst gekommen."

Einigen von Ihnen mag diese Geschichte vielleicht naiv oder lächerlich vorkommen. Ehrlich gesagt kann ich das auch verstehen. Aber damals hatte ich schlichtweg noch nicht wirklich viele ernsthafte Berührungspunkte mit der Natur oder der Wildnis gehabt. Ich bin nun mal ein Kind aus einer mittelgroßen niedersächsischen Stadt, das nie im Zeltlager war, dafür aber klassische Musik gelernt hat und mit der Straßenbahn zur Schule gefahren ist. Heute liebe ich es, in der Natur zu sein und übernachte auch gerne draußen. Und wer weiß, vielleicht mache ich es ja eines Tages wie Stevan und beschäftige mich auch mit dem uralten Wissen der Naturvölker, die sich in der Wildnis heimisch fühlen.

Klar ist auf jeden Fall: Ohne unseren Ausflug in den Odenwald hätte ich diese Reise zu mir und meinen Ängsten vermutlich nicht angetreten. Deshalb möchte ich mich an dieser Stelle herzlich bei Falknerin Nathalie, ihrem Adler, Autor Joshua, dem gesamten Team und Wildnis-Lehrer Stevan bedanken. Dank eurer Hilfe kann ich eine unserer zentralen Fragen über den Odenwald jetzt klar und deutlich beantworten: Ja, im Odenwald ist es definitiv möglich, ein wenig Wildnis zu spüren und seiner eigenen Naturverbundenheit auf die Spur zu kommen. Und das ist eine tolle und bereichernde Erfahrung. Ach ja, und wenn Sie jetzt noch wissen wollen, ob der Odenwald auch ein touristisches Reiseziel ist und was die Seele der Region und der Menschen ausmacht, dann empfehle ich Ihnen: Entweder, Sie schauen sich unsere „Wunderschön"-Sendung „Odenwald – Wildnis und Sagen" an oder Sie reisen ganz einfach selbst hin. Ich kann Ihnen sagen: Es lohnt sich.

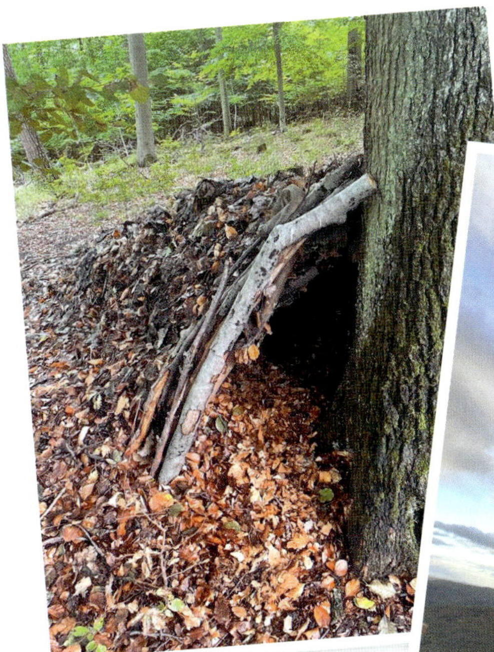

Mein Schlafplatz für die Nacht

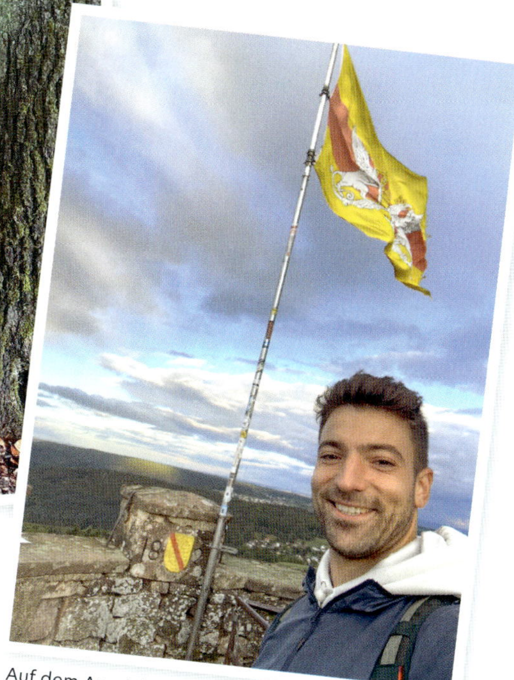

Auf dem Aussichtsturm Katzenbuckel, dem höchsten Berg des Odenwalds

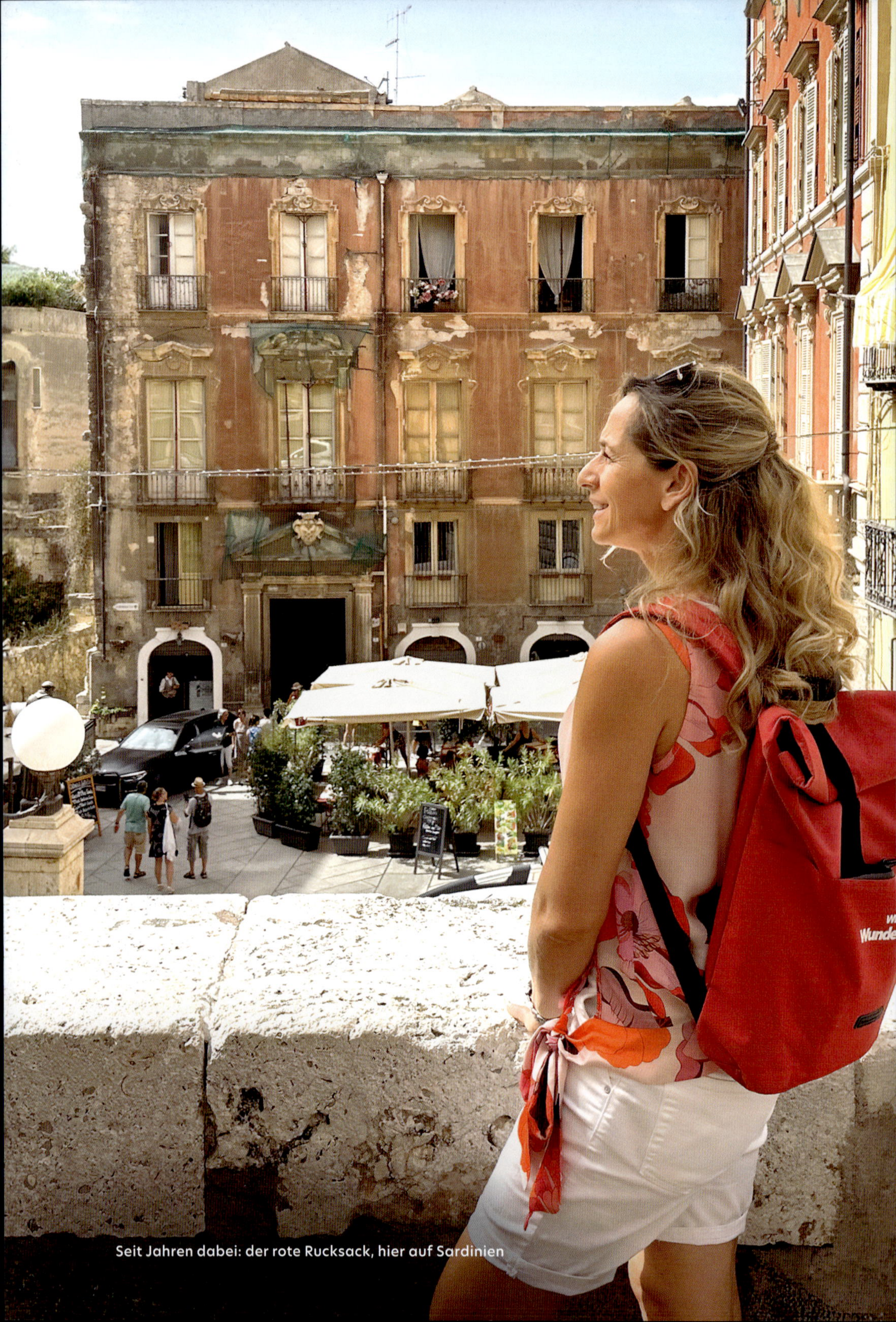

Seit Jahren dabei: der rote Rucksack, hier auf Sardinien

UNSER TREUER BEGLEITER AUF REISEN

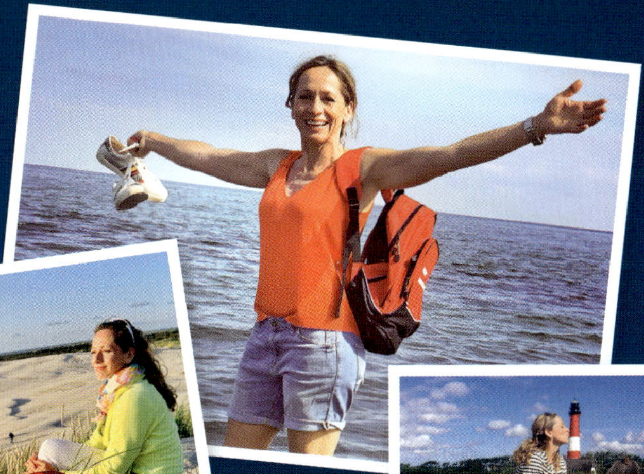

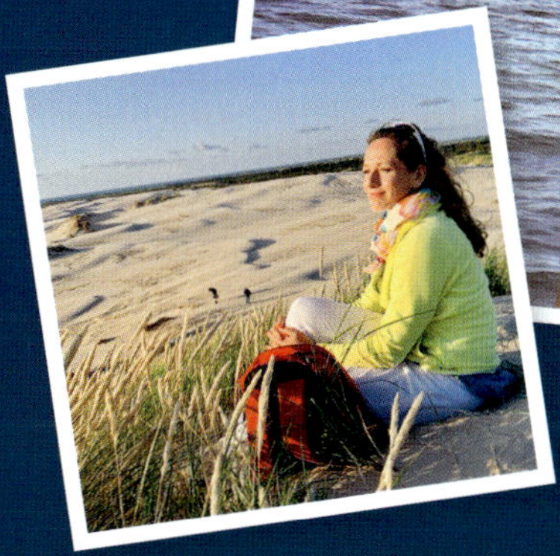

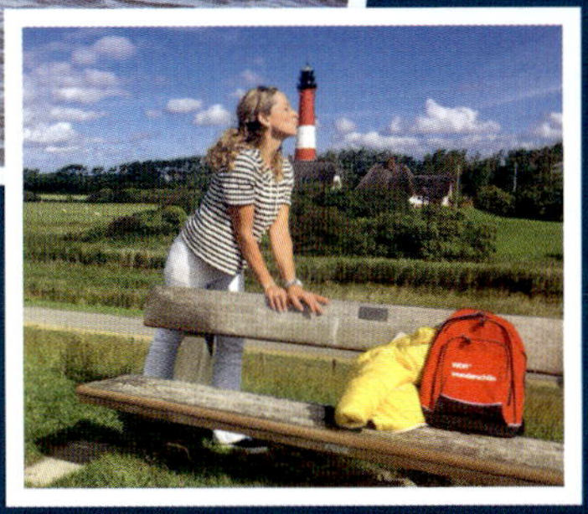

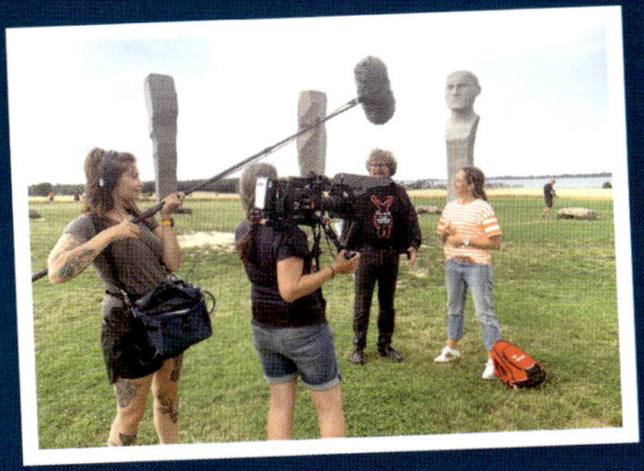

Albert Schweitzer
„Glück ist das einzige, das sich verdoppelt, wenn man es teilt."

TAMINA KALLERT

Unser treuer Begleiter auf Reisen

Wir drehen im Schwarzwälder Freilichtmuseum Vogtsbauernhof. Das Wetter ist herrlich, alles grünt und blüht um uns herum. Ich sitze vor einem der uralten Holzhäuser auf einem Bänkchen in der Sonne und balanciere einen Teller mit Schwarzwälder Kirschtorte auf meinem Schoß. Herrlich! Diesen Moment möchte ich teilen und bitte unsere Autorin, ein Foto mit meinem Handy zu machen. Mit einem „Die Welt gehört dem, der sie genießt" geht das Bild auf Instagram online. Es dauert nicht lange, und die ersten Kommentare treffen ein. „Ich möchte auch ein großes Stück!", lese ich. Jemand anderes schreibt: „Der Vogtsbauernhof! Da werden Kindheitserinnerungen wach!" Auch Humoriges ist dabei: „Und ab in den Rucksack mit dem guten Stück!" Mit diesen liebevollen Rückmeldungen schmeckt mir meine Torte noch mal so gut.

Der berühmte rote Rucksack, in den mein Tortenstück sollte, begleitet uns seit 2008 auf unseren Reisen und wurde schnell zum unverwechselbaren Markenzeichen. Überall auf der Welt, ob in Übersee oder in Nordrhein-Westfalen, kommen die Menschen auf mich zu und fragen: „Wo ist denn der rote Rucksack?" Den anderen Moderatoren geht es ebenso. Als eine unserer Moderatorinnnen zum ersten Mal für „Wunderschön" unterwegs war, wurde sie gleich gefragt: „Wo haben Sie denn den Rucksack her? Haben Sie den gewonnen?" Ich finde, ein Rucksack drückt perfekt aus, wofür unsere „Wunderschön"-Reihe steht: für aktives Unterwegssein, Unabhängigkeit und den Wunsch, immer wieder neue Wege zu entdecken. Unvorstellbar, dass uns etwa ein roter Rollkoffer begleiten würde!

Während der Reisen wurde der rote Rucksack mit kleinen Andenken gefüllt und später verlost. Manche Mitbringsel für unsere Zuschauer wurden uns von unseren Gastgebern und Gesprächspartnern überreicht, anderes suchten die Teams liebevoll und mit Herzblut aus. Im schweizerischen St. Gallen, weltberühmt für zarteste Stickereien, konnten wir uns kaum einigen, ob wir lieber eine kleine Serviette oder doch ein zartes Taschentuch nehmen sollten. Auch wenn es um die Farbauswahl ging, waren wir nicht immer einer Meinung. Der eine fand den handgewebten Schal mit außergewöhnlicher Farbauswahl super, die andere sagte nur: „Auf keinen Fall!" Bei regionalen Köstlichkeiten gab es dagegen so gut wie nie eine Diskussion – nur haltbar mussten sie sein. Honig und Eingemachtes waren dabei die Klassiker.

Gefühlt bei jeder zweiten „Wunderschön"-Sendung war der Rucksack Ursache für kleine Anschlussfehler. Wenn zum Beispiel bei einem Café-Besuch in einer Außenaufnahme gefilmt wurde, wie ich die Tür öffnete und eintrat, und etwas später alles bereit für die Innenaufnahme war, bei der die Café-Besitzerin und ich uns begrüßten, mussten wir scharf überlegen: „Hattest du gerade den Rucksack noch auf dem Rücken oder schon in der Hand?" Manchmal fiel erst beim Schnitt auf, dass der Rucksack auf wundersame Weise von meinem Rücken in meine Hand gewandert war. Viele Zuschauer freuten sich diebisch, wenn ihnen so eine Ungereimtheit auffiel, und machten uns sofort mit einem Augenzwinkern darauf aufmerksam.

Am Ende jeder Sendung packten wir den Rucksack noch einmal aus und ließen die Reise anhand der gesammelten Andenken Revue passieren. Ein Highlight für die Zuschauer und auch für das Drehteam vor Ort jedes Mal ein Aha-Erlebnis: „Unglaublich, was wir in den wenigen Drehtagen alles erlebt haben!" Bei der Wahl des Ortes, an dem dieser krönende Abschluss stattfinden sollte, ließ uns das Drehbuch oft freie Hand. Ob Bergpanorama oder Palmenstrand – der Hintergrund sollte für die Region typisch sein. Er durfte aber nicht zu unruhig sein und von dem Geschehen ablenken, ein allzu lebendiger Markt kam also nicht infrage. Und noch eine weitere Bedingung musste dieser besondere Platz erfüllen: Wir Moderatoren brauchten eine Bank, ein Mäuerchen oder eine sonstige Ablagefläche, auf der wir die kleinen Geschenke aufbauen konnten. Die Oberfläche sollte ein wenig Struktur haben, durfte aber auch nicht zu uneben sein, denn sonst wären die aufgereihten Geschenke ständig umgefallen.

Einen Rucksack vor schöner Kulisse auspacken, das hört sich einfach an, kann aber eine ziemlich komplizierte Sache sein. Und fast immer sehr stressig. Denn diese letzte Szene filmten wir gerne symbolträchtig bei untergehender Sonne: So wie der Tag würde nun auch unsere Reise zu Ende gehen. Das begrenzte Zeitfenster zwischen Abendstimmung und einsetzender Dunkelheit, in dem der Dreh abgeschlossen sein musste, war nicht sehr groß. Suche nach einem Parkplatz: „Gleich geht die Sonne unter!" Schnell Kamera und Mikros auspacken und zum See hinunterlaufen: „Wir haben noch 20 Minuten!" Jemandem fällt auf, dass der Rucksack noch im Auto liegt: „Wer kann am schnellsten rennen?" Beim kurzen Probeauspacken kippt alles durcheinander: „Tamina, wir packen nicht auf dem Baumstamm, sondern auf der Parkbank aus!" Ich vergaß für einen Moment, wie der Ort hieß, aus dem die getöpferte Kaffeetasse stammte: „Noch mal von vorne!"

Es ist ein Wunder, dass wir jedes Mal den Wettlauf mit der untergehenden Sonne doch noch irgendwie gewannen.

Es ist ein Wunder, dass wir jedes Mal den Wettlauf mit der untergehenden Sonne doch noch irgendwie gewannen. Wenn genug Zeit war, drehten wir das Rucksack-Auspacken mehrmals. So hatten der Cutter oder die Cutterin in Köln mehr Material zur Auswahl. Das hieß aber auch, dass wir nach dem ersten Durchgang ein Foto machen mussten, wo genau ich die Dinge hingestellt hatte. Sonst hätte es ja beim zweiten Mal einen Anschlussfehler gegeben: Beim ersten Take stand der Honig links neben der Kaffeetasse, beim zweiten rechts neben ihr. Mit dem Foto vor Augen konnte ich beim zweiten Durchlauf alles an den richtigen Platz stellen.

Glimmering moments – das sind die kleinen, unerwarteten Momente des Glücks und der Verbundenheit. Ich erlebe sie nicht nur im Kreis meiner Familie und auf meinen Reisen, sie entstehen auch im Austausch mit den Zuschauern und Zuschauerinnen und bereichern mein Leben.

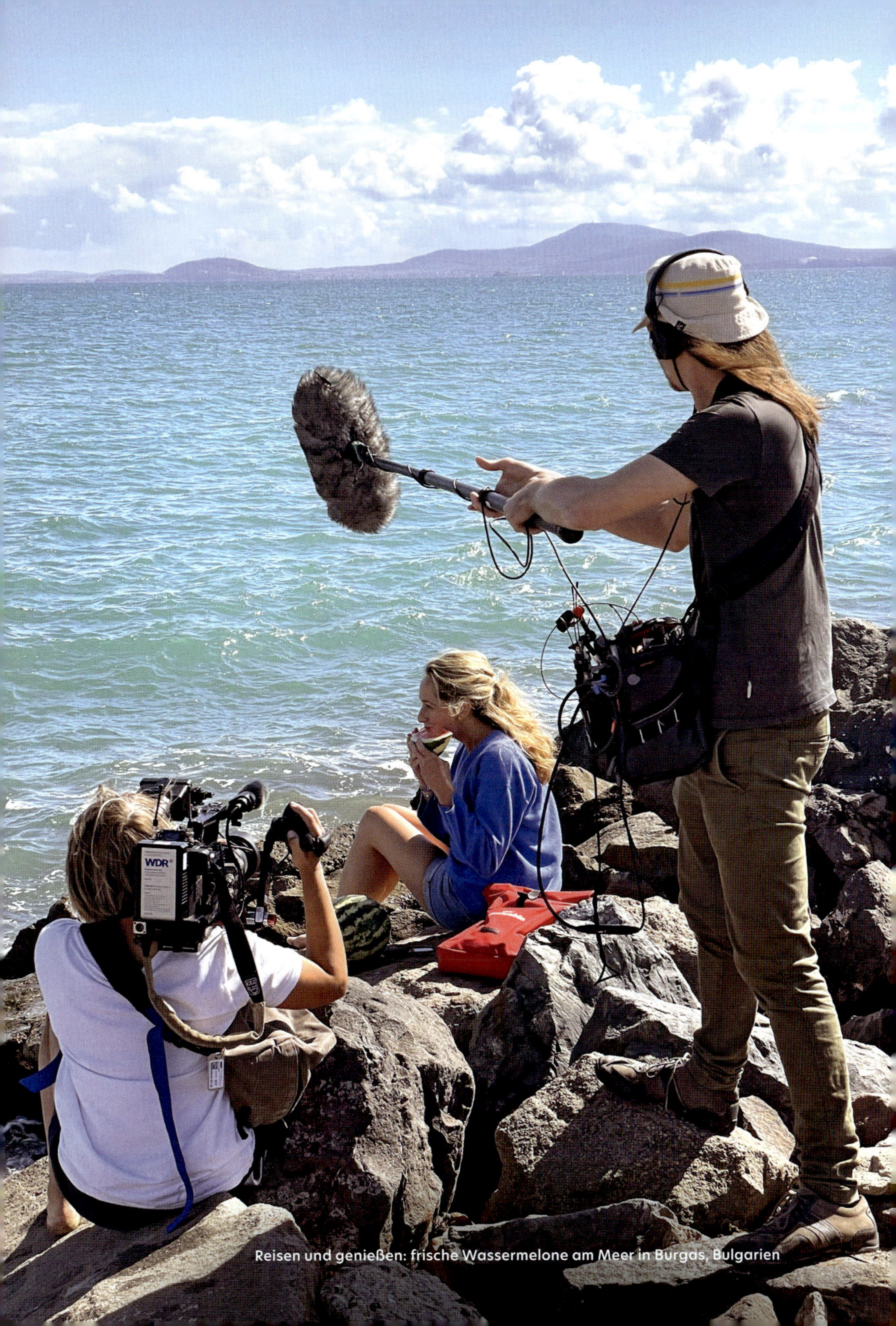

Reisen und genießen: frische Wassermelone am Meer in Burgas, Bulgarien

In den Anfangsjahren kamen noch wäschekörbeweise Postkarten und Briefe in die WDR-Redaktion. Heute läuft der Großteil der Kommunikation über Mails, Instagram und Facebook. Umso berührender sind die mit Sorgfalt handgeschriebenen Briefe, die uns immer noch erreichen. Und dann sind da die vielen kleinen Geschenke für uns Moderatoren: Gebasteltes, Marmelade aus eigener Produktion, selbst gemalte Bilder und andere kleine Aufmerksamkeiten. Da war zum Beispiel das Päckchen mit handgemachten Nudeln aus Pisa. Ein Ehepaar hatte in der Toskana Urlaub gemacht und auch die Pasta-Manufaktur Martelli besucht, die ich auf einer meiner Italienreisen vorgestellt hatte. Wie schön, dass die beiden dort an mich – in Stellvertretung für das gesamte Team – gedacht hatten! Und wenn es demnächst mal wieder an die winterliche Nordsee geht, werde ich bestimmt den wärmenden Kragen im Gepäck haben, den mir eine fürsorgliche „Wunderschön"-Zuschauerin stickte.

„Ja, da sind wir auch schon mal gewesen! Das war eine tolle Reise!"

All die Kommentare, Briefe und Geschenke kommen von Herzen und sind ein großes Dankeschön dafür, dass wir die ganz unterschiedlichen Bedürfnisse unserer Zuschauer erfüllen. Viele von ihnen möchten sich einfach mal eine kleine Pause vom Alltag gönnen und träumen sich in die griechische Inselwelt oder auf eine Fahrt mit dem Hausboot durch Südfrankreich. Andere suchen nach Inspirationen für ihre nächste Tour oder freuen sich, wenn unsere Sendungen schöne Erinnerungen wieder aufleben lassen: „Ja, da sind wir auch schon mal gewesen! Das war eine tolle Reise!" Ich bekomme auch viele Zuschriften von Menschen, die gerne reisen würden und es aus den unterschiedlichsten Gründen nicht können. Das sind nicht nur diejenigen, die aus Altersgründen nur noch eingeschränkt mobil sind. Ich erfahre von vielen Menschen, die über Jahre einen lieben Verwandten pflegen und kaum mal einen Tag für sich selbst haben. Auch die Mail einer an Krebs erkrankten jüngeren Frau habe ich nicht vergessen. „Ich bin froh, dass ich es heute in den Aufenthaltsraum unserer Station geschafft habe", schrieb sie. „Sie wissen gar nicht, wie sehr wir uns hier immer über die Reisen freuen."

Am schönsten ist es natürlich, wenn ich in besonderen Fällen die Gelegenheit habe, den einen oder anderen Zuschauer persönlich kennenzulernen. Es ist nicht lange her, da führte ich im WDR-Funkhaus live durch eine musikalische Reise. Auf meinem Weg zur Bühne sprach mich ein freundliches Paar an: „Frau Kallert, wir sind vom Wünschewagen." Ich hatte schon von dieser Organisation gehört, die alten und jungen Menschen auf ihren letzten Lebensmetern Wünsche erfüllt. Was für eine unglaublich schöne Idee! Die beiden Ehrenamtlichen begleiteten an diesem Abend eine 97 Jahre alte Dame, die so gerne das Konzert erleben wollte. Glückselig saß sie in ihrem Rollstuhl in der ersten Reihe. Natürlich sagte ich ihren Betreuern gerne zu, sie nach der Veranstaltung für ein Erinnerungsfoto zu treffen. Ich habe vergessen, welches Konzert es war. Norwegen? Schottland? Aber an das Strahlen in den Augen der alten Dame kann ich mich gut erinnern, und auch ihr überraschend fester Händegriff ist mir noch sehr präsent. „Ich durfte viele Reisen miterleben", sagte sie mir. Ich bin mir nicht sicher, ob sie eigene Reisen meinte oder die „Wunderschön"-Reisen im Fernsehen. Vielleicht war es ja beides.

Solche Momente sind die Essenz dessen, worum es bei „Wunderschön" geht: Austausch und Resonanz. Wir wollen uns nicht nur mit den Menschen, Landschaften und Geschichten unserer Reiseziele verbinden, sondern auch mit denen, die unsere Sendungen auf den Bildschirmen anschauen.

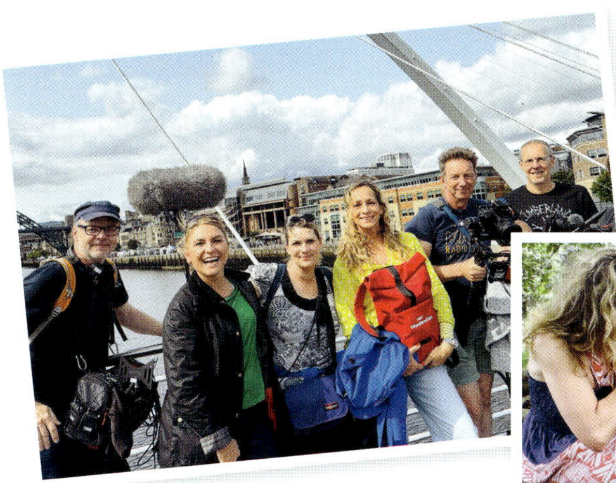

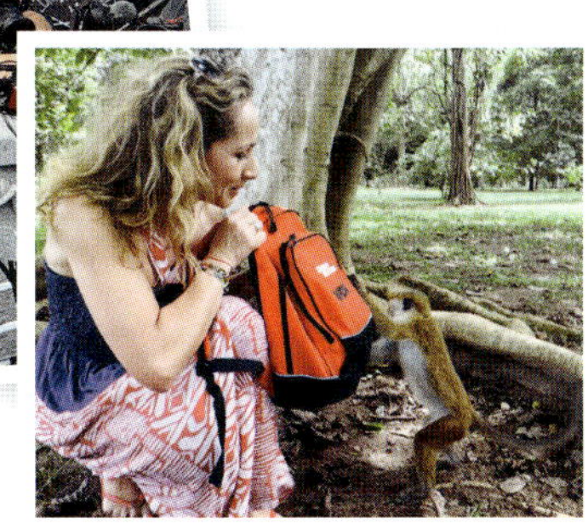

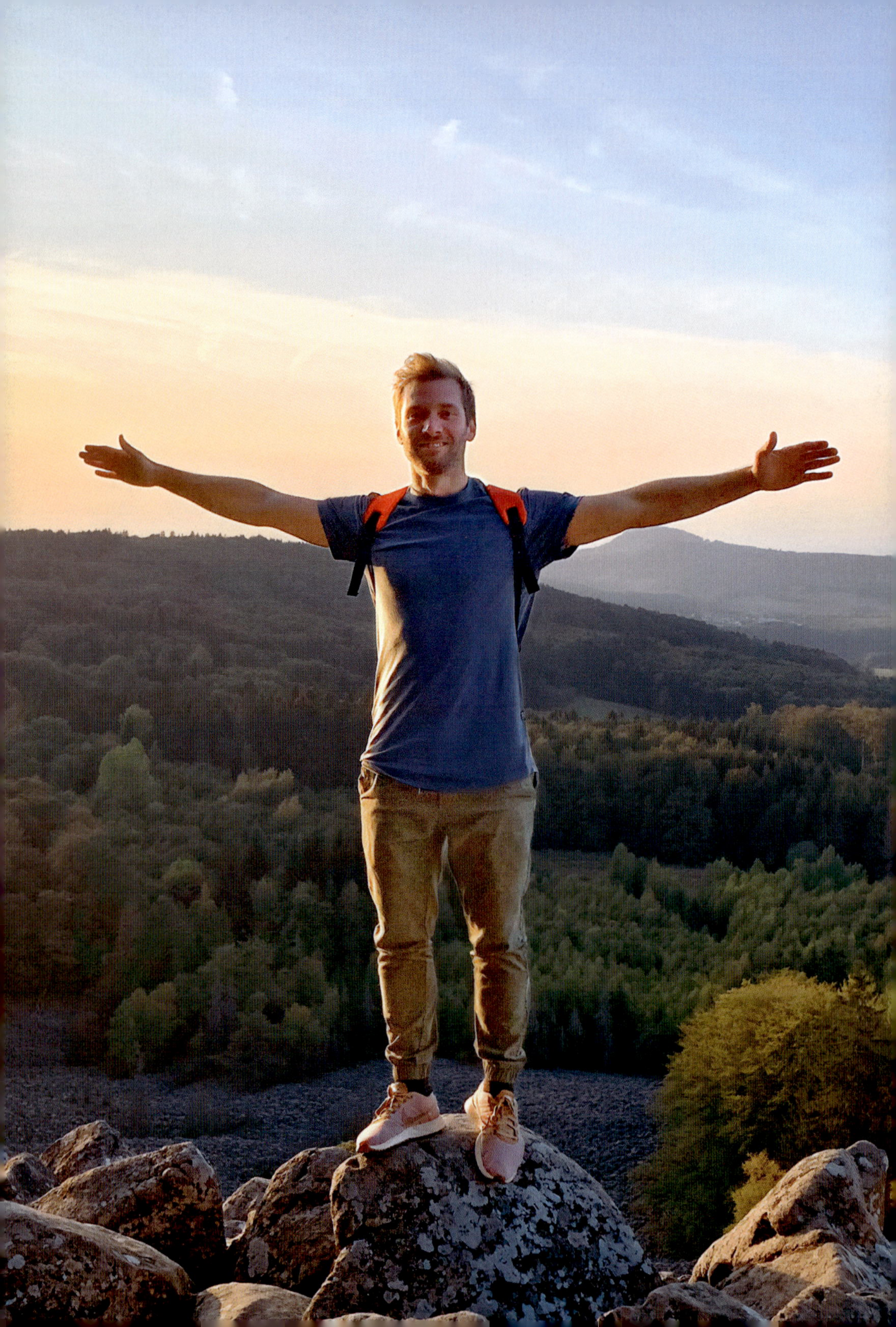

GRENZERFAHRUNGEN IM HERZEN DEUTSCHLANDS

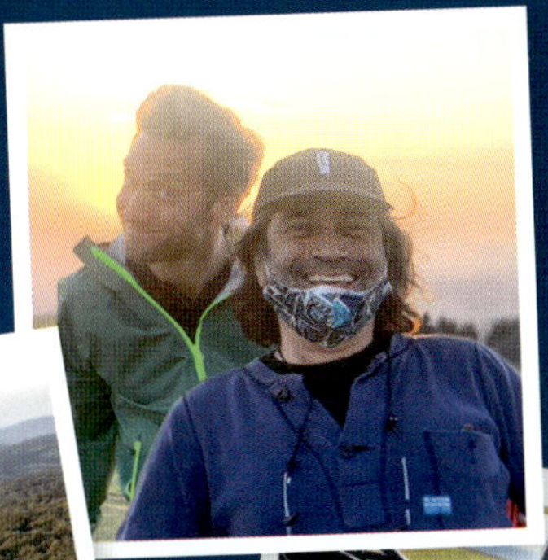

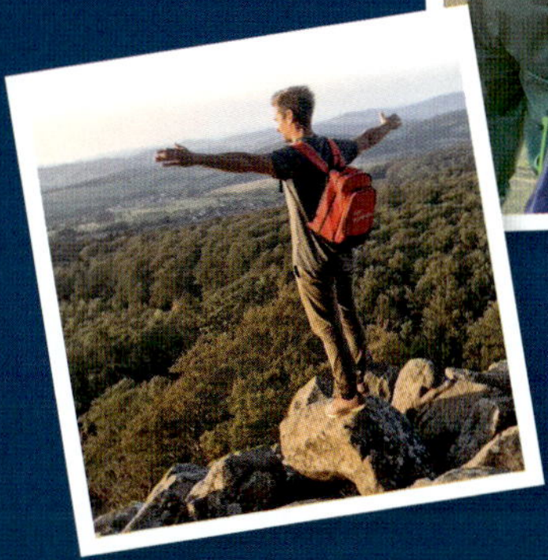

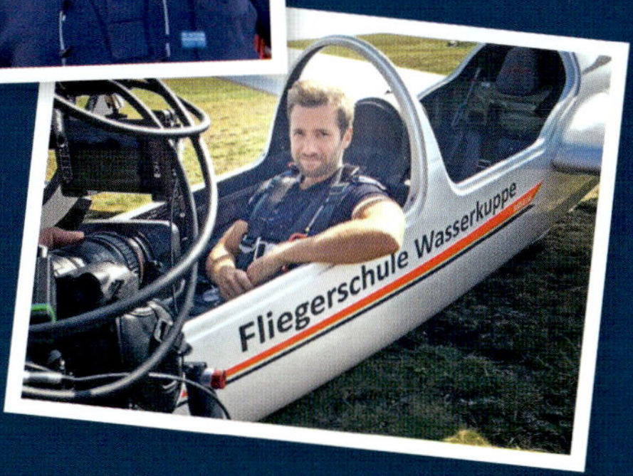

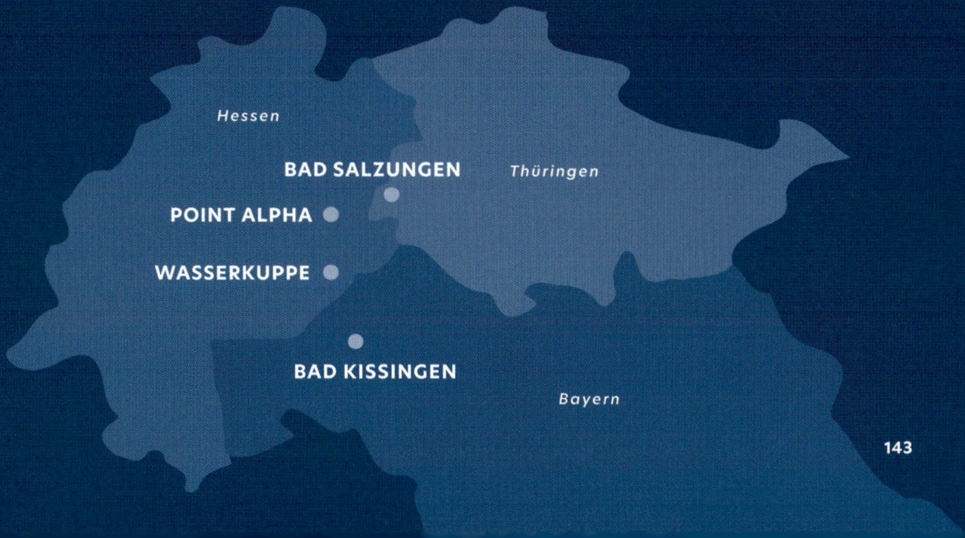

Unbekannt

„Es ist mal wieder an der Zeit für einen Mutausbruch.“

DANIEL ASSMANN

Grenzerfahrungen im Herzen Deutschlands

Eine der überraschendsten „Wunderschön“-Entdeckungen war für mich die Rhön. Ehrlich gesagt hätte ich vor den Dreharbeiten auf einer Landkarte nur so ungefähr zeigen können, wo dieses Mittelgebirge liegt: im Dreiländereck von Thüringen, Bayern und Hessen. So vielfältig wie die Rhön selbst waren auch die Aktionen vor Ort. Durch alten Buchenwald lief ich ein Stück weit auf dem insgesamt 175 Kilometer langen Premium-Wanderweg „Hochrhöner“, raste in wilder Fahrt auf einem von neun Huskys gezogenen Sommerschlitten durchs Kemmete-Tal und begleitete in *Slow Motion* einen Schäfer mit seiner Herde über das karge und oft windumtoste Hochplateau. Von einem Paraglider aus betrachtete ich die Rhön aus der Vogelperspektive, und beim Mountainbiken ein paar hundert Meter unter Tage konnte ich, als wir zwischendurch mal kurz die Lampen ausschalteten, rein gar nichts mehr sehen.

Ganz zu Anfang unserer Reise, die das „Wunderschön“-Team vom thüringischen Bad Salzungen über die Wasserkuppe in Hessen bis nach Bad Kissingen in Bayern führte, stand eine weitere Fortbewegungsart auf dem Programm: eine Kanutour auf der Werra. Mitten auf einem Fluss dahinzugleiten ist ein noch intensiveres Erlebnis, als neben ihm her zu wandern oder zu radeln. Nahezu aus Froschperspektive ist man ganz nah dran an dem, was um einen herum geschieht. Und wenn der Fluss einen dorthin trägt, wo kein Fußpfad und kein Radweg mehr entlangführt, umfängt einen eine ganz besondere Stille. Dort merkt man, dass die Natur auch ohne uns auskommt. Schon nach diesem ersten Kennenlernen der Rhön war ich von ihr schwer begeistert.

Meine Kanufahrt endete in Bad Salzungen, das direkt die nächste Überraschung für mich bereithielt. Überall Fachwerk, ich fühlte mich gleich wie zu Hause in Hattingen. Während eines kleinen Stadtrundgangs erfuhr ich mehr über den Stoff, der über Jahrhunderte die Geschichte dieser Stadt prägte: Salz. Schon die Kelten nutzten hier das „weiße Gold". Und weil ich wissen wollte, wie es abgebaut wird, ging es gleich weiter zum Kali-Bergwerk Merkers.

Ich wusste schon aus der Redaktionsbesprechung, dass das Drehteam mit einem Förderkorb 500 Meter in die Tiefe fahren würde. Die anschließende Fahrt mit einem Spezialfahrzeug durch die Bergwerkstollen sollte uns sogar auf insgesamt 800 Meter Tiefe bringen. Für die meisten Menschen ein tolles Abenteuer, aber für mich eine ziemliche Herausforderung. Denn ich habe eine tief sitzende Angst vor Enge. Und wenn dann auch noch kein Fluchtweg da ist, auf dem ich die Situation sofort verlassen könnte, ist das für mich nur schwer erträglich. Höhlenforscher wäre ein Beruf, der für mich absolut nicht infrage kommt.

Ich wollte diese Tour trotzdem wagen. Bergmann Andreas begleitete uns in die Tiefen des stillgelegten Bergwerks, das heute Besuchern offensteht. Ihm und dem Drehteam hatte ich im Vorfeld von meinen Schwierigkeiten erzählt. Kaum hatte sich die Tür des Förderkorbs hinter uns geschlossen, fragte ich Andreas auch schon: „Wie schnell könnten wir wieder hoch?" Seine Antwort: „Wenn du es nicht mehr aushältst, können wir sofort wieder rauf." Dass wir nicht auf irgendwelche Abfahrtszeiten warten müssten, war für mich sehr beruhigend. Trotzdem befand ich mich auf einer Skala von 1 (kein Problem) bis 10 (totale Panik) ungefähr bei einer 7.

Unten angekommen ging es gleich weiter. Mit 35 Stundenkilometern fuhren wir in einem offenen Wagen durch ein gigantisches Stollensystem, immer tiefer in den Bauch der Erde hinab. Wie gerne hätte ich in diesem Moment vorgespult und jetzt schon die weiten Ausblicke genossen, die mich in der Rhön noch erwarten sollten! Um mich von meiner Beklemmung abzulenken, fragte ich: „Gilt hier unten eigentlich die Straßenverkehrsordnung?" Das war eigentlich nicht ganz ernst gemeint, aber Andreas nickte: „Es gilt die Grubenverkehrsordnung. Wer zu schnell unterwegs ist, wird sogar geblitzt."

Irgendwann holte mich die Enge doch ein. Schneller Atem, rasender Puls, Panik! Ich dachte nur noch: „Ich muss hier raus! Sofort!" Unser Kameramann André kannte sich mit solchen Anwandlungen aus und zeigte mir eine Technik, bei der man mit den Fingerspitzen auf bestimmte Stellen an den Handgelenken klopft. Diesen Trick kannte ich bis dahin noch nicht. Und tatsächlich! Es funktionierte! Mein Fokus ging weg von meiner Angst. Auch Bergmann Andreas blieb gelassen, er kannte diese Reaktion von vielen anderen Besuchern. Wir Menschen sind einfach nicht für die Tiefe gemacht. Umso größer ist mein Respekt vor den Bergleuten, die überall auf der Welt mit härtester Arbeit Salz, Kohle, Erz und andere Schätze ans Tageslicht holen.

Die Grotte ist eine Laune der Natur und unfassbar schön! Entdeckt wurde sie 1980.

Und dann stand ich plötzlich in der Kristallgrotte. Ihre Wände sind mit würfelförmigen, fast durchsichtigen und hell schimmernden riesigen Salzkristallen bedeckt, einige von ihnen messen fast 1 Meter. Die Grotte ist eine Laune der Natur und unfassbar schön! Entdeckt wurde sie 1980. Wie gut, dass man sie damals unangetastet ließ! Für meinen Geschmack käme sie auch ohne Lichtshow aus, auf einen Sonnenuntergang muss man ja auch nichts mehr draufsetzen. Die schönste Kunst macht nun mal die Natur.

Nach diesem Highlight fuhren Bergmann Andreas und ich mit dem Mountainbike weiter. Durch endlose Stollen ging es wieder bergauf, bis wir schließlich wieder auf „nur" 500 Meter unter Tage ankamen. Hier befand sich der riesige Speicher, in dem früher das abgebaute Salz zwischengelagert wurde. Er ist länger als zwei Fußballfelder und sein tonnenförmiges Gewölbe erreicht eine Höhe von 17 Metern. In diesem Raum mit einzigartiger Akustik werden seit einigen Jahren Konzerte veranstaltet, an denen bis zu 1.300 Besucher teilnehmen können.

Ich war extrem erleichtert, als der Förderkorb uns wieder zurück ans Tageslicht brachte, aber gleichzeitig auch stolz auf mich, dass ich durchgehalten hatte. Die Eindrücke unten im Bergwerk waren definitiv einzigartig und unvergesslich. Trotzdem war für mich klar: Noch mal würde ich da nicht hinunterfahren. Erst recht nicht zu einem der Konzerte. Einen halben Kilometer unter der Erdoberfläche und dann noch in einer

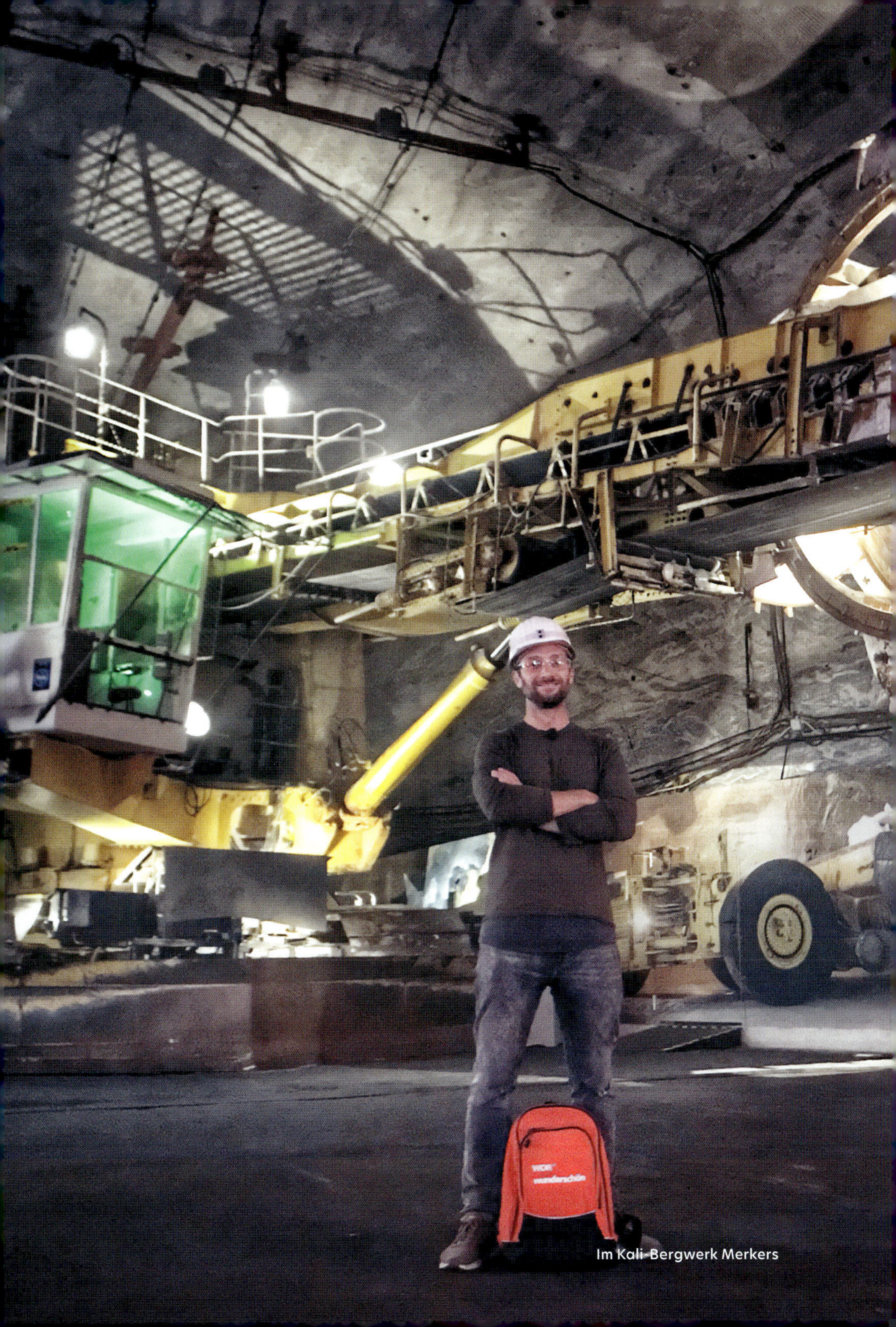

Im Kali-Bergwerk Merkers

Menschenmenge eingekeilt – das wäre nichts für mich. Aber jedem, der keine Angst vor Enge und Tiefe hat, würde ich einen Besuch dort empfehlen, und für Konzerte ist der Speicher mit seiner Akustik definitiv ein Geheimtipp.

Kaum zu glauben, aber schon bei einem unserer nächsten Drehorte wartete sogar eine noch größere Herausforderung auf mich. Auf der Wasserkuppe, mit 950 Metern die höchste Erhebung der Rhön, sind die Segelflieger zu Hause. Hier wurde das Segelfliegen sogar erfunden. Der Leiter der Fluganlage, Harald, führte uns über das Gelände, bevor mit ihm ein Rundflug geplant war. Schon wieder das Thema Enge und Nicht-weg-Können! Ich setzte mich probehalber ins enge Cockpit und sofort wurde meine Atmung schneller. Als Harald dann auch noch die Plexiglashaube über mir schloss, verspürte ich einen massiven Fluchtimpuls. Wie sollte das erst hoch oben in der Luft werden? Alles in mir krampfte sich zusammen. Und gleichzeitig wollte ich so sehr mitfliegen! Es war ein Kampf der Gefühle. Harald tat sein Bestes, um mich zu beruhigen. Und wie hätte ich sicherer sein können als mit ihm, der seit 30 Jahren unfallfrei flog? Aber Ängste sind leider gegen Logik immun. Sie sitzen in einem Bereich deines Gehirns, zu dem dein bewusstes Denken keinen Zugang hat.

Lachend und jubelnd stieg er nach dem Flug wieder aus dem Cockpit: „Das hat so einen Spaß gemacht!"

Fakt ist: Ich traute mich einfach nicht mitzufliegen. Dafür war unser Kameramann total glücklich, da er jetzt meinen Platz einnehmen durfte. Die Aufnahmen, die er von dem Rundflug mitbrachte, waren der Hammer. Mit ihm als unerschrockenem Mitflieger zeigte Harald sein ganzes Können und führte die kunstvollsten Flugmanöver aus. Lachend und jubelnd stieg der Kameramann nach dem Flug wieder aus dem Cockpit: „Das hat so einen Spaß gemacht!"

Als der Segelflieger ohne mich in die Lüfte abhob, war ich echt am Boden zerstört. Ich haderte noch lange mit mir – war ich echt so ein Angsthase? Es dauerte eine Weile, bis ich wieder mit mir im Reinen war: Es war die richtige Entscheidung gewesen. Meine Ängste gehören zu mir. Im Salzbergwerk hatte ich sie überwinden können. Auf dem Segelflugplatz nicht. Und ich gehe jetzt einfach mal davon aus, dass das seinen Grund hatte und ich meinem Bauchgefühl vertrauen konnte.

Welche Szenen aus den vielen Stunden Filmmaterial dann in der fertigen „Wunderschön"-Sendung gezeigt werden, entscheidet sich später im Schneideraum. Normalerweise haben wir Moderatoren auf diesen Prozess nur wenig Einfluss. Im Fall der Wasserkuppe war es aber anders. Schon vor Beginn der Dreharbeiten in der Rhön hatte ich offen meine Zweifel angesprochen, ob mir das Mitfliegen möglich sein würde. Ich nahm der Redaktion ein Versprechen ab: Meine Entscheidung sollte, egal, wie sie ausfallen würde, im Film gezeigt werden. Das war mir sehr wichtig, denn ich kann ja schlecht als Moderator authentisch sein wollen und gleichzeitig den Anspruch haben, in allen Lebenslagen eine gute Figur zu machen.

Und so ist im Film zu sehen, wie ich mit mir ringe: mitfliegen oder nicht? Und auch, wie ich dem startenden Segelflugzeug total deprimiert hinterherschaue. Das Bild von mir, das sich den Zuschauern bot, war alles andere als heldenhaft.

Genau diese Offenheit im Umgang mit meinen Ängsten kam bei den Zuschauern sehr gut an. Das merkten wir schon an der Zahl der Reaktionen per Mail, Instagram und Facebook. Die sind bei jeder Sendung so gut wie konstant. Bei zwei der von mir moderierten „Wunderschön"-Folgen stiegen sie allerdings sprunghaft auf das Drei- bis Vierfache an. Die eine Sendung war die, in der ich mit dem Faltboot auf der Ruhr von Winterberg bis Duisburg fuhr. Und die andere war „Die Rhön – Grenzenloses Erleben". Der Tenor dieser Zuschriften war: „Es tut so gut zu sehen, dass auch ihr nicht perfekt seid! Dass auch ihr manchmal Schiss habt!" Über diesen Zuspruch habe ich mich extrem gefreut. Ich kann bestätigen: Auch wir Moderatoren fallen ins Wasser, vom Rad, in Gräben, rutschen aus, rennen in die falsche Richtung, vergessen den Namen unserer Gesprächspartner ... Und manchmal haben uns auch unsere Ängste fest im Griff.

Viele Zuschauer meinen, wir Moderatoren hätten nicht viel mehr zu tun, als Urlaub zu machen. Wir haben einen Traumjob, keine Frage! Aber easy ist er ganz bestimmt nicht. Am letzten Drehtag in der Rhön besuchten wir die Therme in Bad Kissingen. In einem Ruheraum hingen ergonomisch geschwungene Liegen von der Decke und schwangen sanft hin und her. Ich dachte sofort: „Genial! Das kommt jetzt genau richtig nach so einem stressigen Drehtag!" Unser Kameramann sagte: „Leg dich mal da hin, Daniel." Klar, gerne! Nach einer kurzen Schwimmrunde im großen Thermalwasser-Schwimmbecken hatte ich einen kuschelweichen Bademantel an. Ich streckte mich auf der Liege aus und dachte: „Warm und gemütlich hier." Dass der Kameramann rief: „Yup, okay, Kamera läuft", nahm ich kaum noch wahr. Ich hätte auf der Stelle wegdösen können. Ich lag keine 2 Minuten, da hörte ich schon: „Okay, Bild ist im Kasten. Wir können weiter." In der fertig geschnittenen Sendung entsteht der Eindruck, dass der Daniel es sich in der Therme gut gehen lässt und auf der Liege ein schönes Nickerchen macht. Schön wär´s gewesen.

Ich spürte seine Anspannung. Für ihn war es, als sei es erst gestern gewesen. Ich versuchte, einen Zugang zu Flucht und Lebensgefahr zu finden, aber das gelang mir nicht so gut.

Wenn ich mich heute an die Rhön zurückerinnere, denke ich natürlich nicht nur an Beklemmungen im Bergwerk und an ein Segelflugzeug, das ohne mich in den Himmel emporstieg. Da waren die unfassbar schönen Ausblicke von den Höhenzügen, das Übernachten unterm Sternenzelt, der Besuch in einer Kornbrennerei und viele unvergessliche Erlebnisse mehr. Doch die wohl eindrücklichsten Momente standen im Zusammenhang mit meinem Besuch des ehemaligen Grenzübergangs Point Alpha. Mitten durch die Rhön verlief früher die deutsch-deutsche Grenze. Ich bin Jahrgang 1983, habe also nicht viel von der Wiedervereinigung mitbekommen. Und von der Zeit davor schon mal gar nicht. Dass sich ein fast 1.400 Kilometer langer Todesstreifen durch Deutschland zog, von der tschechischen Grenze bis an die Ostsee, war mir nicht so präsent.

An Point Alpha traf ich Berthold, der in dieser Gegend aufgewachsen ist. 1964 floh er aus der damaligen DDR und das mit nur 16 Jahren. Als Hütejunge für die Kühe hatte er einen Weg über die Grenze ausgekundschaftet. Fast 60 Jahre später gingen wir gemeinsam noch einmal seinen Fluchtweg ab. Wir stiegen in den Graben hinunter, in dem Berthold damals einen Teil der Strecke unbemerkt von den patrouillierenden Grenzwachen Richtung Grenze gekrochen war. Er konnte mir noch genau die Stellen zeigen, an denen damals die Posten gestanden hatten. „Die Soldaten schossen hier jahrzehntelang auf Menschen wie auf Hasen", erinnerte er sich. Ich spürte seine Anspannung. Für ihn war es, als sei es erst gestern gewesen. Ich versuchte, einen Zugang zu Flucht und Lebensgefahr zu finden, aber das gelang mir nicht so gut. Was er erlebt hatte, lag einfach zu weit weg von meinem Erfahrungshorizont.

Diese Distanz schwand, als ich versehentlich auf einen dickeren Zweig trat. Knack! machte es erstaunlich laut. Für mich nicht der Rede wert, so was passiert eben, wenn man durch ein Gebüsch läuft. Na und? Aber Berthold zuckte total zusammen. „Dieses Geräusch hätte damals über Leben und Tod entschieden", sagte er. Wie verrückt ist das denn! Wie kann es sein, dass etwas so Belangloses wie ein knackender Zweig einmal eine existenzielle Bedeutung hatte! Was für einer grauenhaften Anspannung muss Berthold damals ausgesetzt gewesen sein, dass er über ein halbes Jahrhundert später immer noch wegen eines knackenden Zweiges erstarrte!

Als Berthold 16 war, führte ihn der Weg, den wir heute gehen, zu einem hohen, doppelten Metallgitterzaun. Mit einer Kneifzange schnitt er ein Loch zum Hindurchkriechen hinein. Dann robbte er Meter für Meter über ein Minenfeld. Mit den Zangengriffen stocherte er vorsichtig vor sich in den Boden, um herauszufinden, ob dort Minen lagen. Lebensgefährliches *Low Tech* sozusagen. Jeder Moment konnte sein letzter sein. Mit viel Glück erreichte er westdeutschen Boden und versteckte sich in einem Unterstand, immer noch war er in Sichtweite der Grenzsoldaten. Er hatte eine Wahnsinns-Angst, dass sie ihn doch noch über den Todesstreifen hinweg erschießen würden.

Die Hütte, in der sich Berthold damals versteckte, steht heute noch. Um sie herum ist freies Feld. Die Wände sind so wie damals aus groben Brettern gefertigt, für bessere Belüftung mit handbreiten Lücken zwischen ihnen. Durch die horizontalen Spalten kann man bequem hinausschauen, aber eben auch hineinschauen. Die Grenzposten hätten Berthold entdecken können, der sich hier verborgen hielt. „Ich fühlte mich wie auf einem Präsentierteller", erzählte er mir. „Meine Knie schlotterten." Für ihn war dies der schlimmste Teil seiner Flucht.

Über Stunden hoffte er, dass jemand vorbeikommen würde. Denn mit einem Zeugen würden es die Soldaten nicht mehr wagen, ihn auf westdeutschem Boden zu erschießen. Irgendwann fing er an zu beten: „Oh Gott, schick mir Hilfe! Ich halt das nicht mehr aus!" Genau in diesem Augenblick hörte er in seinem Heimatort die Glocken läuten. Ein Zeichen? Berthold war kurz vor dem Zusammenbruch, als die Glocken aufhörten und er einen sich nähernden Traktor hörte. Kam das Geräusch von jenseits der Grenze? Oder war es ein westdeutscher Trecker? Wieder ein Stoßgebet: „Lass es bitte einen aus dem Westen sein!" Sein Flehen wurde erhört: Es war ein Traktor aus dem hessischen Setzelbach. Berthold rannte auf ihn zu und war gerettet.

Und jetzt kommt eine ganz merkwürdige Sache. Über Stunden hatten Berthold und ich in dieser menschenleeren Gegend niemand anderen als die Kollegen vom Drehteam gesehen. Und exakt in dem Moment, in dem wir in der Hütte standen und er mir von dem rettenden Traktor erzählte, kam wieder ein Traktor am Unterstand vorbei. Es war ein sehr emotionaler und wirklich krasser Gänsehautmoment.

Das Treffen mit Berthold ging mir lange nach. Warum hatte er unbedingt fliehen wollen? Was trieb ihn dazu, seine nichtsahnende Familie zu verlassen und sein Leben aufs Spiel zu setzen? „Als Junge wollte ich Journalist werden", hatte er mir im Unterstand verraten. Aber in der DDR durften nur linientreue Menschen diesen Beruf ergreifen. In Westdeutschland stand ihm der Weg zu seinem Traumberuf offen. Bertholds Geschichte ist aktueller denn je. „Die Hoffnung auf ein besseres Leben wird immer stärker sein als jede Mauer", sagte er.

Berthold als Zeitzeugen kennenzulernen, hat mich ansatzweise verstehen lassen, was es bedeutet, sein Leben aufs Spiel setzen zu müssen. Freiheit und Demokratie sind für uns selbstverständlich geworden. Sie sind es aber nicht. Unfreiheit und Gewalt gab es genug in unserer Geschichte. Dahin wollen wir doch nie im Leben zurück! Das Treffen mit Berthold machte mir klar: „Lasst uns doch bitte mal gemeinsam einen Weg finden, wie wir alle miteinander klarkommen."

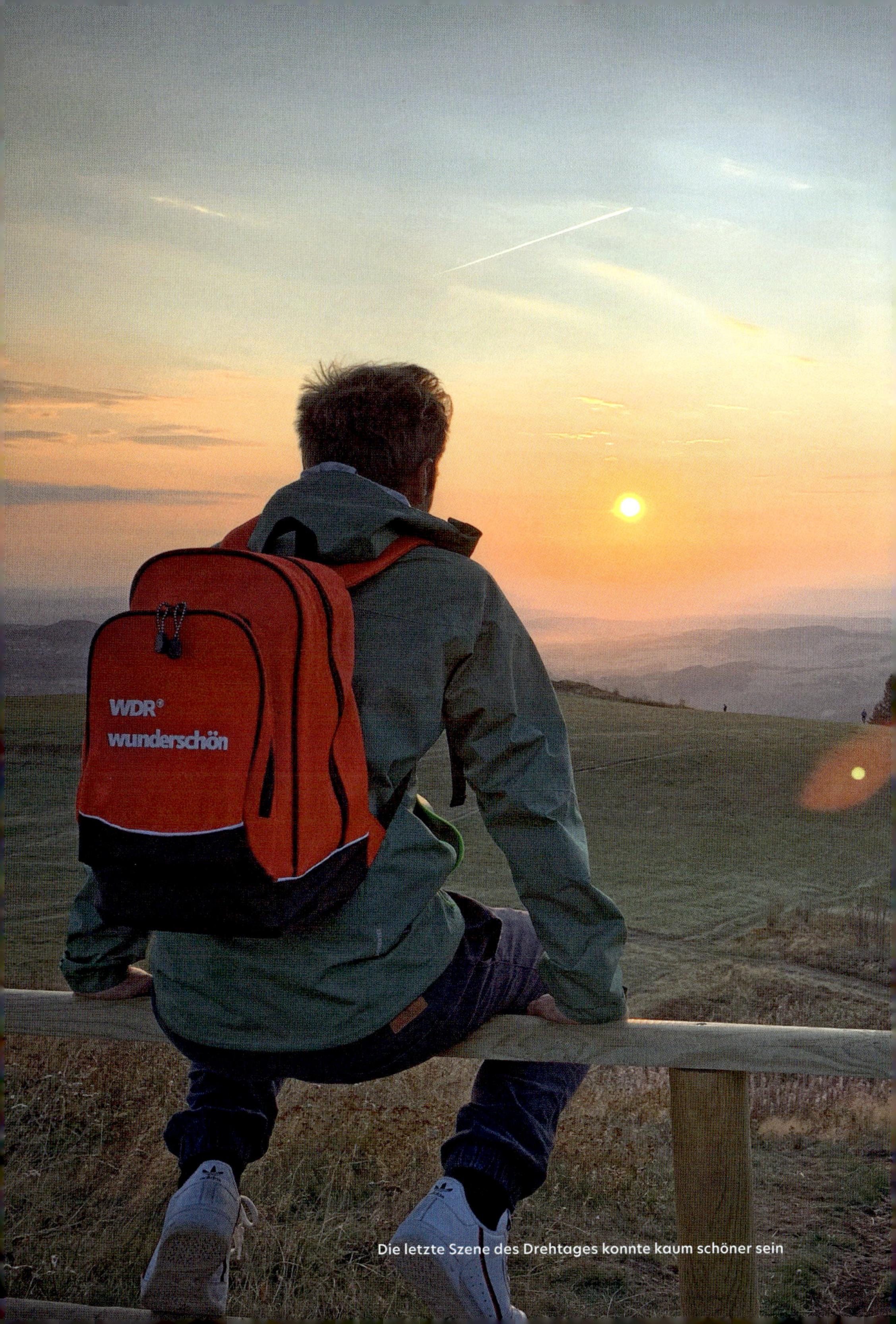

Die letzte Szene des Drehtages konnte kaum schöner sein

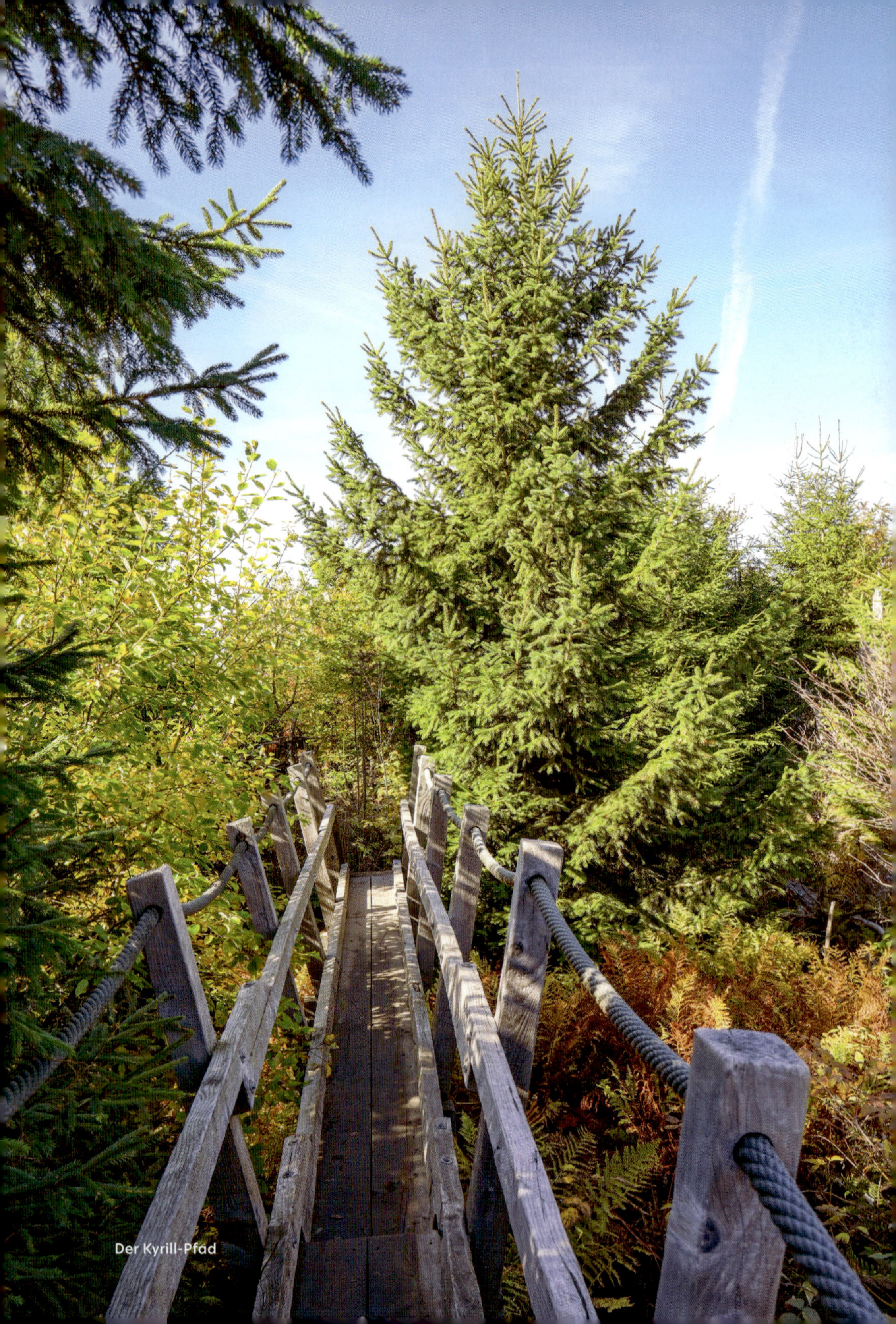

Der Kyrill-Pfad

DER LOHN DER ANSTRENGUNG

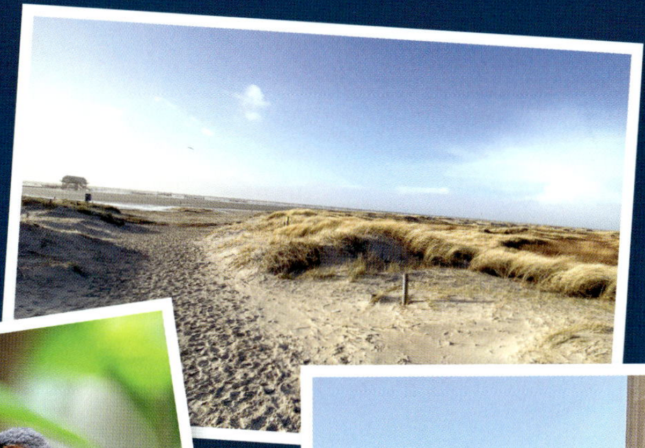

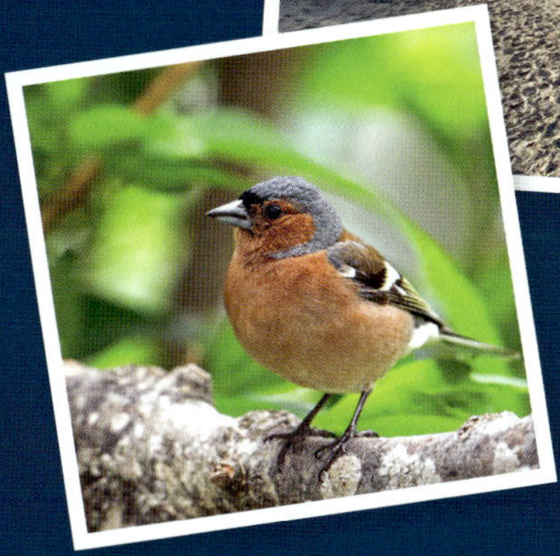

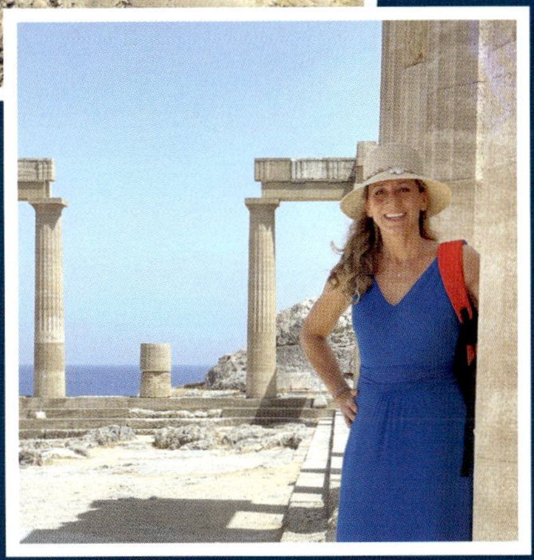

Arthur Schopenhauer

„Hindernisse überwinden ist der Vollgenuss des Daseins."

TAMINA KALLERT

Der Lohn der Anstrengung

Die schönsten und nachhaltigsten Reiseerlebnisse sind oft mit besonderen Anstrengungen, manchmal sogar mit einer gewissen Überwindung verknüpft. Das war auch 2008 bei unserem Dreh auf dem Rothaarsteig so. Dieser Premium-Fernwanderweg durchs Sauer- und Siegerland gilt als einer der schönsten Höhenwege Europas. Wir waren im Frühjahr dort, und selbst für diese nicht gerade von der Wärme verwöhnte Region war es ungewöhnlich kalt, sodass in den ersten Tagen sogar noch ein wenig Schnee lag. Ein Jahr zuvor war Orkan Kyrill über Deutschland gefegt und hatte genau auf diesem Höhenzug, der sich von Brilon bis Dillenburg erstreckt, die größten Schäden angerichtet. Fast 1 Jahr lang musste der Wanderweg gesperrt bleiben, aber gerade rechtzeitig für die Dreharbeiten wurde er wieder freigegeben. Unser Guide Fred, der Chef der insgesamt sechs Rothaarsteig-Ranger, ließ es sich nicht nehmen, uns auch zum neu angelegten Kyrill-Pfad zu führen. Wild durcheinandergestürzte Bäume, teils mit grotesk in sich verdrehten Ästen und Stämmen, lagen dort noch genau so, wie der Sturm sie hinterlassen hatte. Die ungeheure Kraft der Natur zeigte sich uns aber auch auf eine ganz andere Weise: Zwischen all dem geknickten und zersplitterten Holz wagte sich bereits wieder neues Grün hervor. An anderen Stellen hatten die Fichtenforste und naturnahen Buchenwälder dem Sturm widerstanden, und wir genossen die Abwechslung von Waldeinsamkeit und herrlichen Ausblicken.

Natürlich gab es für unsere Sendung „Der Rothaarsteig – Erlebnis mit allen Sinnen" auch abseits des Trails viele Sehenswürdigkeiten zu entdecken. Unter anderem flog ich in einem historischen Doppeldecker, besuchte das Schieferbergwerk in Bad Fredeburg und erkundete in der Kräuterey in Lützel büschelweise Kräuter mit Hand, Nase und Gaumen. Und natürlich sollen in dieser Aufzählung die Bisons in Schmallenberg-Werpe nicht fehlen. Massig und kraftstrotzend standen sie vor mir, ihre urzeitlichen, fast nur aus Schulter bestehenden Körper dampften in der Frühlingssonne. Ich kann ja Tieren aller Art nicht nah genug kommen. Wenn irgend möglich, werden sie von mir auch noch abgeknuddelt. Bei den Bisons hielt ich allerdings respektvoll einen mir ausreichend erscheinenden Abstand ein. Ich wollte nicht erleben, wie so ein Bulle mit irgendetwas nicht einverstanden ist!

Es waren durchweg wunderbare Erlebnisse, die der Rothaarsteig uns bot. Doch eine Sache hatte mir schon beim ersten Lesen des Drehbuchs Kopfschmerzen gemacht: Auf unserer letzten Etappe stand eine Nachtwanderung auf dem Programm. Nachtwanderung – in diesem Wort schwingen Kindheitserinnerungen an Klassenfahrten und Taschenlampen mit Wackelkontakt mit. Als unsere beiden Kinder noch kleiner waren, hatten mein Mann Nik und ich die Tradition von kleinen Aktionen im Fackelschein wieder aufleben lassen. Aber nächtliche Dreharbeiten? Nach 7 Tagen Moderationsdreh waren wir alle ganz schön gerädert und fielen abends bleischwer ins Bett. Für den Tag vor der Tour durch die Nacht war der Drehschluss zwar schon für den Nachmittag geplant, aber „Vorschlafen" hat meiner Erfahrung nach noch nie funktioniert.

Musste die Nachtwanderung sein? Ja, sie musste sein. Jedenfalls wenn wir zum Sonnenaufgang an den Bruchhauser Steinen sein wollten. Das sind vier nackte Felsen vulkanischen Ursprungs, die sich markant aus den Wäldern des Hochsauerlands erheben. Nur den kleinsten von ihnen, den 45 Meter hohen Feldstein, darf man ersteigen. Auf ihn führen in den Felsen gehauene Treppenstufen hinauf, doch auch das ist kein Spaziergang. Wie heißt es so schön: Festes Schuhwerk und Trittsicherheit sind erforderlich. Für unseren nächtlichen Ausflug bekam unser Ranger Verstärkung: Extremwanderer Thorsten war einmal die gesamten 155 Kilometer des Rothaarsteiges an einem Stück gelaufen. Für ihn eine leichte Übung, denn auf seinen Touren in aller Welt hat er auch schon die doppelte Strecke ohne Unterbrechung geschafft. Hoffentlich würde er mich nicht im Laufschritt durch den nächtlichen Wald scheuchen!

Ich kann mich nur an dieses eine Mal erinnern, dass wir bei „Wunderschön" nachts unterwegs waren. Damit ich vor der Kamera präsentabel bin, klingelt der Wecker an Drehtagen nicht selten um 5:00 Uhr morgens für die Maskenbildnerin und mich. In solchen Momenten zitiert unser Team immer gerne den Spruch: „Augen auf bei der Berufswahl!"

Und wenn der Buchfink seine Stimme hören lässt, wird schon wenige Minuten später die Sonne am Horizont erscheinen.

Für diesen Dreh klingelte der Wecker aber schon nachts um 2.00 Uhr, denn wir waren mit Thorsten zu buchstäblich nachtschlafender Zeit vor unserer Unterkunft verabredet. Ein kurzer Blick in die Runde zeigte mir, dass die Kameramänner sowie der Toningenieur auch nicht frischer als ich aussahen. Gut gelaunt führte Thorsten uns in den Wald, außerhalb der Lichtkegel unserer Stirnlampen sahen wir nur totale Dunkelheit. Umso wachsamer waren unsere anderen Sinne. Wie laut der eigene Atem sein kann! Es kam mir so vor, als könnte ich das Knacken der Äste im Wald fühlen. Irgendwann sagte Thorsten: „Licht aus!" Zuerst waren wir wie blind, aber dann passten sich unsere Augen an die Dunkelheit an und wir merkten, dass sich die allererste Ahnung von Morgendämmerung über den Himmel zog.

Genau zu diesem Zeitpunkt, etwa 90 Minuten vor Sonnenaufgang, begrüßten die ersten Vögel den kommenden Tag. Thorsten erklärte uns die Vogeluhr: Jede Vogelart stimmt zu einem bestimmten Zeitpunkt ins Vogelkonzert mit ein. Immer wieder blieben wir kurz stehen, um zu lauschen. Da! Ein Rotkehlchen! Die Vogeluhr sagt: Wenn das Rotkehlchen loszwitschert, ist es 50 Minuten vor Sonnenaufgang. Einige Minuten später setzt die Amsel ein. Blau- und Kohlmeise warten, bis es noch etwas heller geworden ist. Und wenn der Buchfink seine Stimme hören lässt, wird schon wenige Minuten später die Sonne am Horizont erscheinen. Hoffentlich wären wir dann schon oben auf dem Feldstein!

Von unserem Hotel zu den Bruchhauser Steinen war es eigentlich keine lange Wanderung. Aber nicht nur wegen der Vögel blieben wir immer wieder stehen. Wir ließen auch die Kamerakollegen mehrmals vorlaufen, damit sie uns auf unserem Weg durch die Morgendämmerung filmen

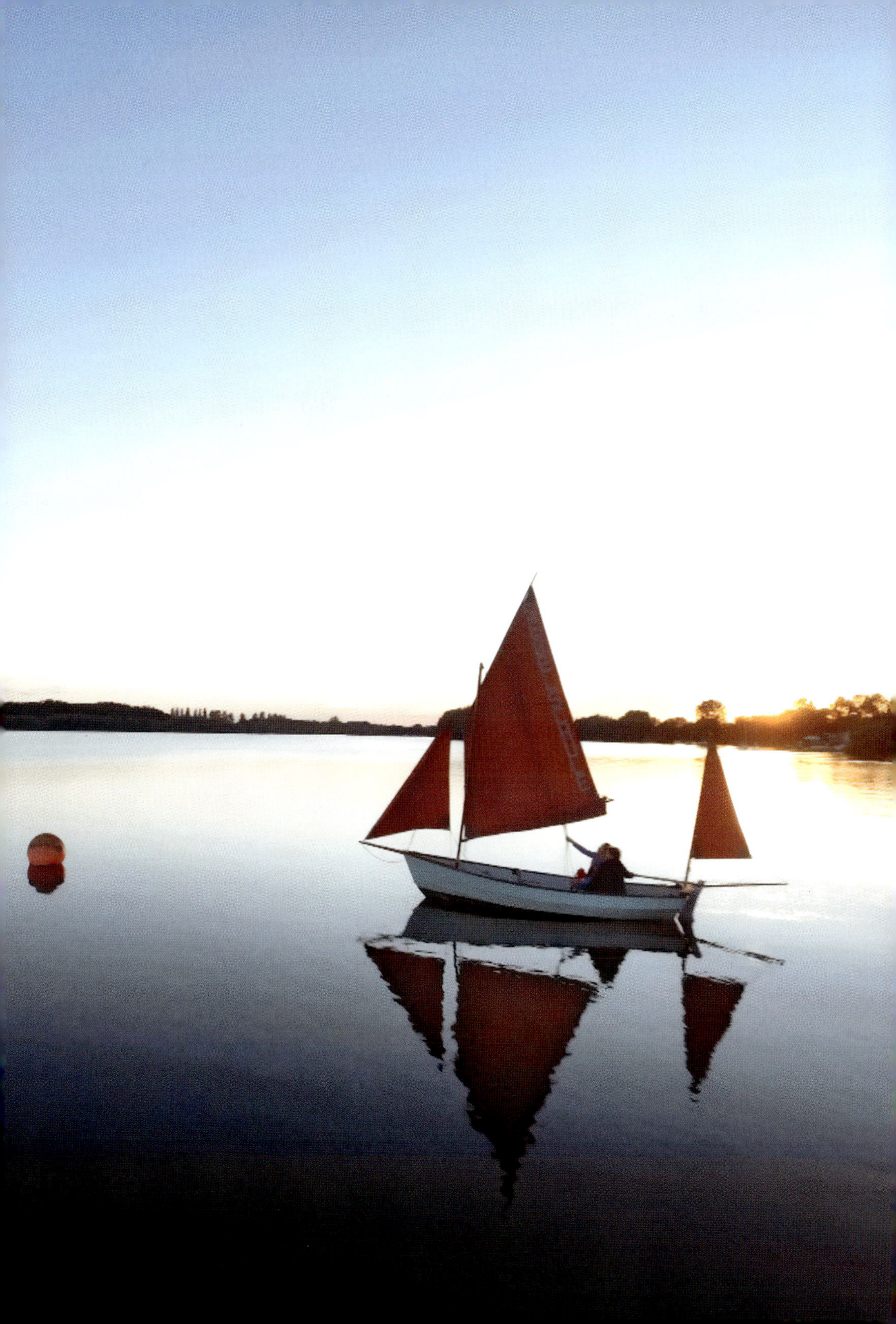

Auch ein Besuch auf der gleich neben der Hauptinsel gelegenen Düne, auf der sich manchmal Seehunde und Robben tummeln, würde uns nur wenige Sendeminuten bescheren.

Es war das fünfte „Wunderschön"-Jahr, ich hatte bis dahin für diese Sendereihe 34 Länder und Regionen bereist und überall die schönsten Erfahrungen gemacht. Und trotzdem, das muss ich zugeben, fragte ich mich: „Helgoland? 90 Minuten über diesen Felsen? Und dann auch noch im Winter! Wie soll das gehen?" Doch auch auf dieser Reise erfüllte sich wieder der Zauber des genauen Hinschauens. Es wurde eine mit neuen Eindrücken und Erfahrungen prall gefüllte Zeit.

Schon die Überfahrt war ein wildes Erlebnis. Als sich die Fähre der Insel näherte, stand unsere erste Aufnahme auf dem Programm. Im Drehbuch hatte es noch so einfach ausgesehen: Ich stehe an der Reling, hinter mir der markante Umriss Helgolands, und ich lade die Zuschauer ein, mit uns die einzige deutsche Hochseeinsel zu entdecken. Doch der Wellengang war hoch und die Fähre schaukelte gewaltig. Die Kamera wackelte und konnte kaum gehalten werden, und ich war erkennbar grün im Gesicht. Mitten in der Aufnahme rief der Erste aus dem Team: „Ich bin jetzt raus!" und verschwand unter Deck. Ich weiß gar nicht mehr, ob diese Szene später im Film zu sehen war, denn für alle Fälle drehten wir gleich nach unserer Ankunft eine zweite Version.

Unvergessen aus dieser Folge ist auch Knoten-Fiete, der eigentlich Friedrich heißt. Ein knorziger Typ, wind- und wettergegerbt. Anders als die Menschen in Ostwestfalen war Knoten-Fiete nun wirklich schweigsam. Wenn er mal „Jo, ne?" sagte, war das viel. Ich musste meinen Plauderton ein paar Gänge runterschalten, um ihn nicht zu überrollen. Einmal hatte er in einem Tatort mitgespielt, das war 1982 – „Wat Recht is, mutt Recht bliewen" wurde der schweigsamste Tatort aller Zeiten. Und wenn Fiete in seiner Rolle als Helgoländer Schiffer doch mal was sagte, wurde das in Hochdeutsch untertitelt. Mit diesem Helgoländer Original durfte ich mich im Knotenmachen üben. Knoten-Fiete war freundlich und suchte mir einen Knoten aus, den auch eine Anfängerin hinbekam, wenn sie sich nicht ganz ungeschickt anstellte. Der Besuch bei ihm in einem der berühmten bunten Fischerhäuschen war witzig, aber auch sehr eindrücklich. Denn Fiete war ein Leben lang zur See gefahren und fast ohne

Nach dem Krieg wurde in der Burg wieder eine Jugendherberge eingerichtet, ergänzt durch ein Kreismuseum. Doch mit ihrer jüngeren Geschichte ist die Wewelsburg nicht gerade als Wohlfühlort prädestiniert. Wie sollte man mit dem hässlichen Erbe umgehen? Und wie konnte verhindert werden, dass sich Ewig-Gestrige mit seltsamer Gesinnung von diesem Ort angezogen fühlen? Die Kuratorin erzählte mir von den unfassbar differenzierten und leidenschaftlichen Diskussionen darüber, wie man die Geschichte dieses Ortes den Besuchern zugänglich machen kann. Der sogenannte Obergruppenführersaal im Nordturm ist ein wunderbares Beispiel für diese Verwandlung. Der kreisrunde Saal mit zwölf Säulen und hoher Kuppeldecke ist mit pseudo-germanischen Emblemen verziert, die darauf verweisen, dass dies einmal ein zentraler Raum der Nazi-Ideologie werden sollte. Am auffälligsten ist das Fußbodenmosaik, das ein „germanisches" Sonnenrad darstellt - ein Symbol, das von Heinrich Himmlers persönlichem Okkultismusberater erfunden wurde. Die Lösung ist so einfach wie wirkungsvoll: Dort, wo einmal Strammstehen und Hackenschlagen geplant war, sind heute große, farbige Sitzsäcke verteilt, in die sich Jung und Alt geradezu hineinfläzen können und zum Nachdenken eingeladen werden.

Mit liebevollem Blick und ehrlichem Interesse gibt es überall auf der Welt Wunderbares und Erzählenswertes zu entdecken.

Kurz gesagt: Im Paderborner Land kam ich aus dem Staunen nicht heraus. Lange bevor ich erfuhr, wie sehr das Island-Team zu kämpfen hatte, war ich mit der Entscheidung versöhnt, dass ich den Zuschauenden nicht Island, sondern Ost-Westfalen vorstellen durfte.

Mit liebevollem Blick und ehrlichem Interesse gibt es überall auf der Welt Wunderbares und Erzählenswertes zu entdecken. Ich denke, genau in dieser Haltung liegt einer der wichtigsten Erfolgsfaktoren unserer Reisesendungen. Das war mir ganz besonders 2008 deutlich geworden, als unser Reiseziel Helgoland hieß. Oje! Dieses winzige Inselchen, gerade mal einen guten Quadratkilometer groß - gab es da überhaupt genug zu sehen und zu erleben, um einen Film von eineinhalb Stunden kurzweilig zu gestalten? Das ist immerhin Spielfilmläge.

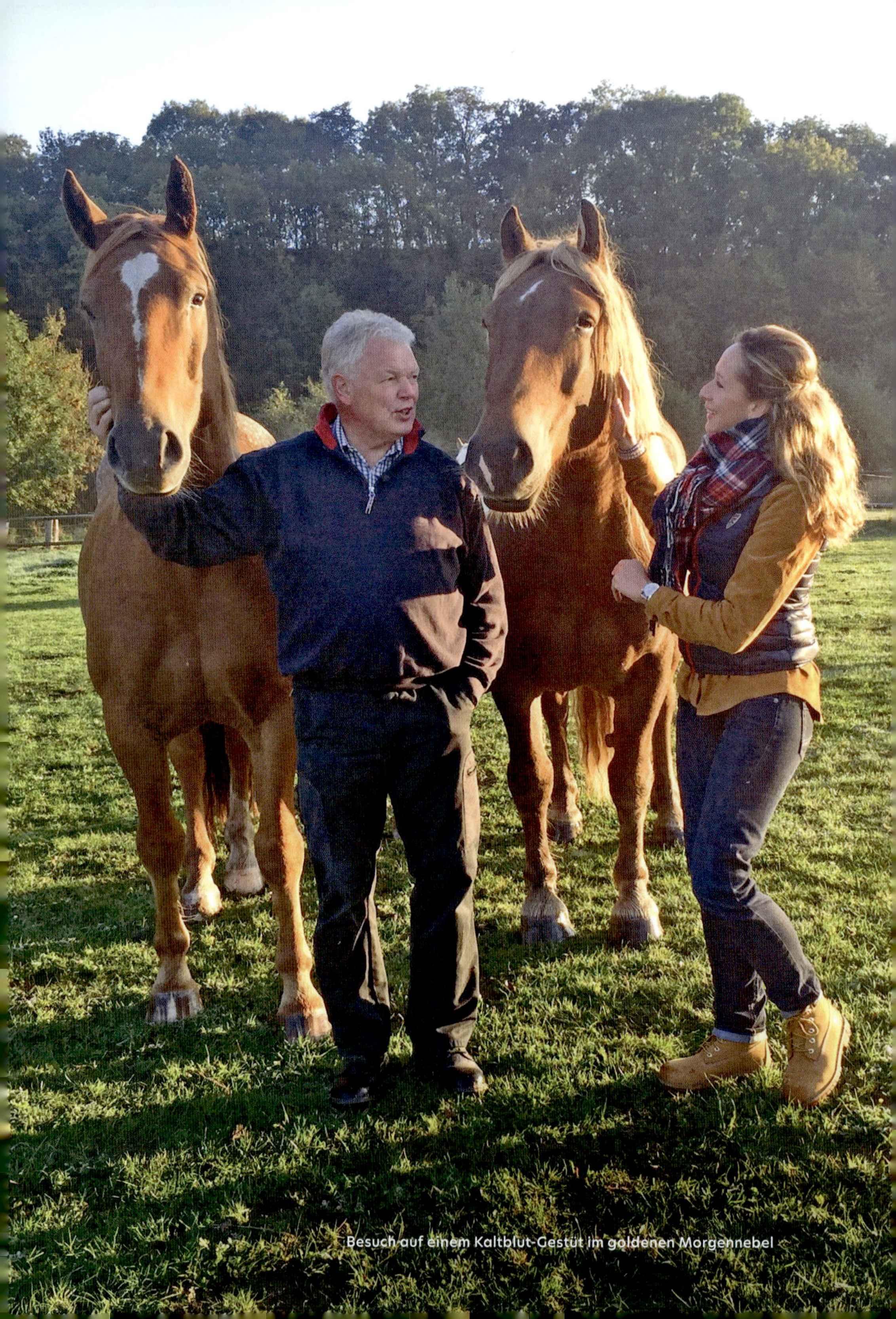

Besuch auf einem Kaltblut-Gestüt im goldenen Morgennebel

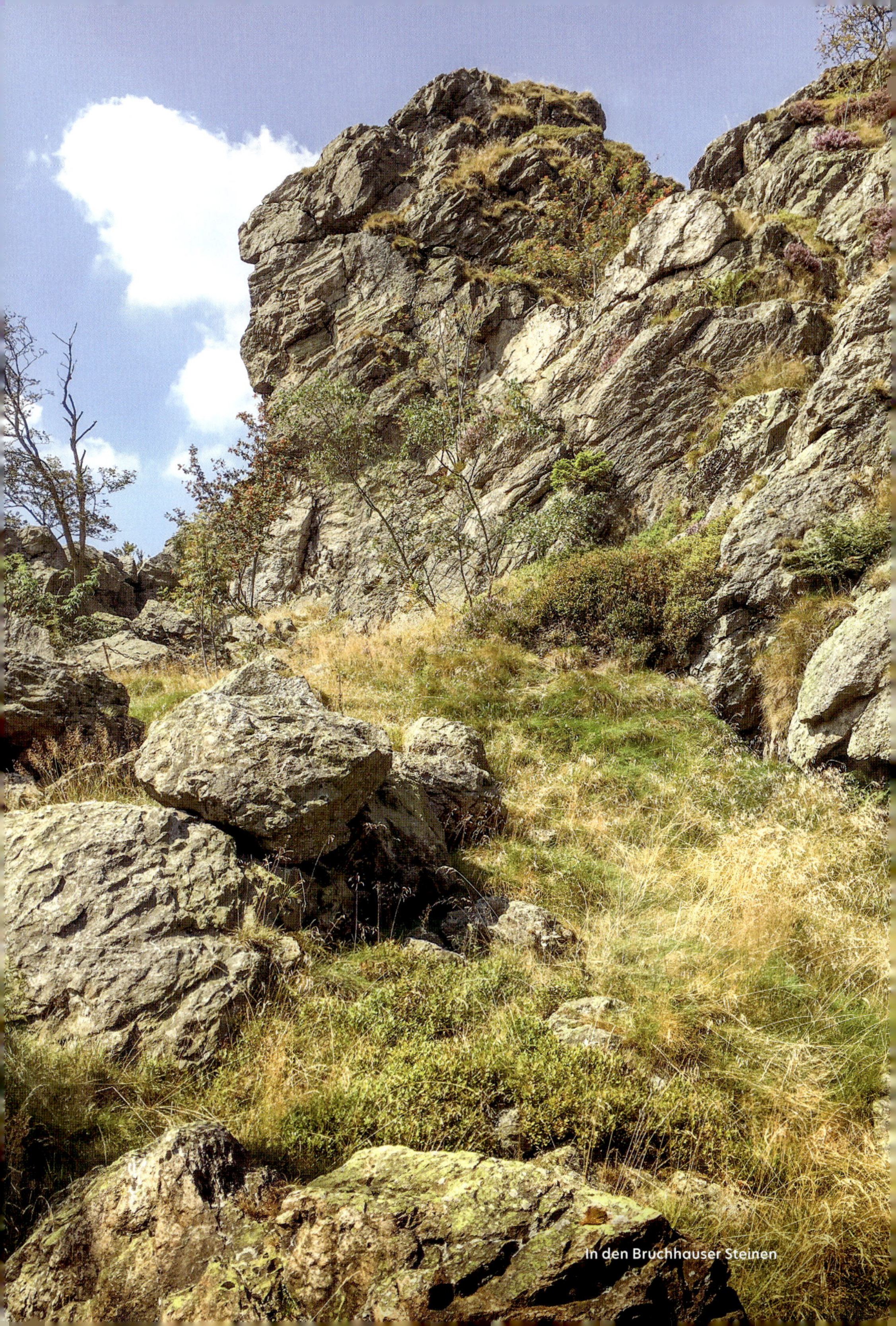

In den Bruchhauser Steinen

konnten. Der Rest des Teams musste sich dann in Büschen verstecken, damit niemand versehentlich mit ins Bild geriet. Wenn Thorsten und ich in der Supertotalen als zwei kleine Menschen ins Bild kommen sollten, die in der Morgendämmerung durch die grandiose Landschaft wanderten, dauerte es besonders lang, bis der Kameramann eine günstige Position gefunden hatte. Das häufige Stehenbleiben riss mich immer wieder aus der Verzauberung, aber wenn dann das Signal kam: „Ihr könnt jetzt! Und bitte!", brauchte es nur ein paar Schritte, um wieder in die Magie der Morgendämmerung einzutauchen.

Ein letztes Mal blieben Thorsten und ich stehen, während die anderen vorliefen, damit sie unsere Ankunft auf dem Feldstein in Bild und Ton festhalten konnten. Dann waren wir endlich oben. Was für ein Blick über das weite Land! Es war hell geworden, aber die Sonne verbarg sich noch hinter dem Horizont. Wir hatten uns zwar warmgelaufen, doch hier oben auf dem Feldstein pfiff der Wind und es war furchtbar kalt. Was für ein Aufjauchzen, als Thorsten heißen Tee aus seinem Rucksack holte! Dieser Moment ist nun schon über 16 Jahre her, aber ich habe noch heute vor Augen, wie der Tee dampfend aus der Thermoskanne in das Becherchen floss. Was für eine Wohltat es war, meine Hände an ihm zu wärmen! Wie verzaubert blickte ich in das weiche Morgenlicht. Und dann blitzten die ersten Sonnenstrahlen hervor. Wir waren am Ziel, der Tag war da.

Wenn ich so zurückdenke, kommen mir noch viele andere Erlebnisse in den Sinn, bei denen am Anfang ein „Oh Gott, muss das sein?" stand und am Ende ein „Was für ein Glück, dass ich das erleben darf!" Manchmal sind es allerdings keine reinen Glücksmomente, die ein Erlebnis unvergesslich machen. Jüngst erst, das war 2022, machten wir vor der Westküste von Rhodos eine Bootstour. Es herrschte ein krasser Wellengang und alles, was nicht gesichert war, flog kreuz und quer durcheinander. So aufgewühlt hatte ich das Meer nur 2 Jahre zuvor bei unserem Whalewatching-Ausflug vor den Azoren erlebt. Nicht jeder übersteht unbeschadet eine Fahrt in einem über die Wellen hüpfenden Boot. Unsere Maskenbilderin traf es zuerst, sie wurde grün im Gesicht und musste sich auf den Boden legen und auch wir anderen hatten mit heftiger Übelkeit zu kämpfen. Später, als der Seegang ein wenig ruhiger war und wir die Zeit für ein Interview mit Kapitän Savas nutzten, ließ unser Tonmann plötzlich die Tonangel fallen, hechtete zur Reling und übergab sich. Dann wankte er zurück an seinen Platz und sagte ganz beiläufig: „So, jetzt kann's weitergehen."

Diese wilde Fahrt eine Herausforderung zu nennen, wäre eine Untertreibung. Und doch war es etwas anderes, das uns alle an diesem Tag an unsere Grenzen brachte. Unser Kapitän fuhr uns zu einer Zuchtanlage für Doraden. Bald näherten wir uns den riesigen, kreisrunden Behältnissen, die im offenen Meer schwammen. Unser Kapitän war sichtbar stolz, uns diese Fischzucht-Anlage zeigen zu können. „So wird das Mittelmeer nicht noch leerer gefischt, als es jetzt schon ist", sagte er. Der Anblick traf mich völlig unvorbereitet. Innerhalb der gut 10 Meter in die Tiefe reichenden Netzkäfige wimmelte es nur so von Fischen. Den anderen im Drehteam ging es ähnlich, schweigend schauten wir in das Wasser hinab, wo Fischleib an Fischleib durcheinanderwuselte. Massentierhaltung mitten im Meer, dem Sinnbild von Wildheit und Freiheit – was sollten wir davon halten?

Und dann sagte Käpt'n Savas: „Kommt, da drin schnorcheln wir jetzt!" Aber ich dachte nur: „Wie jetzt – da hinein? Da ist doch gar kein Platz für uns!" Savas beruhigte mich: „Keine Sorge! Du wirst keine Fische zerquetschen." Also stieg ich mit Kapitän und Kameramann in ein kleines Schlauchboot um und wälzte mich mit Maske und Schnorchel über den wabbeligen Rand einer der runden Aufzuchtanlagen. Was wir zuvor nur zweidimensional von oben gesehen hatten, wurde nun dreidimensional: Tausende Fische bewegten sich rhythmisch vor unseren Augen, es war ein einziges silbriges Wogen.

Es fiel mir schwer, mir über meine Gefühle klar zu werden. Die Bewegungen des Fischschwarms waren absolut faszinierend. Ganz sacht bewegte ich mich durchs Wasser und wie von Zauberhand geleitet wichen mir die Fische aus. Nur wenige Zentimeter trennten mich von ihnen, und doch berührte ich keinen einzigen. Es war ein Wunder der Schöpfung, und ich befand mich mittendrin. Gleichzeitig war da in mir eine große Beklemmung: „Das kann doch nicht richtig sein, Fische auf so engem Raum zu halten!" Immer stärker wurde mein Impuls, das Netz beiseitezuziehen, sodass sie hinaus ins freie Meer schwimmen konnten.

Als wir auf das Boot zurückkrabbelten, sollte ich gleich meine Eindrücke schildern. Aber was sollte ich sagen? Ich war überwältigt und musste das Gesehene erst mal sacken lassen, um überhaupt eine Haltung zu finden. Das habe ich auf meinen vielen Reisen gelernt: Ich will nicht vorschnell bewerten und muss auch nicht immer sofort eine Meinung parat haben. Also teilte ich meine Emotionen mit den Zuschauern, ohne ihnen ein „Daumen hoch" oder „Daumen runter" vorzusagen.

Schnorcheln im Fischzuchtbecken war ein Erlebnis, das lange in mir nachhallte. Bis heute ist die Erinnerung daran mit einer starken Verunsicherung verbunden: War das nun schön oder schaurig? Es war so wie das Leben selbst - irgendwie beides.

Eine Fastenkur an der Nordsee stellte mich auf eine ganz andere Art auf die Probe. Während der Dreharbeiten zur Sendung „St. Peter-Ording - Fasten am Meer", die 2017 erstmals im Fernsehen lief, gab es eine Novemberwoche lang nur Säfte und dünne Brühen, leeren Strand und weiten Blick. Vom Glaubersalz am Anfang bis zum Fastenbrechen am siebten Tag machten vier Frauen und ich alles gemeinsam.

Beate, die Autorin, hatte die Gruppe zusammengestellt und sich des Themas sehr respektvoll angenommen. Damit ihre Schützlinge nicht mal so eben in eine Fastenwoche reinstolpern, die unter Drehbedingungen auch noch besonders anstrengend sein würde, hatte sie eine Fasten-Coachin mit ins Boot geholt. Und weil die Zuschauer nicht nur fünf Frauen beim Nicht-Essen zusehen sollten, hatten die beiden auch einige nicht allzu anstrengende Touren ausgearbeitet. Ich ließ mich von winterlichen Deichwanderungen, einem Besuch in einer Schafskäserei und vielen weiteren Attraktionen überraschen. Das Stand-up-Paddling im nahegelegenen Friedrichstadt war eine eigene kleine Herausforderung. Wir waren ja dick in unsere Kleidung eingepackt und durften keinesfalls ins eiskalte Wasser fallen. Gemeinsam schafften wir es.

Normalerweise übernachtet das gesamte Drehteam in derselben Unterkunft. Doch in St. Peter-Ording ließen sich neben mir nur Autorin

Beate und Maskenbildnerin Elke auf das Abenteuer Fasten ein. Die Kameramänner und der Toningenieur quartierten sich daher in einem anderen Hotel ein, denn für sie war Fasten kein Thema. Das wäre auch nicht gut gegangen, denn wer den ganzen Tag lang schweres Gerät herumschleppt, braucht viel Kraft. In den ersten Tagen flehten wir Fasten-Frauen sie noch an: „Bitte erzählt uns bloß nicht, was ihr gestern Abend gegessen habt!" Aber später konnten wir alle nicht genug von ihren Berichten von Fischbrötchen, herzhaften Eintöpfen und pfannenweise Bratkartoffeln bekommen. Es war, als würden sich unsere Mägen beim Zuhören auf wundersame Weise füllen.

Die ersten beiden Tage war die Fastengruppe noch getragen vom Reiz des Neuen. Doch dann erlebten wir im wahrsten Sinne am eigenen Leib, dass das Fasten Körper und Psyche berührt. Wie von selbst kommen Emotionen und alles Mögliche, was im Leben hakt, in Bewegung – das ist Chance und Risiko zugleich. Tag 3 wurde richtig schlimm, die Endorphine würden erst später kommen. Wir Fasten-Frauen hatten tiefe Ringe unter den Augen, Kopfschmerzen und trotz Wärmeunterwäsche waren wir ganz verfroren. An diesem schwierigen Tag spazierten wir in bunte Decken gewickelt zum Leuchtturm. Das sah zwar anheimelnd-verträumt aus, aber wir hatten sehr mit uns zu kämpfen. Als wir auf einer Bank am Leuchtturm über unsere momentane Verfassung sprachen, wurde das unversehens für uns alle zu einer sehr emotionalen Angelegenheit. Und das vor laufender Kamera! Wie gut, dass unser Team in diesem Moment sehr einfühlsam reagierte.

Der Dreh in der Dünen-Therme von St. Peter-Ording einen Tag später war eine weitere Situation, in der die Sensibilität der Kamera- und Tonleute zum Tragen kam. Dabei hatten sie selbst es auch nicht leicht. Mit empfindlichem Gerät in einer feucht-heißen Sauna zu arbeiten, ist eine knifflige Sache. Umso bemerkenswerter ist es, dass sie so viel Verständnis für die emotionale Ausnahmesituation der Fastengruppe zeigten. So nahbar und unkompliziert ich in den allermeisten Lebenslagen bin – nur mit Bademantel oder Badetuch bekleidet fühle auch

Die Aussage war klar: „Wir schaffen das gemeinsam!" Dieses Statement ließ uns alle noch ein Stück näher zusammenrücken. Und auch unser Humor meldete sich wieder.

ich mich vor der Kamera unsicher und angreifbar. Mitten in der Fastenkur war dieses vulnerable Gefühl noch stärker als sonst. Es brauchte wirklich viel Mut und Vertrauen von uns allen, dass wir uns bei einem Saunagang filmen ließen!

Wir fünf Fasten-Frauen hatten dicke, weiße Bademäntel angezogen und warteten vor der Saunatür auf die anderen. Und da kamen unser Kameramann und Tontechniker auch schon mit ihrem Equipment um die Ecke. Wir trauten unseren Augen nicht! Auch sie in Bademänteln! Sie hätten in Jeans und T-Shirt arbeiten können, aber mit feinem Gespür hatten die Kollegen ebenfalls einige Hüllen fallenlassen. Die Aussage war klar: „Wir schaffen das gemeinsam!" Dieses Statement ließ uns alle noch ein Stück näher zusammenrücken. Und auch unser Humor meldete sich wieder. Als wir durch die Fenster der Therme sahen, wie Kamera- und Tonmann für die Außenaufnahmen in ihren Flausch-Bademänteln und mit dicker Kamera und Tonmischer durch die Dünen stapften, war das ein Anblick für die Götter.

Die Dreharbeiten in St. Peter-Ording zeigten mir wieder einmal, dass die Nordsee nicht nur im Sommer eine Reise wert ist.

Die Dreharbeiten in St. Peter-Ording waren für alle Beteiligten kein Spaziergang. Aber auch in Köln, wo nach Abschluss der Dreharbeiten der nächste Schritt auf dem Weg zur fertigen Sendung stattfand, wartete auf die Beteiligten eine große Herausforderung. Aus vielen Stunden Filmmaterial wurden die Sequenzen ausgewählt, die für die Sendung verwendet werden sollten. Die Fastenwoche sollte authentisch gezeigt werden, aber wo genau lag die Grenze zwischen Aufrichtigkeit und Voyeurismus? Wie sollten die Verantwortlichen zum Beispiel damit umgehen, wenn jemand aus der Fastengruppe in Tränen ausgebrochen war? Das Trio aus Autorin, Redakteurin und Cutterin schaffte den Spagat: Der fertige Film zeigt ehrlich die Höhen und Tiefen der Fastenwoche und gleichzeitig tritt er niemandem zu nahe.

Die Dreharbeiten in St. Peter-Ording zeigten mir wieder einmal, dass die Nordsee nicht nur im Sommer eine Reise wert ist. Es locken Strandspaziergänge bei Wind und Wetter, eingemummelt in einen dicken Schal und mit tief über die Ohren gezogener Mütze. Dazu faszinierende Lichtstimmungen und die wundervolle Kontrasterfahrung, mit kalter

Nasenspitze in eines der kuscheligen Dünencafés einzukehren. Es hat mir in St. Peter-Ording so gut gefallen, dass ich über Neujahr 2024 noch einmal mit meiner Familie dorthin gefahren bin.

Was von der Fastenwoche bleibt, ist die Erinnerung an die intensive Zeit mit mir selbst, den wunderbaren Frauen der Fastengruppe und dem einfühlsamen Drehteam – und auch die von brauner Schafwolle umhüllte Wärmflasche, die ich auf dem Ziegenmelkhof erstand. Sie wärmt mich noch heute in kalten Nächten.

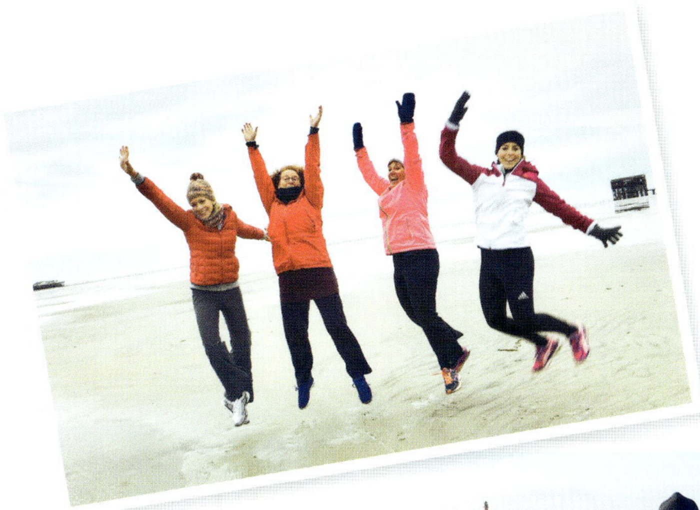

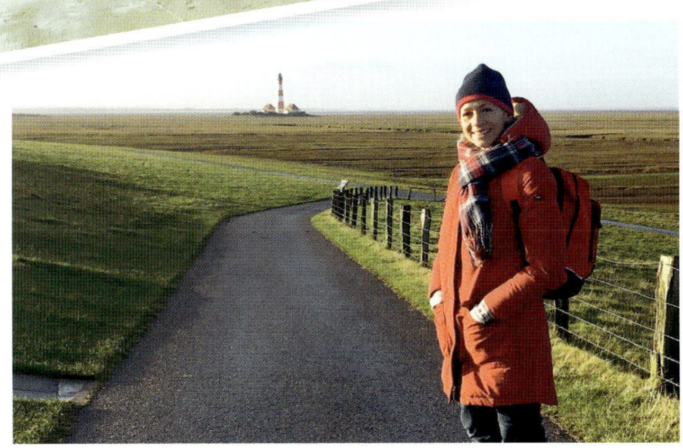

Fasten an der Nordsee

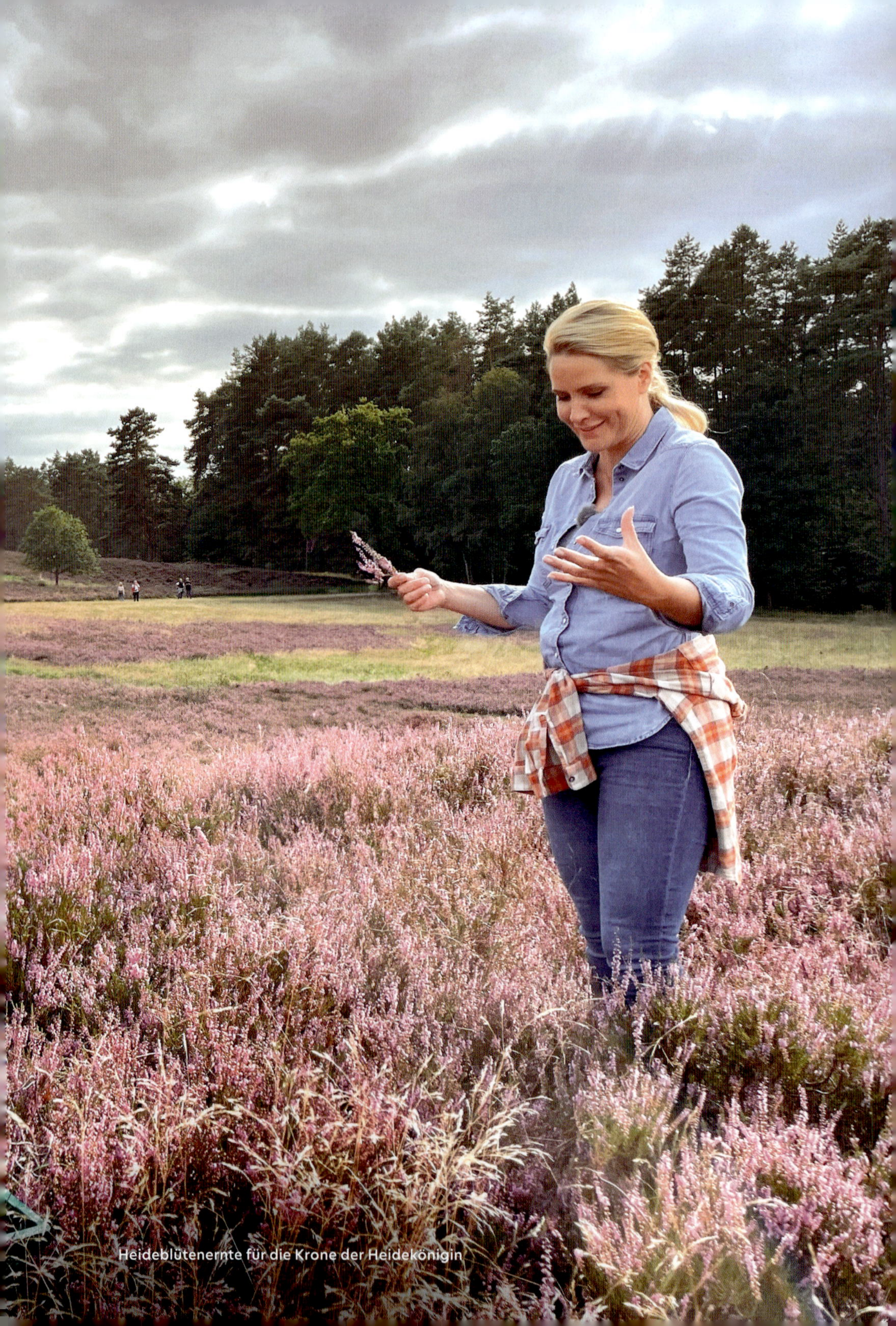

Heideblütenernte für die Krone der Heidekönigin

REALITÄT, RELEVANZ – UND FEIERABEND-KARAOKE

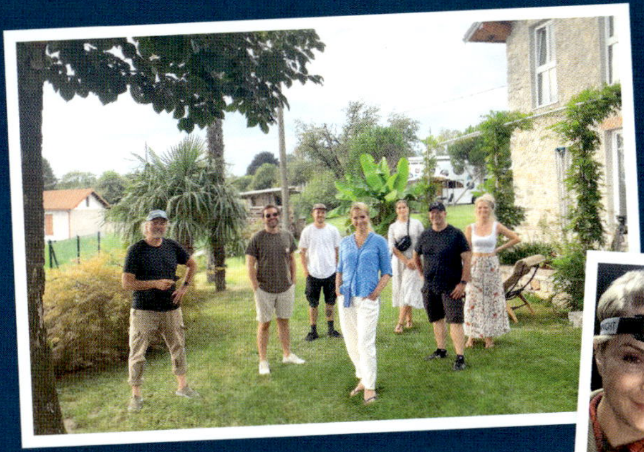

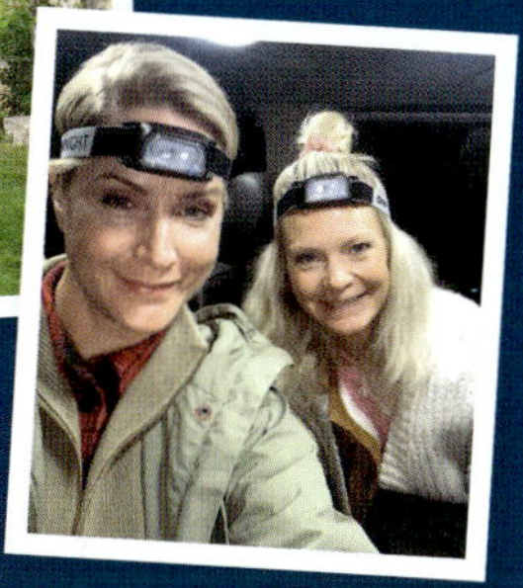

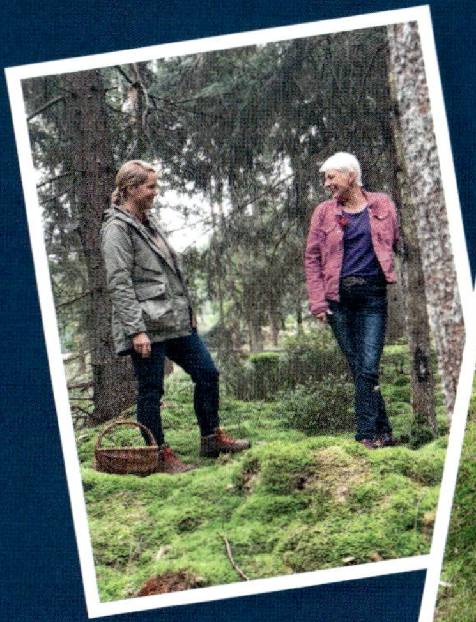

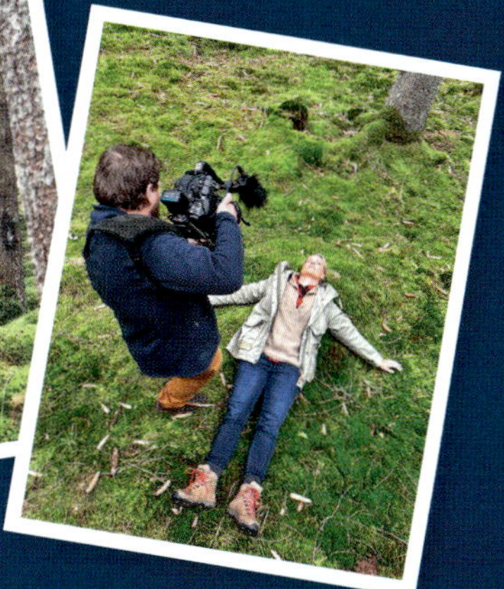

Dalai Lama
**„Besuche einmal im Jahr einen Ort,
den du noch nicht kennst.“**

JUDITH RAKERS

Realität, Relevanz - und Feierabend-Karaoke

Bei meiner ersten „Wunderschön"-Drehreise von Passau nach Wien hatte ich noch gedacht, dass die Redaktion das Ausmaß meiner Höhenangst unterschätzte, aber bei den Dreharbeiten 4 Monate später beschlich mich plötzlich ein anderes Gefühl. Dort fragte ich mich tatsächlich augenzwinkernd, ob die mich vielleicht loswerden wollten?

Dieses Mal sollte in der Lüneburger Heide gedreht werden - das klang ja erst mal ruhig und beschaulich. Allerdings stand ich aus dramaturgischen Gründen plötzlich neben Fliegenpilzen und einer Kräuterexpertin im Wald, hörte Schüsse und Granatfeuer und folgenden Satz: „Ja, hier gibt es Wölfe. Genau hier stand schon einmal ein ganzes Rudel direkt vor mir!"

An diesem Tag stand da zwar kein Wolf, aber das Geschützfeuer im Hintergrund war echt. „Das kommt vom Truppenübungsplatz. Die Bundeswehr trainiert hier ihre Gefechte! Manchmal steht der Wind so, dass man das Gefühl hat, sie schießen direkt neben einem", erklärte Kräuterexpertin Marion, die so friedlich aussah und doch ganz selbstverständlich über diese Kugelhagel-Geräuschkulisse referierte. Und dann sah ich noch ein Warnschild, das offenbar darauf hinwies, dass dort jederzeit Bäume umstürzen könnten. „Echt wunderschön hier!", lachte ich. „Geradezu beschaulich!"

Und dann ging es auch schon in die nächste Gefahrenzone. Denn nachdem ich von Marion einiges über essbare Blumen, Giftpflanzen (!) und Heilkräuter erfahren hatte und auch mutig in alles hineingebissen hatte, was sie mir farbenfroh dekoriert entgegenstreckte, wanderten wir zum nächsten Drehort. Wieder sah ich Warnschilder. „Betreten des Geländes verboten! Lebensgefahr!" stand da auf Schildern vor einem mit Zäunen abgesperrten Areal.

Während ich mich noch etwas irritiert umschaute, kam ein Sicherheitsmann mit scharfer Waffe am Gürtel auf uns zu und begrüßte das Fernsehteam, das da so neugierig am Zaun stand und sich für einen Dreh angekündigt hatte.

„Das hier ist die ehemalige Kieselgur-Grube Dethlinger Teich", erklärte er beim Spaziergang über das Areal hin zu den Bürocontainern. „Unter uns liegen bis zu 30.000 Granaten. Die größte Chemiewaffenaltlast der Welt - verklappt zwischen 1940 und 1953." Als mir ein Sprengstoff-Experte dann auch noch Fotos zeigte von den Granaten unter der Erde, wurde mir tatsächlich etwas mulmig. Nicht etwa, weil ich den ironischen Satz „Wollen die mich vielleicht loswerden?" noch im Kopf hatte, sondern weil mir plötzlich so klar war, dass dies kein Ort zum Scherzen war. Es war ein Ort, der nachdenklich machte. Ein Ort mit Relevanz.

Wir blieben an diesem Tag länger zum Interview in der Grube Dethlinger Teich, als ursprünglich geplant. Autor Joshua, der den Film in der Recherche vorbereitet hatte, war sich von Anfang an nicht sicher gewesen, ob dieses ernste Thema überhaupt hineinpassen würde in eine „Wunderschön"-Reportage über das Heideparadies. Er hatte daher nur wenig Zeit eingeplant für die Dreharbeiten.

Aber als sich unsere Blicke trafen vor dem Regal mit den entschärften Waffen, die einst gebaut worden waren, um Grausames anzurichten, waren wir uns wortlos einig, dass wir das miterzählen wollten. Dass es dazu gehörte zur Lüneburger Heide, bei der man eigentlich an eine heile Welt aus Heidekönigin, Heidschnucken und Blütenmeer denkt.

Darf also eine „Wunderschön"-Reisereportage auch diese Orte zeigen, wenn sie nun mal zur Region gehören? Orte, die nicht wunderschön sind, sondern nachdenklich machen? Muss es trivial sein, wenn es Unterhaltungsfernsehen ist? Wir haben uns an diesem Tag für die Realität und die Relevanz entschieden. Die Redakteure später in der Abnahme im Schnitt waren der gleichen Meinung. Und die

Zuschauerinnen und Zuschauer offenbar auch – denn Beschwerden zu diesem ungewöhnlich ernsten Kapitel in unserer Reisereportage gab es nicht.

Wer nun aber denkt, dass wir überall das Ernste und Relevante im Trivialen suchen, liegt falsch. Wir lieben die Unterhaltung und manchmal sorgen wir sogar selbst dafür. Es gibt ja dieses Sprichwort: „Nach müde kommt doof“, und wir sind der lebende Beweis, dass es stimmt!

Bei Dreharbeiten kommen nämlich in der Regel zwei gefährliche Dinge zusammen: ÜBERMÜDUNG aufgrund langer Drehtage und VERTRAUTHEIT, die sich bei gemeinsamen Arbeitsreisen schnell ergibt, weil man so intensiv gemeinsam Zeit verbringt und so vieles dabei erlebt.

Davon angestachelt machten die anderen aus dem Team mit und plötzlich sang das ganze Restaurant ein Geburtstagsständchen …

Auf der Drehreise an den Lago Maggiore kam es durch die gefährliche Kombination dieser beiden Zustände zu folgender Situation: Wir alle saßen beim Mittagessen in der Pizzeria und scherzten über das Phänomen der Gruppendynamik. Plötzlich fing Kameramann André an zu singen: „Happy Birthday to you! Happy Birthday to youuuuu!“, und prostete Maskenbildnerin Birte zu, die aber gar nicht Geburtstag hatte und völlig entsetzt abwiegelte. Davon angestachelt machten die anderen aus dem Team mit und plötzlich sang das ganze Restaurant ein Geburtstagsständchen, das Birte vor Scham im Boden versinken ließ und uns alle nur noch mehr ermunterte, noch fröhlicher und lauter weiterzusingen. Wir stießen mit unseren Wassergläsern auf den vermeintlichen Geburtstag an und hatten unseren albernen Spaß.

Ich würde hier gar nicht darüber schreiben, wenn sich 4 Stunden später etwa 20 Kilometer entfernt nicht folgende Szene abgespielt hätte:

Wir waren mitten im Dreh auf einem Campingplatz am Lago, als unsere Gesprächspartner, die Eigentümer des Campingplatzes, plötzlich an einem Café Halt machten und zwei Kellner herauswinkten, die

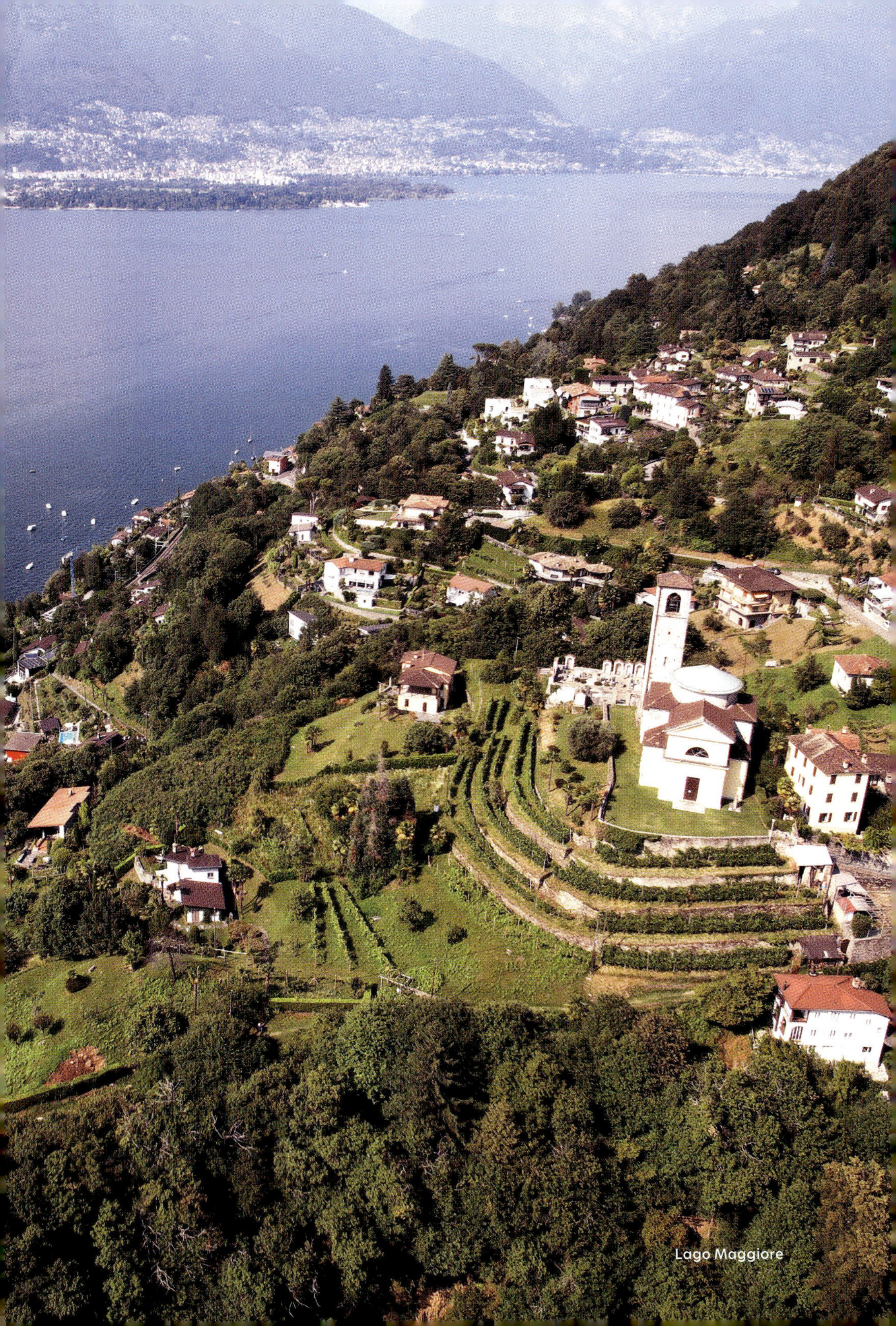

Lago Maggiore

gefüllte Sektgläser zu uns brachten. Und plötzlich fingen alle anwesenden Italiener wie einstudiert an zu singen: „Tanti auguri a te, tanti auguuuurii a teeeee ..." und umringten die arme Birte, die abermals abwinkte und „Nein... nein" stammelte, aber auch irgendwie lachen musste. So wie wir alle.

Keiner konnte sich die Szene erklären, bis die Eigentümerin des Campingplatzes aufklärte: Ihr Bruder sei mittags zufällig im selben Restaurant gewesen wie wir und habe ihr von Birtes Geburtstag erzählt, weil er sich dachte, dass dieses Fernsehteam mit all seinen Kameras und dem ganzen Equipment bestimmt das gleiche sei, das sich nachmittags auf dem 20 Kilometer entfernten Campingplatz angemeldet hatte.

Was für ein Zufall! Natürlich traute sich keiner von uns, den Scherz vom Mittag aufzuklären.

Was für ein Zufall! Natürlich traute sich keiner von uns, den Scherz vom Mittag aufzuklären. Wir wollten niemanden vor den Kopf stoßen und stießen daher lieber an – mit allen Anwesenden auf Birtes Geburtstag, der in Wirklichkeit erst Monate später stattfand. Birte allerdings gewöhnte sich nun langsam an ihren vermeintlichen Ehrentag und so entschieden wir, diesen am Abend auch ausgiebig zu feiern.

Zum Team-Essen am Abend kaufte jeder von uns eine Kleinigkeit für Birte bei den Straßenhändlern, die mit ihren Bauchläden von Restaurant zu Restaurant gingen. Ich investierte in ein Karaoke-Mikrofon mit integrierter Lichtorgel und mehreren gespeicherten Songs, die man mit Knopfdruck abrufen konnte, um dann zum Soundtrack zu singen. 15 Euro gab ich dafür aus inklusive Batterien, die aber nur kurze Zeit halten würden, wie der Straßenverkäufer ehrlich zugab.

Was für ein Glück, dass sie nicht lange hielten! Denn dieses Geschenk führte zu einem rauschenden Fest auf der Terrasse der Pizzeria. Abwechselnd sangen wir in das Karaoke-Mikrofon, das sogar noch Sound-Effekte hinzufügen und die Stimme verändern konnte. Eigentlich hätten wir aber nur eine Funktion gebraucht, die das Lachen herausfilterte – vor lauter Gepruste und Gegluckse konnte man unser Gesangseinlagen nämlich gar nicht als Gesang identifizieren.

Dieser Abend ging in die Geschichte ein – in meine ganz persönliche. Und immer, wenn ich etwas Aufheiterung brauche, schaue ich mir die Handy-Videos von den Karaoke-Auftritten an diesem Abend an und sofort ist wieder alles wunderschön.

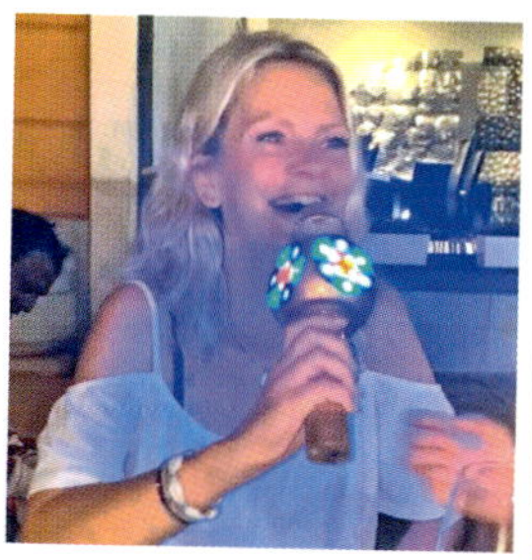

Feierabendspaß: Birte beim Karaoke singen

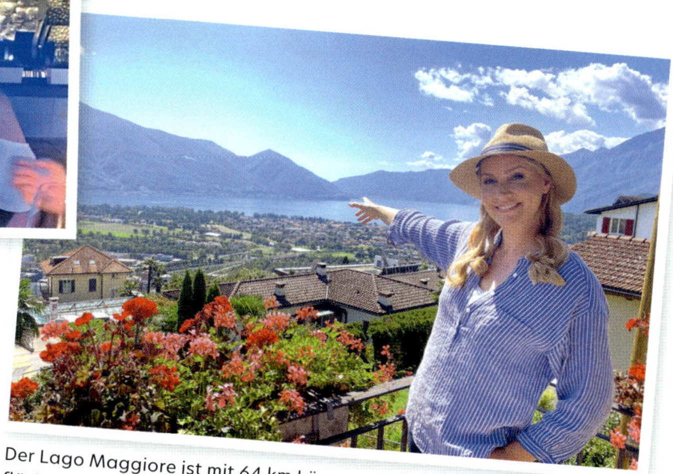

Der Lago Maggiore ist mit 64 km Länge und bis zu 10 km Breite der flächenmäßig zweitgrößte See Italiens.

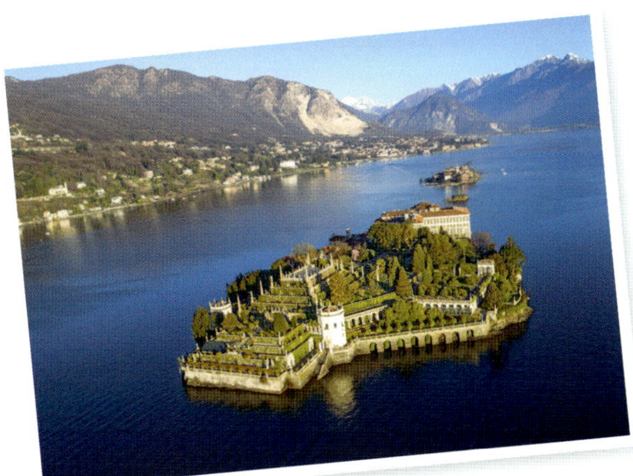

Isola Bella

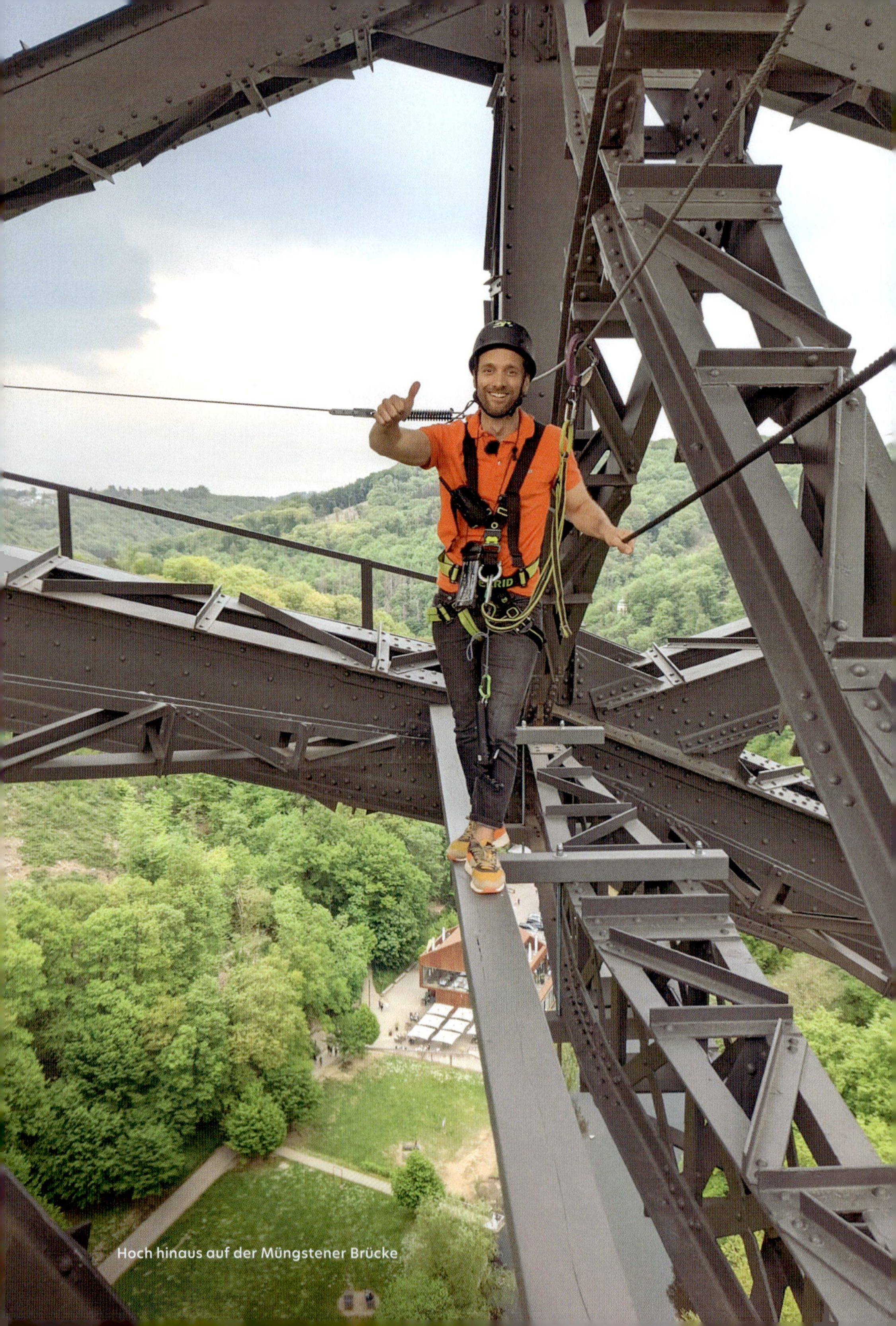

Hoch hinaus auf der Müngstener Brücke

ABENTEUER DIREKT VOR DER HAUSTÜR

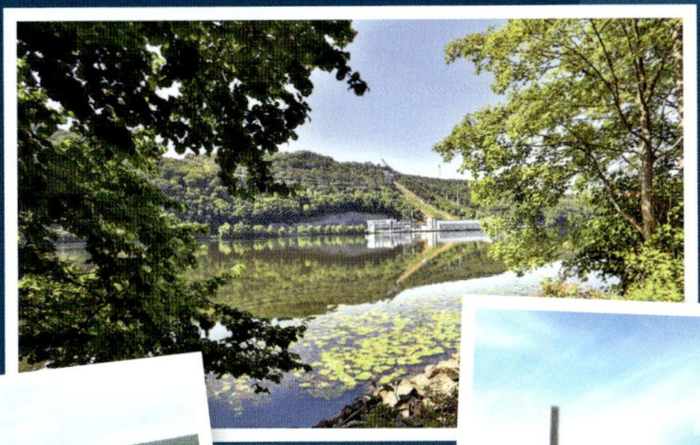

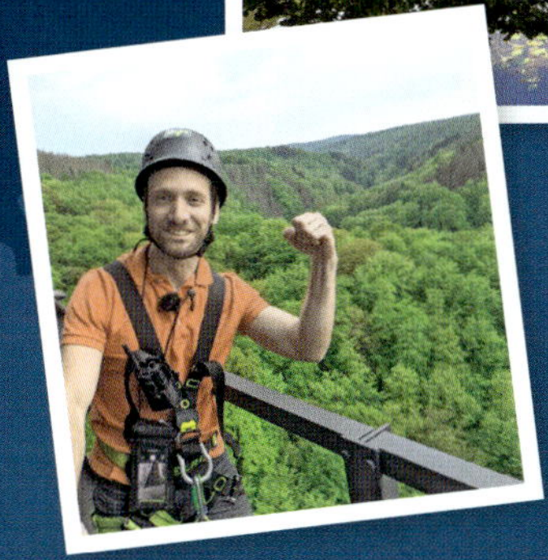

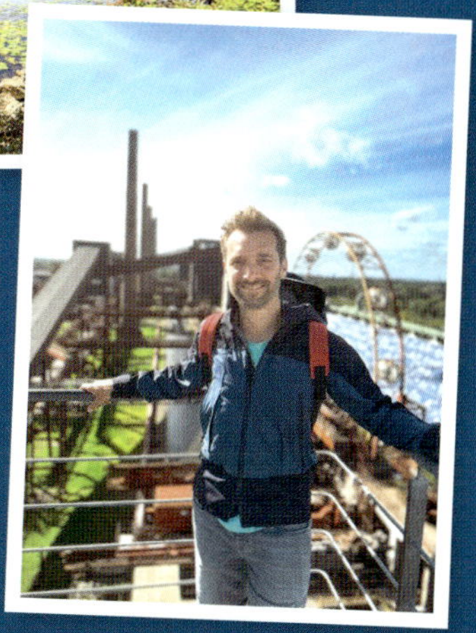

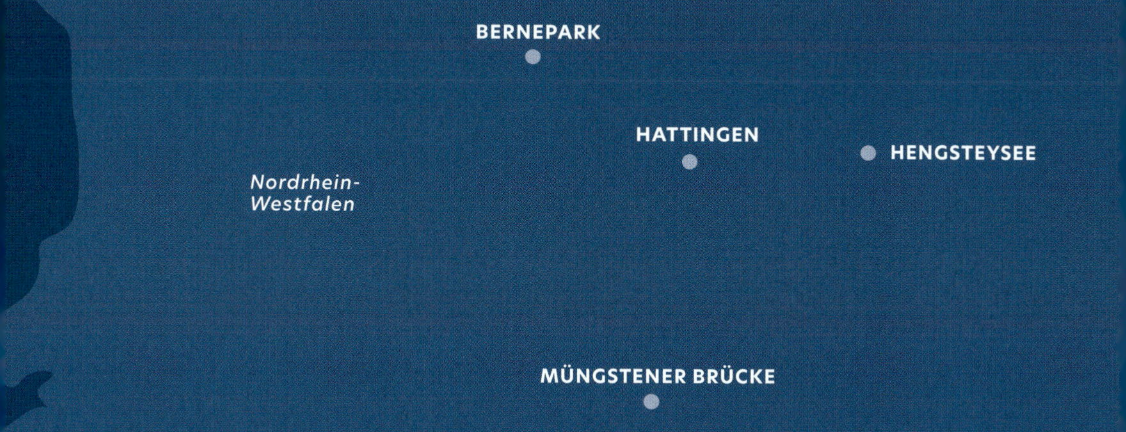

Hanns Koren
„Heimat ist Tiefe, nicht Enge."

DANIEL ASSMANN

Abenteuer direkt vor der Haustür

In der 2024 erstmals ausgestrahlten Folge „Wunderschön – Rund um Essen" stand auch meine Heimatstadt Hattingen auf dem Programm. Hier bin ich aufgewachsen und hier lebe ich mit meiner Familie – gleich am Waldrand und in der Nähe der Ruhr. Eine über 600 Jahre alte Altstadt, in der die verwunschenen Kopfsteinpflaster-Gässchen erhalten geblieben sind und in der die für die Region typischen Fachwerkhäuser liebevoll renoviert wurden – auch das ist eine Facette des Ruhrgebiets. Dass ich hier den Zuschauern meine Lieblings-Eisdiele und von der Burg Blankenstein aus den schönsten Ausblick ins Ruhrtal zeigen durfte, war eines meiner persönlichen Highlights dieser Sendung.

Ich bin sehr heimatverbunden und kenne mich gut in meiner Umgebung aus. Doch auch für mich gibt es immer noch viel zu entdecken. Ich hätte zum Beispiel nie gedacht, dass es gerade mal 20 Kilometer Luftlinie von Hattingen entfernt einen echten Weinberg gibt.

Der erste der vielen langgezogenen Seen, zu denen die Ruhr auf ihrem Weg vom Sauerland in den Rhein aufgestaut wird, ist der Hengsteysee. Hier ist das Umland noch bergig, und an seinem steil aufragenden Nordufer liegt das Koepchenwerk. In diesem Wasserspeicher-Kraftwerk wurde aus der Fallhöhe des Wassers zwischen dem oben auf dem Höhenzug angelegten Speichersee und dem 160 Meter tiefer gelegenen Hengsteysee Energie gewonnen. Weil das 1994 stillgelegte Werk später von der Stiftung Industriedenkmalpflege und Geschichtskultur übernommen wurde, blieben die eigentlich für den Abriss bestimmten Gebäude erhalten. Wie so oft im Ruhrgebiet ist auch hier in eine ehemalige Industrieanlage neues Leben eingezogen. Dass im ehemaligen Maschinenraum heute Kunstausstellungen stattfinden, ist fast schon normal. Aber dass der lange, steile Hang zwischen Speichersee und Hengsteysee heute tatsächlich als Weinberg genutzt wird, ist einzigartig. Dort stand ich hoch über dem Ruhrtal im Schiefer-Schotter und mühte mich ab, halbwegs sicheren Stand zu finden. Genauso gut hätte ich in einer der Steillagen an der Mosel stehen können.

Ich habe ja schon an allen möglichen und auch unmöglichen Orten Wein wachsen sehen, und immer wieder habe ich festgestellt: Winzer und Winzerinnen sind Überzeugungstäter. Zum Beispiel auf der Nordseeinsel Föhr, wo Christian und sein Sohn direkt am Wattenmeer 6 Hektar Reben bewirtschaften. Oder Elma, die nur wenige Kilometer von der niederländischen Nordseeküste entfernt ihren Betrieb aufgebaut hat. Wir trafen die Winzerin, als wir bei unserer „Wunderschön"-Tour „Nach Borkum und an die Ems" einen Abstecher ins niederländische Groningen machten. Eigentlich hatte sie ja ihren „Hof van ´t Hogeland" verkaufen wollen, doch wegen der durch Fracking verursachten Risse in den Gebäuden fand sie keinen Abnehmer. Dieser Rückschlag stachelte sie 2013 zu einer ganz wilden Idee an: „So, und jetzt mache ich hier Wein!" Unfassbar, aber mit viel Einsatzbereitschaft und Liebe zum Produkt wurde aus der Trotzreaktion eine Erfolgsgeschichte.

Auch Elias, der 22 Jahre alte Initiator des Weinbauprojekts am Koepchenwerk, ist so ein typischer Winzer – experimentierfreudig, sehr fokussiert und von Leidenschaft getrieben. 2 Jahre brauchten er und seine Freunde, bis sie den Boden ausreichend vorbereitet hatten und mit dem Weinanbau überhaupt loslegen konnten. Als ich Elias traf, hatten sie gerade die ersten Reben gesetzt. Mittlerweile sind alle geplanten 1.300 Rebstöcke an Ort und Stelle. Alles per Hand! Ich will gar nicht wissen, wie oft er, seine Familie und seine Freunde den extrem steilen Hang rauf- und wieder runtergelaufen sind. 2026 werden sie den ersten Wein keltern, und schon heute bieten sie Besuchern Weinverkostungen an, um sie auf die kommenden Jahre einzustimmen.

Für „Wunderschön" habe ich gleich eine Patenschaft übernommen: Rebe 54 in Zeile 8 umweht nun das Flair unserer Reisesendung. Und weil alle Paten aus dem ersten Jahrgang eine Flasche biodynamischen

Wein bekommen werden, habe ich mir auch privat einen Patenstatus gesichert. Ich freu mich schon darauf, den Wein aus „meiner“ Rebe zu genießen. Wie viel Arbeit hinter jedem Tropfen steckt, kann ich nur ahnen. Die 2 Stunden, in denen wir im Weinberg drehten und ich Elias beim Unkrautjäten am steilen Hang half, waren jedenfalls echt anstrengend. Aber Elias ist schon fast mit seinem Rebenhang verwachsen. Also, ich selbst hatte als 22-Jähriger ganz andere Dinge im Kopf, als neben dem Studium einen Abhang zu roden, Boden aufzubereiten und Reben in steiniges Geröll zu setzen. Winzer zu sein liegt einem nun mal im Blut. Da heißt es: ganz oder gar nicht.

Winzer zu sein liegt einem nun mal im Blut. Da heißt es: ganz oder gar nicht.

Eine der vielen weiteren Überraschungen der „Rund um Essen"-Tour war der Bernepark südlich von Bottrop. Er entstand ab 2010 auf dem Areal eines stillgelegten Klärwerks zwischen Emscher und Rhein-Herne-Kanal. In einem der beiden riesigen, kreisrunden Klärbecken befindet sich heute statt stinkender Brühe Frischwasser, in dem sich Goldfische tummeln. Von der Terrasse des Cafés aus, das im alten Maschinenhaus eingerichtet wurde, lässt sich der Blick auf diesen Fischteich der besonderen Art genießen. Gleich daneben ist das zweite Klärbecken. Es wurde trockengelegt und in einen Garten verwandelt. Wer mag, kann im „dasparkhotel BernePark“ übernachten. Es besteht aus fünf nebeneinander aufgereihten Betonröhren von je 3 Metern Länge, in die hinten eine Wand und vorne eine große Tür eingelassen ist. Die 2,40 Meter Röhren-Durchmesser haben mittig volle Stehhöhe, ansonsten ist in ihnen nur das Notwendige vorhanden: Doppelbett, etwas Stauraum, Licht, Strom, um das Handy aufzuladen, Wolldecken und frische Bettwäsche. Kuschelfaktor 10. Es gibt sogar den direkten Blick in den Himmel – ein Bullauge überm Bett macht’s möglich. Die fünf Röhren sind eine Installation des österreichischen Künstlers Andreas Strauss. „Gastfreundschaftsgerät“ hat er sein Werk genannt. Und genau so funktioniert es auch. Abgesehen von einer Buchungsgebühr zahlen Übernachtungsgäste nur das, was sie geben möchten. Und wenn sie sich abends vor ihren Röhren treffen, um die nächtlichen Lichtinstallationen über dem Bernepark zu bewundern und miteinander ins Gespräch kommen, macht das Kunstwerk seinem Namen alle Ehre.

Dass die Heimat voller Überraschungen steckt, merkte ich auch bei den Dreharbeiten von „Wunderschön - Rund um Wuppertal". Einer der buchstäblichen Höhepunkte auf dieser Reise war die Müngstener Brücke, von Hattingen ist sie keine 40 Kilometer entfernt. Südlich von Wuppertal führt sie seit 1897 über das tiefe Tal, in das sich die Wupper eingegraben hat. Mit ihren 107 Metern ist sie noch heute die höchste Eisenbahnbrücke Deutschlands. Unten im Tal gibt es im Brückenpark viel zu entdecken. In der alten Schmiede kann man selbst Hand anlegen, das Restaurant lädt zur Einkehr ein, und auch die Schwebefähre, eine Art Gondel im Handbetrieb, mit der man sich von einem Ufer der Wupper ans andere ziehen kann, ist eine Attraktion.

Wanderführer Bastian, der als „wupper.wanderer" Touren anbietet, und ich hatten aber noch etwas ganz anderes vor: Wir wollten einen der beiden mittleren Brückenbögen bis zu dessen Scheitelpunkt hinaufklettern. Wobei wir eigentlich nur Treppen steigen mussten, denn die Bögen sind mit hunderten Stufen versehen. Das Abenteuer begann an einem der Brückenfundamente, etwas oberhalb des Talgrunds. Aus dieser Perspektive ist die Brücke besonders beeindruckend, die Stahlträger über uns verdecken fast das gesamte Himmelsblau. Da sollten wir hoch? Wir zogen Klettergurte an, denn beim Aufstieg mussten wir jederzeit per Karabinerhaken an einem der Führungsseile eingeklinkt sein. Stufe für Stufe ging es hinauf. Bald wirkte die Wupper unter uns nur noch wie ein Rinnsal, und die Menschen im Park glichen Ameisen.

In großer Höhe herumzuturnen macht mir nichts aus. Als wir zum Beispiel an der Havel drehten, besuchten wir unter anderem die Beelitzer Heilstätten. Das frühere Sanatorium ist ein echter *Lost Place*, dort hat sich die Natur das Areal zurückgeholt - in den Ruinen wachsen Bäume und Sträucher. Die morbide Ausstrahlung macht das Gelände zu einem der meistfotografierten Orte Deutschlands und zu einer berühmten Filmkulisse. Einen ganz besonderen Blick auf diese Ruinenlandschaft bietet der 700 Meter lange Baumkronenpfad „Baum und Zeit", der barrierefrei in luftiger Höhe in die Baumkronen hineingebaut wurde. Wer mag, kann sogar mit einem Aufzug auf den 40 Meter hohen Aussichtsturm hinauffahren. Deutlich herausfordernder ist das 70 Quadratmeter große Netz, das in eine der Windungen des Kronenpfades hineingeknüpft wurde. Wie eine riesige Hängematte schwebt es 23 Meter über dem Boden. Die Maschenweite ist gerade klein genug, dass niemand hindurchfallen kann.

Für mich war es kein Thema, vom sicheren Bohlenweg aus dieses Netz zu betreten und mich hineinzulegen. Weil die Kameradrohne nicht auf Anhieb funktionierte, kletterte ich sogar ein paar Mal auf die Hängematte rauf und wieder runter. Insgesamt dauerte es fast 1 Stunde, bis die Aufnahme von mir auf dem Netz im Kasten war. Kameramann Christian schüttelte nur den Kopf und meinte: „Unfassbar, dass du dich das traust. Nie im Leben würde ich das machen!" Einen Tag später war es genau umgekehrt. Christian stieg ganz locker in eine Cessna und machte Aufnahmen aus der Luft. Nach den Erfahrungen in der Rhön war erst gar nicht geplant , dass ich mitfliegen würde. Das war auch gut so, denn auch dieses Mal hätten mich keine zehn Pferde dazu gebracht, in die enge Kanzel eines Flugzeugs einzusteigen.

Mittlerweile kennen meine Teamkollegen mein Handicap, dass ich echt Stress habe, wenn ich so wie im Salzbergwerk in der Rhön eingekeilt bin und nicht wegkann. Aber manchmal rutsche ich trotzdem ganz ungeplant in solche Situationen. Genau das passierte auch auf der Müngstener Eisenbahnbrücke. Das Team wusste, dass es für mich keinen Unterschied machte, ob ich mich 2, 20 oder 100 Meter über Grund bewegte. Also grünes Licht für die Besteigung der Brücke. Was wir nicht auf dem Schirm hatten: Die Stufen auf dem Brückenbogen sind so schmal, dass wir alle im Gänsemarsch hintereinander laufen mussten. Ich mittendrin. Überholen oder Gegenverkehr nicht möglich. Ich steckte fest und es blieb mir nichts anderes übrig, als durchzuhalten.

Ein wenig Ablenkung bot die kurze Pause, die wir auf dem Weg zum Scheitelpunkt des Brückenbogens machten, und in der unser Guide uns einige Fakten über die Brücke erzählte. Dass sie zum ersten Mal in der

Geschichte des Baus großer Brücken ganz ohne Baugerüst auskommen sollte, war damals geradezu unglaublich gewesen. Denn dazu hatte von beiden Uferseiten je ein halber Brückenbogen ins Nichts gebaut werden müssen. Die Baumeister hatten also gleich vor zwei Megaproblemen gestanden: Zum einen mussten sich die beiden halben Bögen während des Baus selbst tragen, und zum anderen mussten sie sich auch wirklich in der Mitte treffen. Dass beides gelang, war ein Triumph der Ingenieurskunst. Nach 3 Jahren Bauzeit wurde die Brücke 1897 eröffnet. Fast eine Million Niete wurden eingeschlagen, damit die Stahlträger zusammenhielten. Übrigens: Einigen Zuschauern fiel später auf, dass ich in der Sendung „Nieten" sage. Mist! Die Mehrzahl von „der Niet" ist nun mal „die Niete". Gut, dass ich das jetzt weiß.

Und dann waren wir endlich oben! Das war so ein krasser Moment! Der Wind pfiff um unsere Ohren, aber das verstärkte nur noch das Riesen-Glücksgefühl.

Weiter ging's! Ich bin nicht gerade untrainiert, doch nach einer knappen Stunde Treppenlaufen war ich ganz schön aus der Puste. Und dann waren wir endlich oben! Das war so ein krasser Moment! Der Wind pfiff um unsere Ohren, aber das verstärkte nur noch das Riesen-Glücksgefühl. Und dann kam die ultimative Herausforderung. Wir hatten die Wahl: entweder denselben Weg wieder hinunterlaufen oder auf einem Stahlträger unter der Schienentrasse hindurch auf den anderen Brückenbogen queren. Ohne Geländer! Sollte ich das echt machen? Ich hatte etwas Zeit, mir die Sache zu überlegen, denn wir mussten noch auf die Drohne warten, die von unten im Tal startete. In dieser Pause fuhr auch noch die S-Bahn dicht über unseren Köpfen hinweg, es ratterte ohrenbetäubend, aber den massiven Brücken-Stahlkoloss brachte das nicht ins Wanken. Tausende Tonnen Stahl überall um mich herum - es war ein Moment, in dem ich mich ganz klein fühlte.

Tief unter mir der Park und das Restaurant, wo Leute in der Sonne saßen. Natürlich drängte sich da die Frage auf: Warum mache ich das eigentlich? Ich könnte auch gemütlich da unten sitzen und mit einem kühlen Getränk die Sonne genießen. Aber gerade war ich nun mal hier oben. Und weil alles „wäre" und „wenn" keinen Sinn machte, dachte ich: „Jetzt ist es auch egal, jetzt gehst du auch über den Balken rüber."

Vorsichtig balancierte ich über den gerade mal fußbreiten Träger auf die andere Seite. Nur das Führungsseil, an dem ich meinen Karabinerhaken mitlaufen ließ, würde mich bei einem Fehltritt vor dem Absturz bewahren. Es waren nur knapp 10 Meter zu gehen, aber mir flatterten die Nerven.

Die große Erleichterung kam erst nach dem Abstieg. Nach gut 2 Stunden waren wir erneut unten im Tal angelangt. Endlich wieder fester Boden unter den Füßen! Noch ganz erfüllt von den superstarken Eindrücken war ich unfassbar glücklich, dass ich dieses Abenteuer gewagt hatte.

Denn nur, wenn ich über meinen Schatten springe und Neues ausprobiere, hat die Welt wirklich großartige Dinge zu bieten.

Manchmal denke ich ja, mehr als mein Hattingen brauche ich nicht, um glücklich zu sein. Und tatsächlich fällt es mir nicht immer leicht, mich aus meinem Alltagstrott herauszulösen und auf Reisen zu gehen. Ich glaube, das geht fast jedem so: Die Koffer sind gepackt, das Taxi steht schon vor der Tür, und mitten in die Vorfreude auf das Abenteuer schleicht sich der Gedanke: „Eigentlich wär's doch auch schön, einfach hierzubleiben. Zu Hause bei der Familie. Da kennt man alles, kann sich fallenlassen." Aber das ist immer nur ein kurzer Moment. Ich will die Herausforderung immer wieder annehmen. Denn nur, wenn ich über meinen Schatten springe und Neues ausprobiere, hat die Welt wirklich großartige Dinge zu bieten.

Als wir nach überstandener Klettertour wieder unten im Tal der Wupper standen, dachte ich gleich: „Im Film wird das super aussehen – Wupperwanderer Bastian und Daniel Aßmann, wie sie mutig die Brücke erklimmen." Die eigentlichen Helden waren aber ganz andere! Beim Zuschauen vergisst man schnell, dass bei allen Aktionen auch die Teammitglieder dabei sein müssen, die alles in Bild und Ton festhalten. Ich selbst hatte auf der Müngstener Eisenbahnbrücke eine kleine Kamera dabei, die ich immer wieder mal hervorholte, wenn es passte. Aber meine Aufnahmen würden später höchstens eine Ergänzung zu den Bildern der Kameramänner sein. Die Verantwortung für gutes Bildmaterial lag zu 100 Prozent bei ihnen. Sie hatten aber nicht nur den Druck der

Erwartungen zu tragen, sondern auch ganz physisch das Gewicht ihrer Kameras. Den gesamten Auf- und Abstieg hatten die beiden ihre 12 Kilo schweren Kameras auf der Schulter. Weiteres Equipment brachte noch ein paar Kilo zusätzlich auf die Waage. Und während ich als Moderator ja fast immer die Hände frei habe – zum Zeigen, Paddeln, Klettern, Abseilen, Fahrradfahren … –, müssen die „Wunderschön"-Kamera- und Tonleute fast durchgehend mindestens eine Hand am Gerät haben. Es ist manchmal wirklich akrobatisch, was sie leisten. Wie schaffen sie das? Auf den Reisen habe ich einige von ihnen gefragt, und alle haben ungefähr dasselbe geantwortet: Wenn einer konzentriert durchs Objektiv oder aufs Mischpult schaut, ist kein Platz für Überlegungen, was alles passieren könnte. Leuchtet ein. Der Blick durch den Sucher der Kamera oder auf die Knöpfe des Mischpults schafft Distanz. Und wer distanziert ist, macht sich weniger Sorgen.

Diese Fokussierung kann natürlich auch Probleme bereiten. Auf unserer Rhön-Reise fuhr ich mit dem Kanuverleiher Holger auf der Werra. Es sieht im Film so aus, als wären wir ganz allein auf diesem idyllischen Flüsschen unterwegs. Aber natürlich fuhr ein zweites Kanu neben uns, von dem aus das Team in Ton und Bild festhielt, wie Holger und ich friedlich im Kanu paddelten. Die Bäume links und rechts des Ufers bildeten ein Blätterdach über uns, die Stimmung war magisch. Nur das leise Gluckern des ruhig dahinfließenden Flüsschens war zu hören. Ein paar Paddelschläge weiter erzählte Holger, dass die Werra an vielen Stellen renaturiert wird und deshalb Bäume, die ins Wasser fallen, einfach liegenbleiben. Und genau in diesem Moment sah ich aus dem Augenwinkel das zweite Kanu in so einen Baum hineinfahren. Weil alle Aufmerksamkeit der Insassen auf Holger und mir ruhte, hatten sie das ins Wasser ragende Ästegewirr komplett übersehen. Hektisch versuchten sie noch, dem Hindernis auszuweichen, aber es war zu spät, sie hingen fest. Diese Szene hat es tatsächlich in den fertig geschnittenen Film geschafft. Auf der Tonspur sind ein Schreckensruf und ein genervtes „Oh, Leute!" zu hören. Und die Kamera schwenkt abrupt weg von dem Boot, in dem Holger und ich feixen und lachen, eine Sekunde später sieht man nur noch eine chaotische Abfolge von unscharfen Bildern von Himmel, Zweigen und Blättern. Es war gar nicht so einfach, das Kanu wieder flott zu machen.

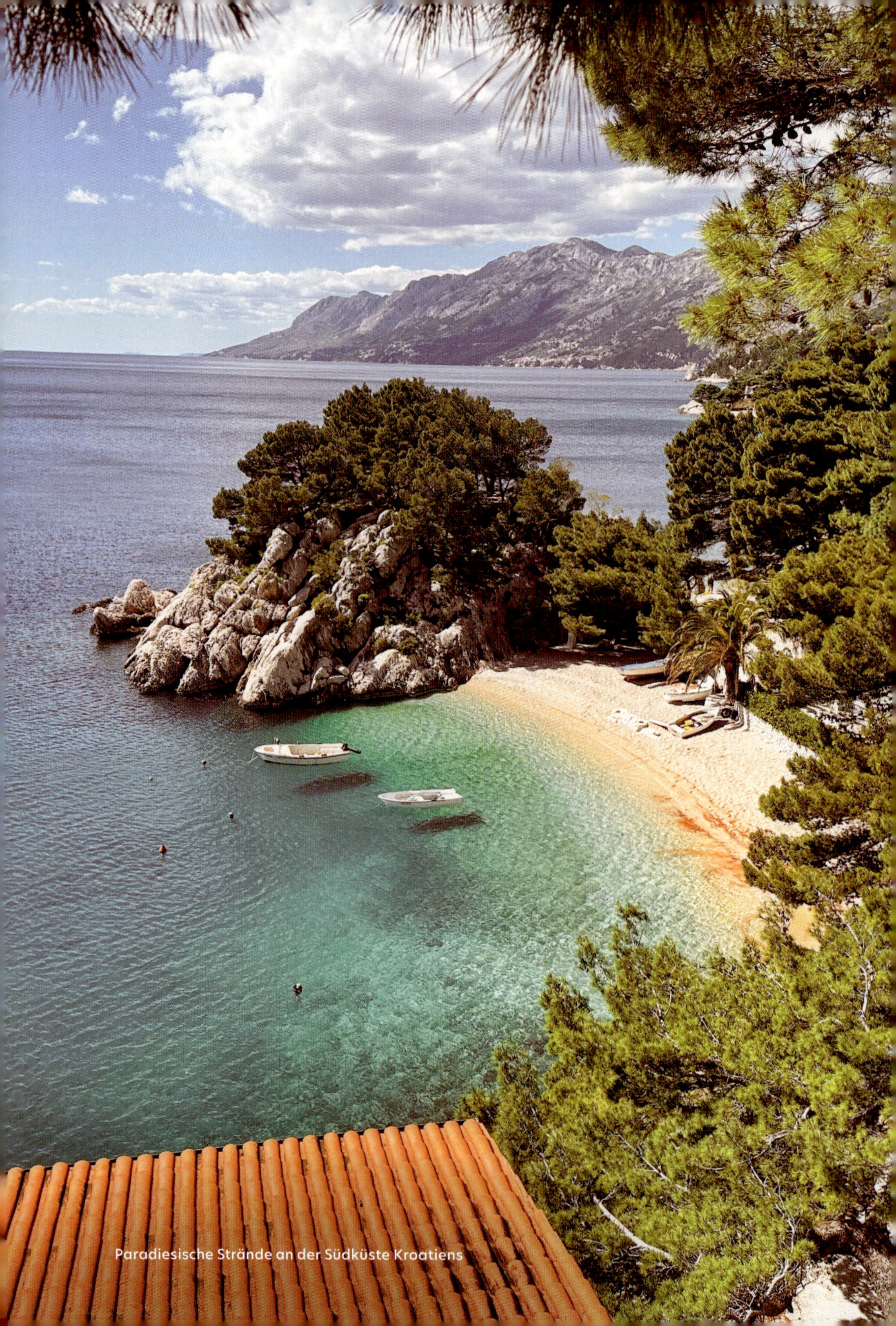

Paradiesische Strände an der Südküste Kroatiens

DALMATIEN – EINE MUSIKALISCHE REISE

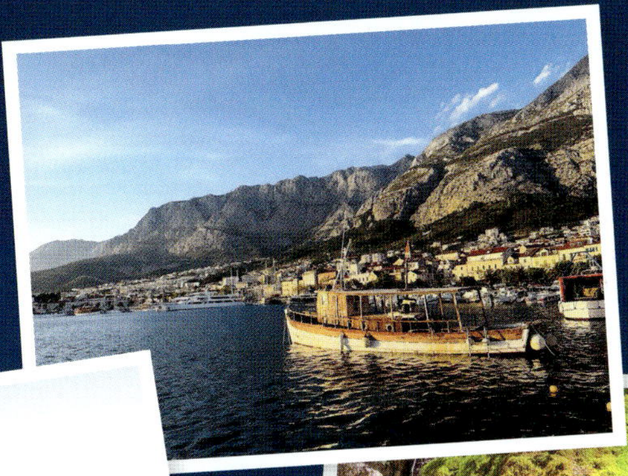

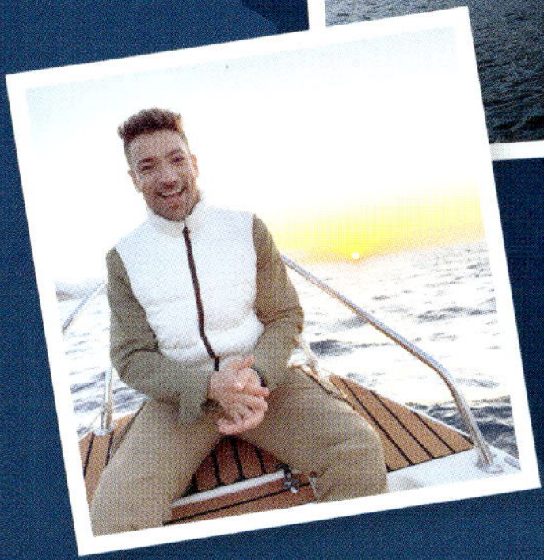

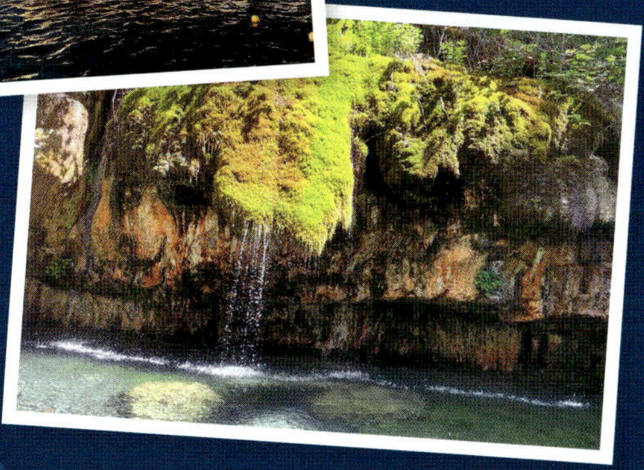

Kroatien

SPLIT

BOL

Friedrich Nietzsche
**„Ohne Musik
wäre das Leben ein Irrtum."**

RAMON BABAZADEH

Dalmatien – eine musikalische Reise

Was macht für Sie eine richtig gute Reise aus? Sind Sie gerne aktiv und gehen auf sportliche Entdeckungstouren? Lassen Sie die Seele baumeln und machen am liebsten gar nichts? Sind Sie eher kulinarisch unterwegs und erleben eine Region über den Gaumen? Oder genießen Sie Ihre Freizeit womöglich ganz anders? Ich habe festgestellt, dass wir beim Reisen offenbar alle sehr unterschiedliche Wünsche und Bedürfnisse haben. Bei mir haben sich über die Jahre diese drei herauskristallisiert: Erstens suche ich nach Action, Sport und Abenteuern. Zweitens möchte ich möglichst viel von Land und Leuten mitbekommen. Und drittens versuche ich, das Lebensgefühl einer Region und seiner Menschen aufzusaugen. Privat ist das zugegebenermaßen nicht immer ganz einfach, denn diese Bedürfnisse stimmen nur sehr selten mit denen meiner Mitmenschen überein. Es gilt daher, Kompromisse einzugehen - was in der Regel auch sehr bereichernd ist. Beruflich sieht das allerdings etwas anders aus: Je länger ich den Job des Reisereporters mache, desto mehr habe ich das Gefühl, dass meine Reisebedürfnisse gar nicht so schlechte Voraussetzungen für unterhaltsame Reportagen sind.

So richtig zugelassen habe ich diesen Gedanken nach unserer „Wunderschön"-Tour durch Dalmatien. Im April 2023 reisten wir etwa 1 Woche entlang der Südküste Kroatiens und besuchten einige der vielen Inseln. Für den Film, der dort entstand, haben wir später viel Lob von Menschen mit Wurzeln in der Region bekommen: Wir hätten nicht nur die Schönheit Dalmatiens eingefangen und die vielen touristischen Möglichkeiten aufgezeigt, sondern vor allem das Lebensgefühl der Menschen echt und authentisch abgebildet. Heute glaube ich, dass wir diese optimale Teamleistung erbracht haben, weil die Umstände unserer Reise günstig waren und sie glücklicherweise ziemlich gut mit meinen Bedürfnissen zusammenpassten. Actionreich wurde es zum Beispiel beim Seabob-Fahren gleich zu Beginn des Films. Ein Seabob ist eine Art Unterwasserfahrzeug, mit dessen Hilfe Sie sich durchs Wasser ziehen lassen können. Er ist elektrisch betrieben, fährt mit einer Geschwindigkeit von bis zu 20 Stundenkilometern und lässt Sie bis zu 40 Meter tief tauchen. Im glasklaren Wasser Dalmatiens war das ein faszinierendes Erlebnis, weil es die spektakuläre Unterwasserwelt mit Fischen, Felsen und Pflanzen sichtbar machte. Eine sportliche Herausforderung wartete später beim Canyoning im Fluss Cetina auf uns, wo wir uns im Klettern, Springen und Schwimmen in einem eiskalt strömenden Fluss beweisen mussten. Das Gefühl, sich von einer reißenden Flut durch eine riesige Felsschlucht spülen zu lassen, ist wahrlich abenteuerlich. Auch von Land und Leuten haben wir viel mitbekommen. Das lag zum einen daran, dass wir eine Tour entlang der Küste machten und durch das Inselhopping an viele verschiedene Orte kamen. Die warme Luft, das sanfte Meeresrauschen, das kristallklare Wasser, die malerischen Strände und die beeindruckenden Berge gehören zu meinen schönsten Reiseerinnerungen. Zum anderen empfingen uns die Menschen vor Ort unglaublich herzlich. Sie waren gastfreundlich, redselig und teilten sehr private Gedanken und Geschichten mit uns. Ich denke da etwa an unsere Begegnung mit einem Olivenbauern auf der Insel Brač. Der Mann stammte eigentlich aus einer anderen Region, ließ aber vor einigen Jahren alles stehen und liegen, um gemeinsam mit seiner Frau auf Brač Oliven anzubauen. Ihr gemeinsamer Traum war es immer, aromatisches und hochwertiges Olivenöl zu produzieren. Doch kurz bevor die beiden

Wir waren damals alle sehr berührt von seiner Offenherzigkeit und seiner selbstverständlichen Gastfreundschaft. Diese Eigenschaften habe ich im Übrigen bei fast allen Menschen, die wir auf unserer Reise getroffen haben, gespürt.

tatsächlich eine renommierte Auszeichnung für ihr Öl bekamen, verstarb seine Frau. Das war etwa ein halbes Jahr vor unseren Dreharbeiten. Trotzdem empfing der Mann uns auf seiner Olivenfarm, kümmerte sich um unser Wohlbefinden und erzählte uns seine Geschichte. Wir waren damals alle sehr berührt von seiner Offenherzigkeit und seiner selbstverständlichen Gastfreundschaft. Diese Eigenschaften habe ich im Übrigen bei fast allen Menschen, die wir auf unserer Reise getroffen haben, gespürt. Genauso wie dieses besondere Lebensgefühl, das die Menschen in Dalmatien „pomalo" nennen. So wie ich es verstanden habe, beschreibt „pomalo" die Einstellung, immer im Moment zu leben und nicht alles so ernst zu nehmen. Auf Deutsch heißt das Wörtchen so viel wie „langsam", „locker" oder „entspannt". Aber ich finde, dass ein Wort nicht wirklich ausreicht, um die Idee zu beschreiben. Für mich wirkt sie eher wie eine Art Lebensstil. Wie eine Art Perspektive auf das Leben, um gelassen, bewusst und wertschätzend mit sich und seinen Mitmenschen umzugehen. Denn auch das habe ich als Teil des dalmatinischen Lebensgefühls wahrgenommen: Den Respekt, den sich die Menschen untereinander entgegenbringen und den hohen Stellenwert von Familie, Freundschaft und Gemeinschaft. Was glauben Sie, wie entsteht so eine Art von Lebensgefühl? Und wie überträgt es sich von Generation zu Generation? Ich bin kein Kulturwissenschaftler, aber ich kann mir vorstellen, dass Musik dabei eine große Rolle spielt. Und in Dalmatien hatte ich das Gefühl, das am eigenen Leib miterleben zu dürfen.

Die Region Dalmatien ist berühmt für seinen Klapa-Gesang. Sie können sich die Musik in etwa so wie A-cappella-Gesang vorstellen: Eine Gruppe von Musikern singt gemeinsam in verschiedenen Tonhöhen und Stimmen. Meistens sind die Musiker Männer und ihre Lieder handeln von der Liebe, dem Wein, der Heimat und dem Meer. In der Hafenstadt Split kamen wir zum ersten Mal in den Genuss der Klapa-Musik. Split ist nach Zagreb die zweitgrößte Stadt Kroatiens und wird umgangssprachlich auch als „Hauptstadt von Dalmatien" bezeichnet. Die Stadt ist wegen seiner Strände und

Die Menschen waren lustig, plauderten miteinander und hatten keine Eile.

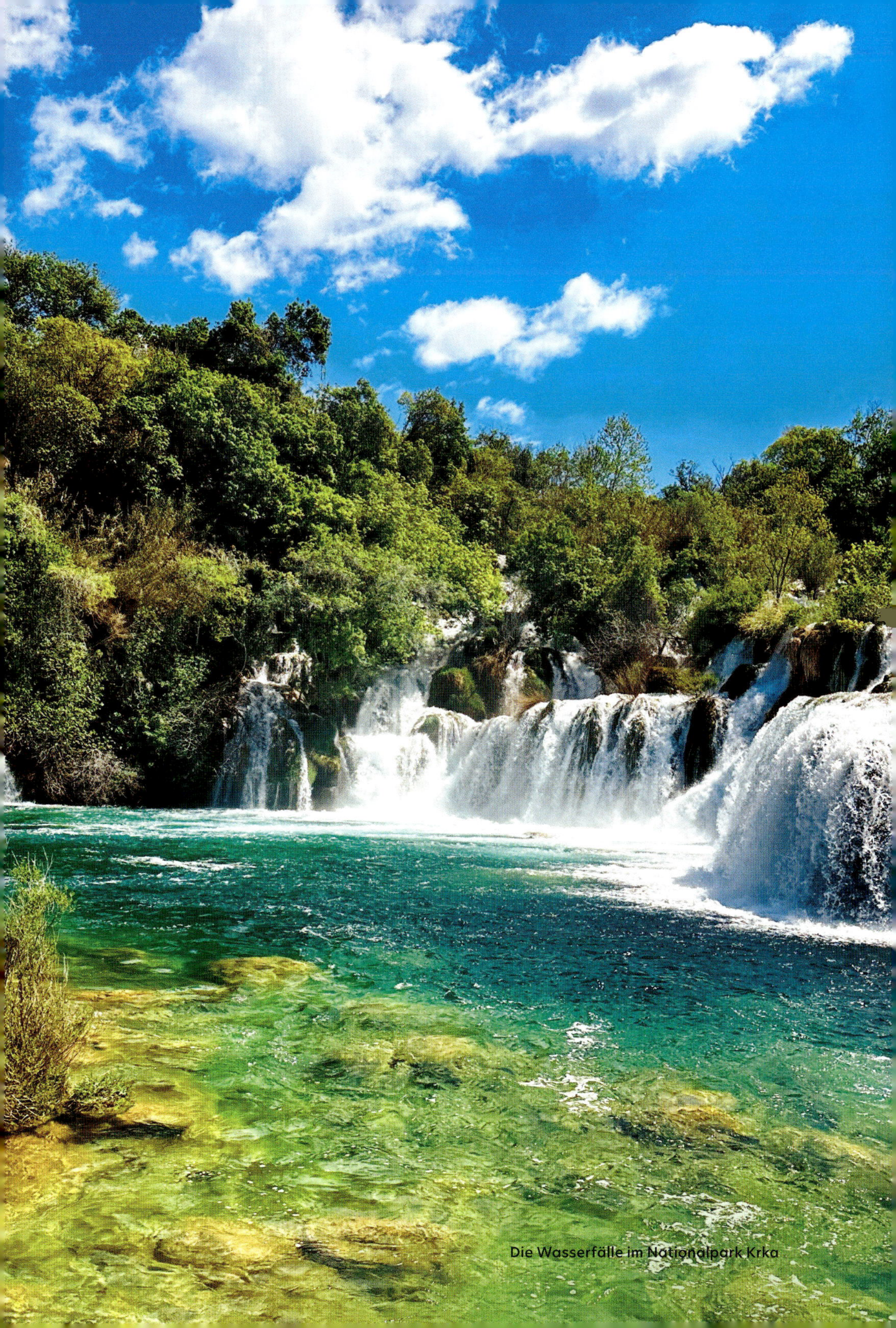

Die Wasserfälle im Nationalpark Krka

historischen Sehenswürdigkeiten sehr beliebt bei Touristinnen und Touristen. Und weil es dort einen Flughafen gibt, der von deutschen Städten aus angeflogen wird, ist Split für viele so etwas wie der Startpunkt ihrer Kroatienreise. Wir waren dort mit einer Reiseführerin unterwegs und begannen unseren Rundgang auf dem Wochenmarkt. Die Idee gefiel mir sehr gut, denn meiner Erfahrung nach bekommt man auf Märkten einen recht guten Eindruck vom Herzen und der Seele einer Region und seiner Menschen. Das gilt für Reisen im Ausland genauso wie für Städtetrips in Deutschland. Auf dem Wochenmarkt in Split merkte ich sofort, wie wohl ich mich fühlte. Die Menschen waren lustig, plauderten miteinander und hatten keine Eile. Ganz nach dem Motto: „Kommst du heute nicht, kommst du morgen." Wir kauften ein wenig Obst, Gemüse, Käse und Schinken und machten uns auf unseren Rundgang durch die Innenstadt. Als wir gerade auf dem Weg in die Kathedrale von Split waren, hörten wir aus der Ferne sanfte, sphärische Klänge. Wir folgten den Geräuschen und landeten im sogenannten Vestibül - einer runden, mehrere Meter hohe Empfangshalle des früheren römischen Kaisers Diokletian. In der Mitte standen drei in schwarz gekleidete Männer und sangen. Die Akustik war phänomenal und der Klang ihrer warmen, kraftvollen Stimmen hatte eine beruhigende, fast meditative Wirkung auf mich. Ich war wie gefesselt. Auch unsere Reiseführerin lehnte sich an die Wand, schloss ihre Augen und wirkte wie hypnotisiert. Nach einer Weile öffnete sie die Augen wieder, vergoss eine Träne, beugte sich zu mir und flüsterte: „Das ist ein sehr trauriges Lied." „Worum geht es denn?", fragte ich. „Um den Verlust eines jungen Kindes", sagte sie leise und lächelte. Wir standen noch eine Welt dort und lauschten den Männern und ihrem Gesang. Ich erinnere mich an die Gedanken, die mir in diesem Moment durch den Kopf gingen: Wie kann etwas so schön klingen, obwohl es um etwas so Trauriges geht? Wie kann es sein, dass die Klänge mir ein Gefühl der Geborgenheit geben, obwohl der Inhalt doch eigentlich von einer schmerzhaften Erfahrung handelt? Ich glaube, das war die Kraft der Musik. Ich glaube auch, dass vor allem traditionelle Volkslieder diese Kraft haben: Sie erzeugen ein Gefühl der Gemeinschaft, machen munter oder spenden Trost. Ich war fasziniert von der Energie der dalmatinischen Volksmusik und hoffte, auf unserer Reise noch mehr solcher Eindrücke sammeln zu dürfen. Und zum Glück passierte genau das – etwa bei unserem Ausflug auf die zweitgrößte Insel Dalmatiens.

Wir fuhren mit der Fähre auf die Insel Brač. Brač ist berühmt für seinen weißen Kalkstein, der schon auf der ganzen Welt verbaut wurde – angeblich sogar im Weißen Haus in Washington. In Bol, der ältesten Stadt der Insel, waren wir mit Ivana verabredet. Sie war die Leiterin des örtlichen Kulturzentrums und eine sehr offenherzige und freundliche Frau mit einer großen Liebe zu ihrer Heimat. Bei einem Spaziergang am Ufer kamen wir schnell auf die dalmatinische Volksmusik zu sprechen und Ivanas Augen leuchteten. Klapa sei eine Art Lebensgefühl, sagte sie und berichtete davon, dass sie selbst Mitglied in einem Ensemble sei. Ich war etwas verwundert, weil ich bis dahin dachte, dass Klapa reine Männersache wäre. „Die Zeiten haben sich geändert, Ramon!“, lachte Ivana und versprach, dass wir uns später mit einer Gruppe Musiker am Strand treffen würden. Erst einmal wollte sie uns ihre Insel zeigen. Wir stiegen ins Auto und fuhren los – ich am Steuer, Ivana neben mir und das Team samt Technik um uns herum. Ivana holte ihr Handy heraus, koppelte es mit der Anlage im Auto und spielte uns einige ihrer Lieblingslieder vor. Immer wieder sang sie laut mit und sah dabei so glücklich aus, dass ich anfing, mitzusingen. Ich bin zwar weder ein guter Sänger, noch spreche ich kroatisch, aber das war irgendwie egal. Auch die Kameras und Mikrofone hatte ich offenbar ausgeblendet, denn der Moment war einfach so schön: Wir fuhren bei strahlendem Sonnenschein die Küstenstraße entlang, schauten auf das türkisblaue Wasser und sangen gemeinsam romantische Lieder über die Schönheit der Landschaft und des Meeres. Auch die Kollegen aus dem Team sangen mit, bewegten sich zur Musik und lachten herzlich. Es fühlte sich ein bisschen so an, als wäre die Zeit stehengeblieben. Und als ob wir uns alle schon ewig gekannt hätten. Die Musik und das gemeinsame Singen sorgten für eine Art Verbindung

„Die Zeiten haben sich geändert, Ramon!“, lachte Ivana und versprach, dass wir uns später mit einer Gruppe Musiker am Strand treffen würden.

zwischen uns allen. Im Film gehört diese Sequenz zu meinen Lieblingsszenen, weil sie so herrlich ehrlich ist und einen kleinen Eindruck vom dalmatischen Lebensgefühl vermittelt.

Am Abend machte Ivana dann ihr Versprechen wahr: Es dämmerte schon leicht und wir schlenderten am Strand von Bol entlang. Vor einer Weinbar standen sechs Männer in schwarzen Sakkos in einem Halbkreis, spielten Gitarre und sangen miteinander. Davor hatte es sich eine kleine Gruppe Einheimischer mit Snacks und Getränken gemütlich gemacht. Sie lauschten dem leisen Meeresrauschen, der stimmungsvollen Musik und genossen den Sonnenuntergang. „Was für eine unglaublich schöne Stimmung", dachte ich. Wir unterhielten uns mit den Musikern und sie erzählten, dass die Ursprünge der Klapa-Musik eigentlich in kirchlicher Choralmusik aus Italien lägen, die irgendwann nach Dalmatien herüberschwappte. Die Dalmatiner interpretierten diese Lieder dann neu und dichteten sie zum Beispiel in romantische Liebeslieder um. „Willst du nicht mal mitsingen?", fragte einer der Musiker. „Liebend gern, aber ich spreche eure Sprache doch gar nicht." „Keine Sorge, der Text ist ganz einfach", antwortete er und lachte. Wir stellten uns alle gemeinsam in einem Halbkreis vor dem Meer auf, legten uns die Arme um die Schultern und sangen miteinander. Dieser Moment fühlte sich so warmherzig an, dass ich ihn vermutlich niemals vergessen werde. Mit elf unbekannten Personen in einem unbekannten Land Arm in Arm ein unbekanntes Lied zu singen und sich dabei trotzdem irgendwie geborgen und „wie zu Hause" zu fühlen, war ein unbeschreiblich schönes Gefühl. Ich war in der Fremde und fühlte mich trotzdem heimisch. Es zählte nur der Moment und der war geprägt von Gelassenheit, Wertschätzung, gegenseitigem Respekt und einem Gefühl der Gemeinschaft. „Jetzt bist du ein richtiger Dalmatiner!", sagte Ivana. Wir lachten, umarmten uns und für einen kurzen Augenblick dachte ich tatsächlich, dass sie recht hatte.

Ich war in der Fremde und fühlte mich trotzdem heimisch. Es zählte nur der Moment und der war geprägt von Gelassenheit, Wertschätzung, gegenseitigem Respekt und einem Gefühl der Gemeinschaft.

Ich bin immer wieder fasziniert davon, welche Gefühle, Stimmungen und Atmosphären Musik erzeugen kann. Sie kann uns berühren und entspannen, fröhlich und heiter machen, trösten oder inspirieren. In jedem Fall aber verbindet sie uns, lässt uns näher zusammenrücken und baut Brücken. Auf unserer Reise durch Dalmatien war ich immer wieder erstaunt, wie lied- und textsicher die Einheimischen waren. Fast immer, wenn wir irgendwo auf Klapa-Gruppen gestoßen sind, haben sich die Außenstehenden dazugesellt und mitgesungen. Aber wen wundert's? Immerhin heißt Klapa übersetzt so viel wie Gruppe. Glücklicherweise wurden wir herzlich in diese Gruppe aufgenommen und konnten so das Lebensgefühl der Region und seiner Menschen aufsaugen und entspannt abbilden. „Pomalo" eben.

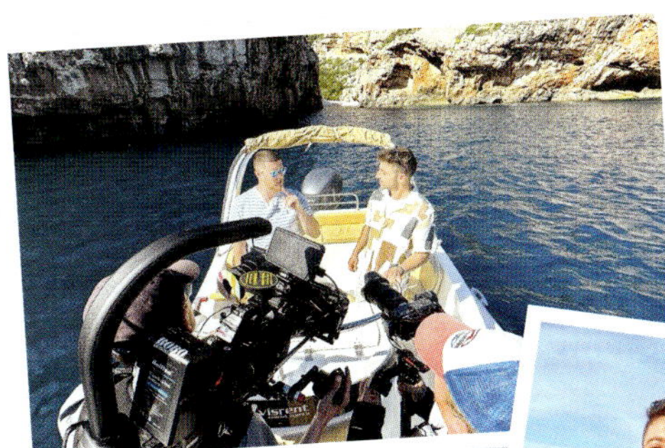

Motorbootfahren auf der Adria

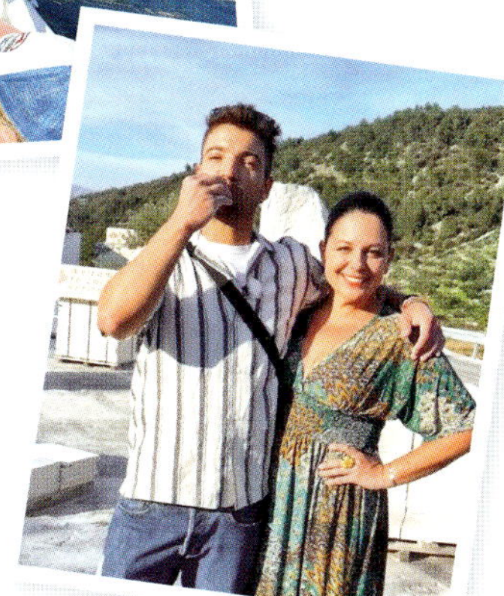

Mit Ivana in Dalmatien

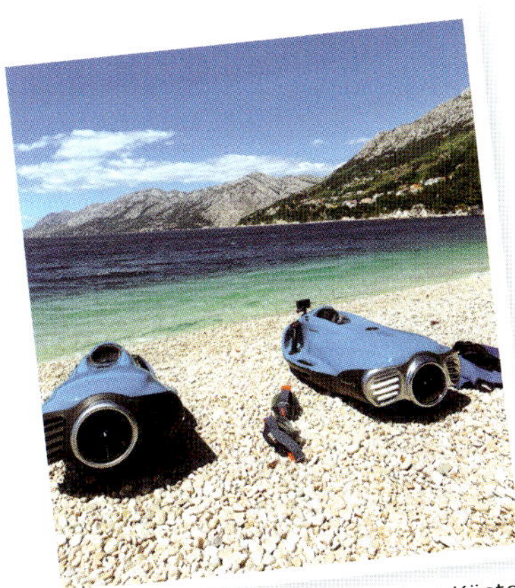

Seabobs an der dalmatinischen Küste

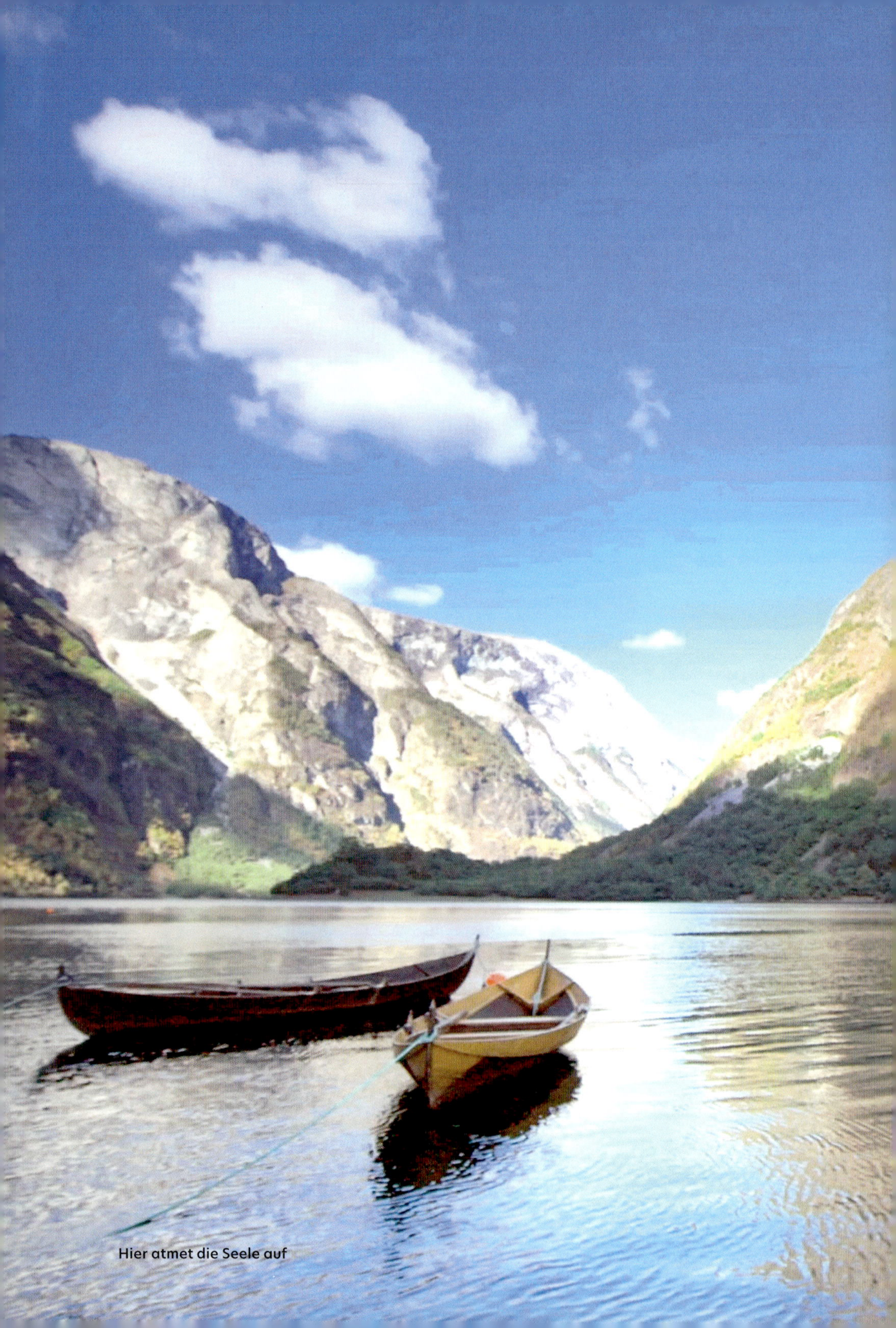

Hier atmet die Seele auf

NEUES AUS NORWEGEN

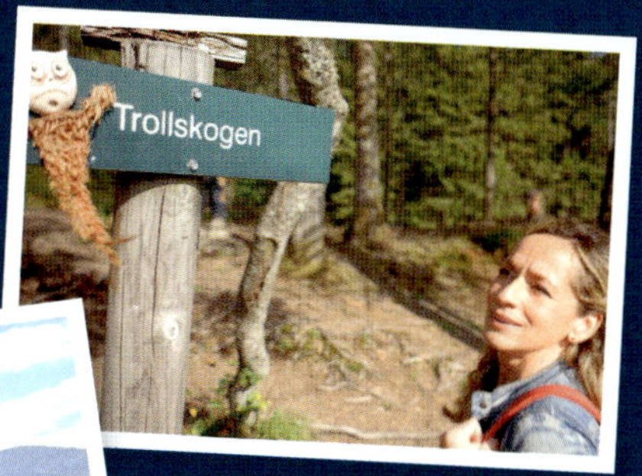

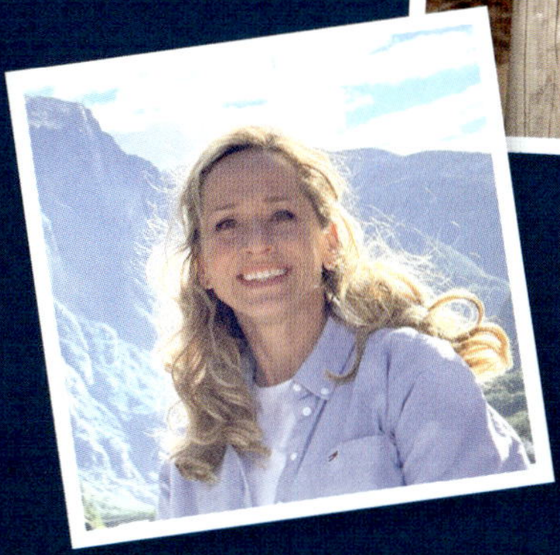

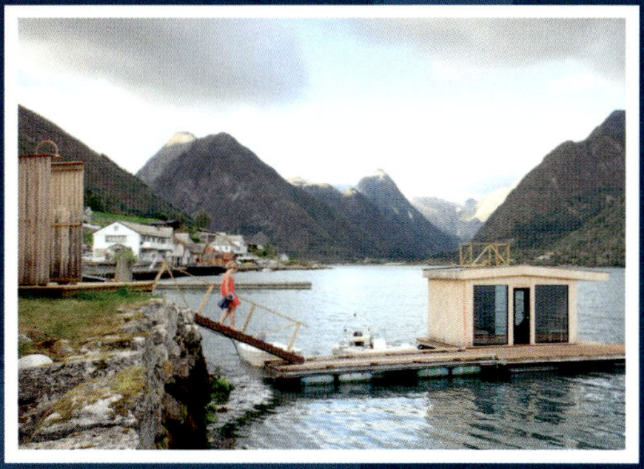

Norwegen

STEGASTEIN

FLÅM

Gustav Heinemann

„Wer nichts verändern will, wird auch das verlieren, was er bewahren möchte."

TAMINA KALLERT

Neues aus Norwegen

Für viele Menschen ist die *Trolltunga*, die „Trollzunge", der Inbegriff für die Landschaft Norwegens. Ein Bild dieser waagerechten, weit über einen Klippenrand hinausragenden Felsnase hat bestimmt jeder schon einmal gesehen. Ohne Zaun oder sonstige Absicherung steht man dort in luftiger Höhe, gruselige 700 Meter über einem langgestreckten See, der sich wie ein Fjord durch die Berglandschaft zieht. Das Besondere an diesem Highlight: Es gibt weit und breit keine Straße. Vom nächstgelegenen Parkplatz aus sind es gute 10 Kilometer, die durch teilweise schwieriges Gelände mehr als 1.000 Höhenmeter bergauf führen. Und dann müssen Zeit und Kräfte ja auch noch für den Rückweg reichen! Normalerweise ist Abgeschiedenheit ein Garant dafür, am Ziel nicht von Menschenmassen überrannt zu werden. Doch der Andrang an der Trolltunga ist an manchen Tagen so groß, dass die Besucher 2 Stunden warten müssen, um ihr „einsames" Foto auf dieser Felsnase machen zu können.

Als die „Wunderschön"-Reise nach Norwegen geplant wurde, lag es nahe, dass wir den Zuschauern auch die berühmte Trolltunga zeigen. Wir hätten die Mühen nicht gescheut, doch Michael, der Autor für diese Folge, meinte: „Wir opfern keinen ganzen Drehtag, nur um Aufnahmen zu zeigen, die es schon hunderttausendfach im Netz gibt!" Diese Entscheidung berührt den Kern der „Wunderschön"-Sendereihe: Mit den uns zur Verfügung stehenden Ressourcen wollen wir den Zuschauern ein Optimum an Erlebnissen bieten.

Als Alternative zur Trolltunga wurde der Stegastein gewählt. Er ist über eine kurvige Straße zu erreichen, die sich vom Örtchen Aurlandsvangen zur Hochebene hinaufschlängelt. So wie an der Trolltunga gibt es auch hier eine beeindruckende Abbruchkante, „nur“ 650 Meter geht es fast senkrecht zum Aurlandsfjord hinab. Eine schmale Plattform aus Holz und Beton wurde 30 Meter weit ins Nichts hineingebaut. Mir war ein wenig mulmig zumute, als ich auf dieser Rampe stand – unter mir nur ein wenig Beton und sehr, sehr viel freie Luft. So mancher Besucher krallte sich an den seitlichen Geländern fest und schaffte es nicht bis ganz nach vorne, wo eine brusthohe Glaswand ein fantastisches Panorama freigab. Der weite Blick über den fast 40 Kilometer langen Aurlandsfjord war von fast surrealer Klarheit. Ich wusste gar nicht, wohin mit meinen Emotionen. Es war ein erhebender Moment, dort zu stehen, und gleichzeitig rückte er die Proportionen zurecht: Wie mächtig ist die Natur, und wie winzig sind wir Menschen!

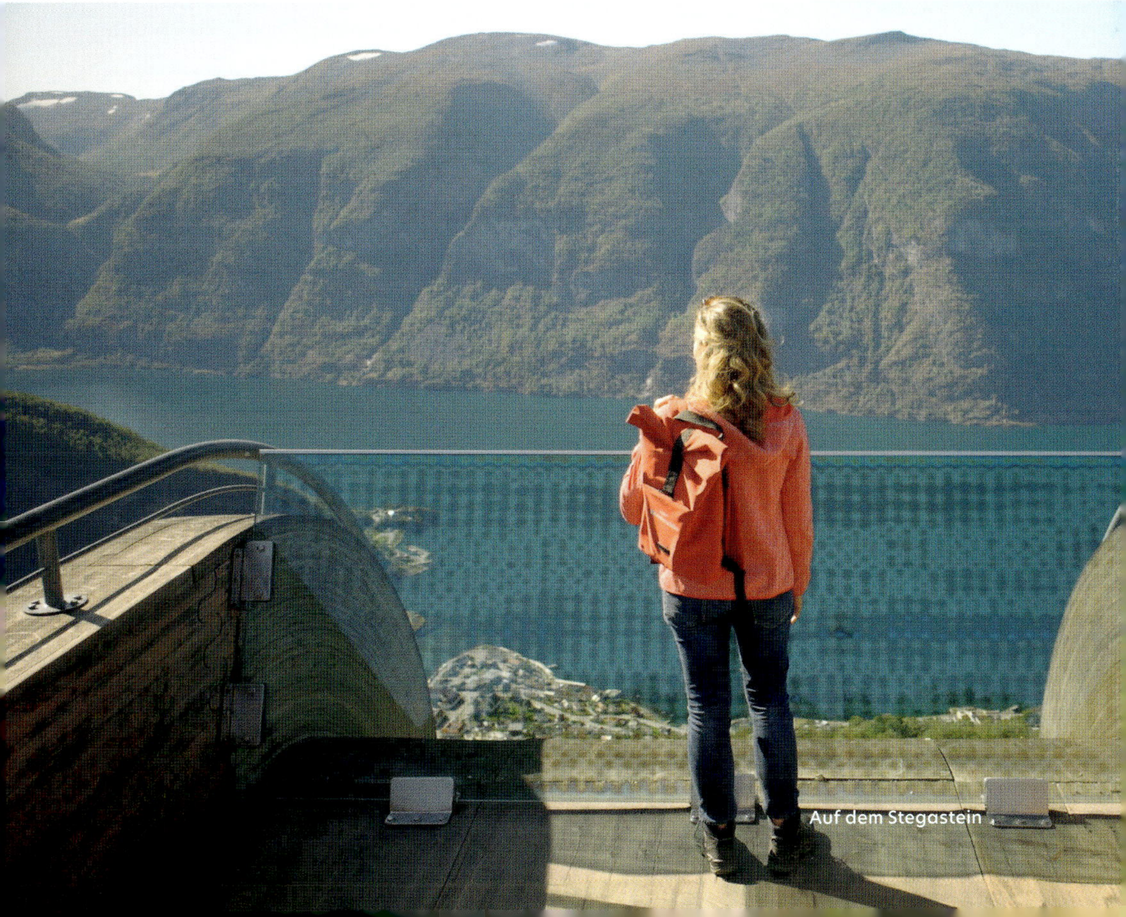
Auf dem Stegastein

Ich weiß nicht, ob der Blick von der Trolltunga noch grandioser gewesen wäre. Vielleicht hätten die Mühen des Aufstiegs das Erlebnis noch einmal vertieft. Und doch war unser Besuch auf dem Stegastein die richtige Wahl. Denn er ermöglichte uns, an diesem Tag noch die Highlights 2 bis 4 in dieser Gegend zu besuchen. Den Anfang machte die Zugfahrt mit der berühmten Flåmbahn. Vom kleinen Örtchen Flåm, das auf Meereshöhe am Aurlandsfjord liegt, tuckert der Zug ins 867 Meter höher gelegene Dorf Myrdal. Die Bahnstrecke ist eine der steilsten der Welt, in vielen Windungen und durch zwanzig Tunnel hindurch geht es durch die wilde Bergwelt immer höher hinauf. Für die gerade einmal 20 Kilometer braucht der Zug fast eine ganze Stunde!

Voller Vorfreude bestiegen wir den Zug. Es herrschte eine gewisse Harry-Potter-Atmosphäre, denn ständig staunen wir: „Das ist doch gar nicht möglich, dass hier ein Zug fahren kann!" Der Extra-Halt am gewaltigen Kjosfossen-Wasserfall, der auf breiter Front und über mehrere Stufen donnernd auf eine Aussichtsplattform zustürzt, schenkte allen Fahrgästen Gelegenheit, dieses Naturspektakel in Ruhe anzuschauen. Bei näherem Hinsehen erkannten wir in den Felsen am Wasserfall eine rotgewandete Frau, die mit wehenden Haaren einen mystischen Tanz aufführte - dieses kleine Extra gehörte zum Programm und sollte die Besucher ein wenig in die Sagenwelt Norwegens entführen. Ich fand die Sache erfreulich dezent, denn die Tänzerin hatte sich weit von der Aussichtsplattform entfernt positioniert und lenkte nicht zu sehr von dem gewaltigen Naturschauspiel ab.

Mit bis zu 100 Stundenkilometern fegt man hier gute 300 Höhenmeter zur Talstation hinab.

Kurz vor der Flåmbahn-Endstation stiegen wir an der Haltestelle Vatnahalsen aus, um das dritte Highlight als Krönung des Tages zu genießen: eine Fahrt mit der Zipline hinab ins Tal. In Mini-Versionen findet man solche Seilrutschen mit Tellersitzen auf vielen Spielplätzen; bei den größeren, touristisch genutzten Exemplaren wird man in eine Art Klettergurt eingehängt und saust einige 100 Meter hinab zur Talstation. In 20 Jahren „Wunderschön" gab es für mich immer wieder mal eine Gelegenheit, auf diese Weise bergab zu rauschen. Und immer war es ein spektakuläres Erlebnis.

Die Flåm-Zipline, mit knapp 1.400 Metern die längste Nordeuropas, war aber auch für mich eine Herausforderung. Mit bis zu 100 Stundenkilometern fegt man dort gute 300 Höhenmeter zur Talstation hinab. Von oben war der Endpunkt des Tragseils kaum zu sehen, es schien tief unter mir im Nirgendwo zu verschwinden. Was hatte ich für einen Bammel!

Im fertig geschnittenen „Wunderschön"-Film ist zu sehen, wie ich oben an der Bergstation lossause und auch, wie ich unten ankomme. Auf der Fahrt ist die Kamera ganz nah an mir dran, und noch dazu gibt es Aufnahmen aus der Luft. Aufmerksame Zuschauer mögen sich gefragt haben: „Wie haben die das eigentlich gemacht?" Meine Fahrt mit der Zipline ist ein gutes Beispiel für den Aufwand, den die Drehteams treiben, damit die Zuschauer hautnah mit dabei sein können.

Schritt eins: Toningenieur Patric, erster Kameramann Jürgen, Maskenbildnerin Kamila und ich fahren mit der Flåmbahn zur Bergstation der Zipline. In der Zwischenzeit fahren der zweite Kameramann Julian und Autor Michael mit dem Auto zur Talstation der Zipline. Julian positioniert sich am Ende der Zipline, Michael kraxelt zu Fuß mit seiner Kameradrohne noch ein gutes Stück weiter bergauf.

Schritt zwei: Auf der Bergstation werde ich von Patric verkabelt, Kamila macht noch ein kleines Fresh-up, wie sie das nennt.

Schritt drei: Michael, der auf halber Höhe mit der Drohne wartet, wird per Handy informiert, dass wir am Start sind. Jürgen hält mit Kamera 1 fest, wie ich oben eingeklinkt werde und lossause. Michael lässt auf meinem Weg nach unten die Drohne über mir kreisen. Julian filmt mit Kamera 2, wie ich stammelnd und juchzend unten ankomme.

Schritt vier: Es fehlen noch die Nahaufnahmen von mir. Ich könnte mit dem Auto hinunter zum Startbahnhof der Flåmbahn und mit dieser wieder hinauf zur Bergstation der Zipline fahren. Aber an diesem Tag steht als vierter Programmpunkt auch noch eine Fahrt mit dem Elektro-Katamaran durch den Aurlandsfjord an. Schaffen wir das zeitlich? Wir haben Glück! Ein Mitarbeiter der Zipline bietet uns an, mich mit einer Art Quad von der Talstation wieder hinauf zur Bergstation zu fahren. Der Weg ist extrem steil und mit einem normalen motorisierten Gefährt nicht zu schaffen. Eine Haarnadelkurve reiht sich an die andere, und trotzdem darf mein Chauffeur nicht zu langsam werden, denn es braucht jede

Menge Schwung, um über Stock und Stein zu kommen. In einem Affenzahn werde ich auf dem Rücksitz des Quads zur Bergstation geradezu hinaufkatapultiert. Diese Fahrt ist noch abenteuerlicher als die Zipline. Ich denke, mein letztes Stündlein hat geschlagen.

Schritt fünf: Oben an der Bergstation erneuter Einsatz von Maskenbildnerin Kamila und Kameramann Jürgen; Tonmann Patric prüft, ob das Mikro noch sitzt. Zu viert stehen wir oben am Start der Zipline, nicht nur ich, auch die anderen müssen diesmal hinunter ins Tal. Hier kommt die wahre Heldin des Tages zum Vorschein. Niemand von uns hat die Fahrt ohne Nervenflattern gemacht, auch Jürgen und Patric nicht. Aber Kamila hat entsetzliche Angst. Als freie Maskenbildnerin arbeitet sie meist für Unterhaltungssendungen bei anderen Sendern; zum ersten Mal ist sie bei „Wunderschön" dabei. Nie im Leben hätte sie gedacht, das sie mit einer Zipline fahren würde. Dass sie fast 1 Stunde oben an der Bergstation warten muss, ständig die Tiefe vor Augen, macht es für sie nicht einfacher. Kamila könnte auch zurück zur Bahnstation laufen und auf den nächsten Zug hinunter nach Flåm warten. Dass sie sich überwindet und sich todesmutig hinabstürzt, ist eine Leistung, die nicht hoch genug eingeschätzt werden kann – und die sie mit gutem Grund sehr stolz macht.

Schritt sechs: Ich bin als Letzte dran. Auch bei meiner zweiten Fahrt mit der Zipline habe ich weiche Knie. Dieses Mal halte ich eine kleine GoPro-Kamera am ausgestreckten Arm. Sie filmt mein Gesicht, das meine Freude an der Action widerspiegelt, und wie ich bei meiner wilden Fahrt kaum Luft bekomme. Uff, geschafft! Wir sind alle wieder beieinander.

So ein logistischer Aufwand für ein paar Sendeminuten ist ganz normal. Damit die komplexen Abläufe klappen, muss sehr gut geplant werden, wer wann wo sein muss und wer mit welchem Transportmittel zum nächsten Drehort kommt. Und dann sind da noch die tausend anderen Extras, die geklärt werden müssen. Zum Beispiel darf man zwischen Flåm und der Zipline-Talstation nur mit einer Sondergenehmigung mit dem Auto fahren, denn auf dem berühmten *Rallarvegen* – einem nicht asphaltierten Weg, der ursprünglich dem Bau der Bahnstrecke galt und heute vor allem als Rad- und Wanderweg genutzt wird – sind eigentlich nur Fahrräder erlaubt. Ohne diese Genehmigung wäre der ganze schöne Plan in sich zusammengefallen. Doch das Team beim WDR in Köln achtet sehr genau auf eine bestmögliche Vorbereitung.

Jede „Wunderschön"-Reise ist etwas Besonderes, doch für unseren Dreh in Norwegen gab es etwas völlig Neues: Der fertig geschnittene Film sollte mit eigens komponierter Musik live auf die Bühne gebracht werden. Als Komponist konnte der Australier Gordon Hamilton gewonnen werden. Eine Premiere war auch die Zusammenarbeit von „Wunderschön" mit dem WDR-Funkhausorchester und seinem Chefdirigenten.

Eine Kombination aus Reisedokumentation und Konzertmitschnitt hatte es nie zuvor gegeben. Und auch das Drehbuch musste die besonderen Anforderungen an die völlig neue Dramaturgie im Blick behalten. Zum Beispiel würde ich als Moderatorin deutlich weniger das Geschehen kommentieren, denn die Bilder der grandiosen Landschaft Norwegens sollten über weite Strecken ohne Text ihre Wirkung entfalten, untermalt von der einfühlsamen und sozusagen maßgeschneiderten Musik.

Der fertig geschnittene Film wurde zum Komponisten geschickt, ergänzt durch ein sogenanntes *Mood Sheet,* in dem beschrieben war, welche Stimmung seine Musik bei den jeweiligen Einstellungen erzeugen sollte. Von der ersten Planung bis zur letzten Probe im Großen Sendesaal des WDR war es ein gigantischer Aufwand, bis unzählige einzelne Gewerke zu einem großen Ganzen zusammengefügt waren. Alle Beteiligten – unterwegs in Norwegen und daheim in Köln – hatten sich wieder einmal auf Neuland gewagt und neue Maßstäbe gesetzt.

Wir wollen den Zuschauern und Zuschauerinnen wunderschöne 90 Minuten bieten. Dazu müssen wir immer wieder Veränderungen zulassen und Neues wagen.

Am 15. Juni 2022 war es dann so weit: Vor 650 Gästen fand die Uraufführung statt. Per Live-Stream konnten auch die Zuschauer daheim an diesem festlichen Ereignis teilhaben. Einige Tage später war „Norwegens Westen – Vom Sognefjord nach Bergen" dann wie gewohnt auch im Fernsehen zu sehen. Die Reaktionen der Zuschauer zeigten uns, dass sich die Anstrengungen gelohnt hatten.

Ein Jahr später wurde unsere Wandertour durch die Dolomiten ebenfalls ungewöhnlich aufwendig produziert. Dieses Mal wurde die Filmmusik von Verena Guido komponiert, die schon mit der Musik für die Hörspiel-Version von „Babylon Berlin" gezeigt hatte, wie einfühlsam sie die Sprache der Musik beherrscht.

Allzu oft können wir den Aufwand, eine „musikalische Doku" zu produzieren, nicht betreiben. Aber es wird wohl auch in den kommenden Jahren immer wieder besondere „Wunderschön"-Sendungen geben, bei denen die Reisebilder durch eigens komponierte Musik eine besondere Strahlkraft bekommen. Und wer weiß, was dem Team noch so alles einfällt, um den Zuschauern und Zuschauerinnen ganz besondere Erlebnisse zu bieten.

---

20 Jahre „Wunderschön" - dieser Erfolg wurde nur möglich, weil die Sendereihe von Anfang an offen war für Entwicklungen und Experimente. Unmerklich haben sich die Abläufe und die Ansprüche an das Team verschoben. Innerhalb eines Jahres fallen die Veränderungen kaum auf. Aber wenn ich 10 oder 15 Jahre alte Sendungen noch einmal anschaue, springen mich die Unterschiede geradezu an. Das fängt schon mit meinem Aussehen an - per Fön eingedrehte Haare und kunstvolle Hochsteckfrisuren gehören ganz klar in die Nullerjahre. Teilweise schossen die Maskenbildner auch ein wenig übers Ziel hinaus. Ich kann mich noch gut an den Ausruf eines Kollegen am Frühstückstisch erinnern, kurz bevor es zu einem Dreh in freier Wildbahn ging: „Mein Gott, Tamina! Du siehst aus, als würdest du auf einen Ball gehen!"

Natürlich hinterließen auch die vielen technischen Neuerungen ihre Spuren, leichtere Kameras und der Einsatz von Handys und Drohnen. Mit ihnen sind wir viel beweglicher als früher. Auch die Rolle der Moderatoren und Moderatorinnen hat sich in den vergangenen 20 Jahren grundlegend geändert. Von festgelegten Bildausschnitten über aus heutiger Sicht etwas steif wirkende Überleitungen zum nächsten Filmblock, sorgsam choreographierten Szenen und seitenlangen Manuskripten für uns Moderatoren hin zu meinen Stärken: mit Menschen authentisch in Verbindung treten und spontan auf Unvorhergesehenes reagieren.

Von Anfang an wurde die Sendereihe mit viel Herzblut gemacht. Doch wer Erfolg haben will, muss Veränderung zulassen und sich bewusst weiterentwickeln. „Das haben wir aber schon immer so gemacht" darf kein Argument sein. Während der Dreharbeiten gibt es immer wieder lange Diskussionen: Was wollen wir hier eigentlich zeigen? Und wie machen wir das am besten? Und auch im WDR wird genau hingeschaut. Nach jeweils zwei Sendungen schalten sich alle Beteiligten zu einer Videokonferenz zusammen. Dann besprechen wir gemeinsam: Was war gut? Was hat vielleicht nicht so gut geklappt? Was war zu lang? War es zu emotional? Gab es ein Zuviel an Fakten? Was können wir noch besser machen?

Der Erfolg der „Wunderschön"-Reihe ist der Mischung aus Bewährtem und Wandelbarkeit zu verdanken. Diese Balance auszuhandeln ist ein stetes Ringen, denn natürlich sind wir nicht immer einer Meinung. Doch in einem sind wir uns einig: Wir wollen den Zuschauern und Zuschauerinnen wunderschöne 90 Minuten bieten. Dazu müssen wir immer wieder Veränderungen zulassen und Neues wagen. Wenn ich in 10 Jahren heutige Sendungen anschauen werde, werde ich bestimmt schmunzeln: „Ach schau an! So haben wir das damals gemacht!" Die Entwicklungsprozesse dauern weiter an. Ich bin gespannt!

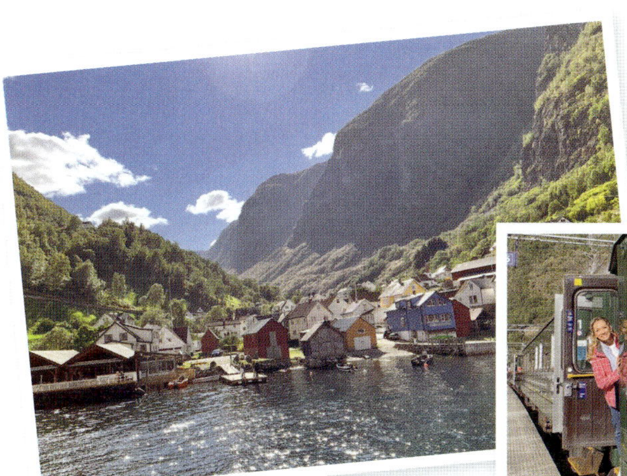

Mit der Elektrofähre durch den Aurlandsfjord

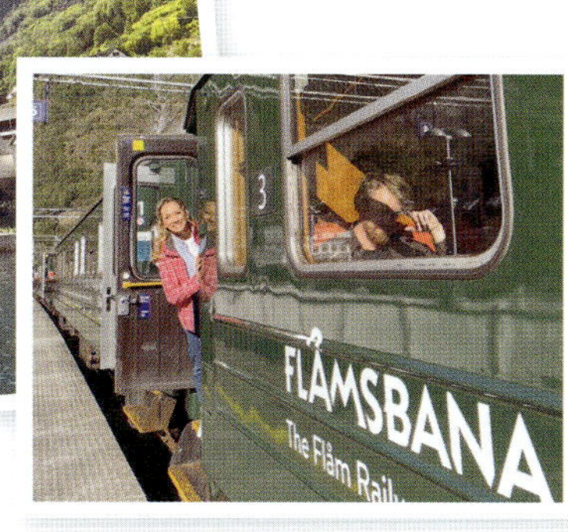

Unterwegs mit der Flåmbahn

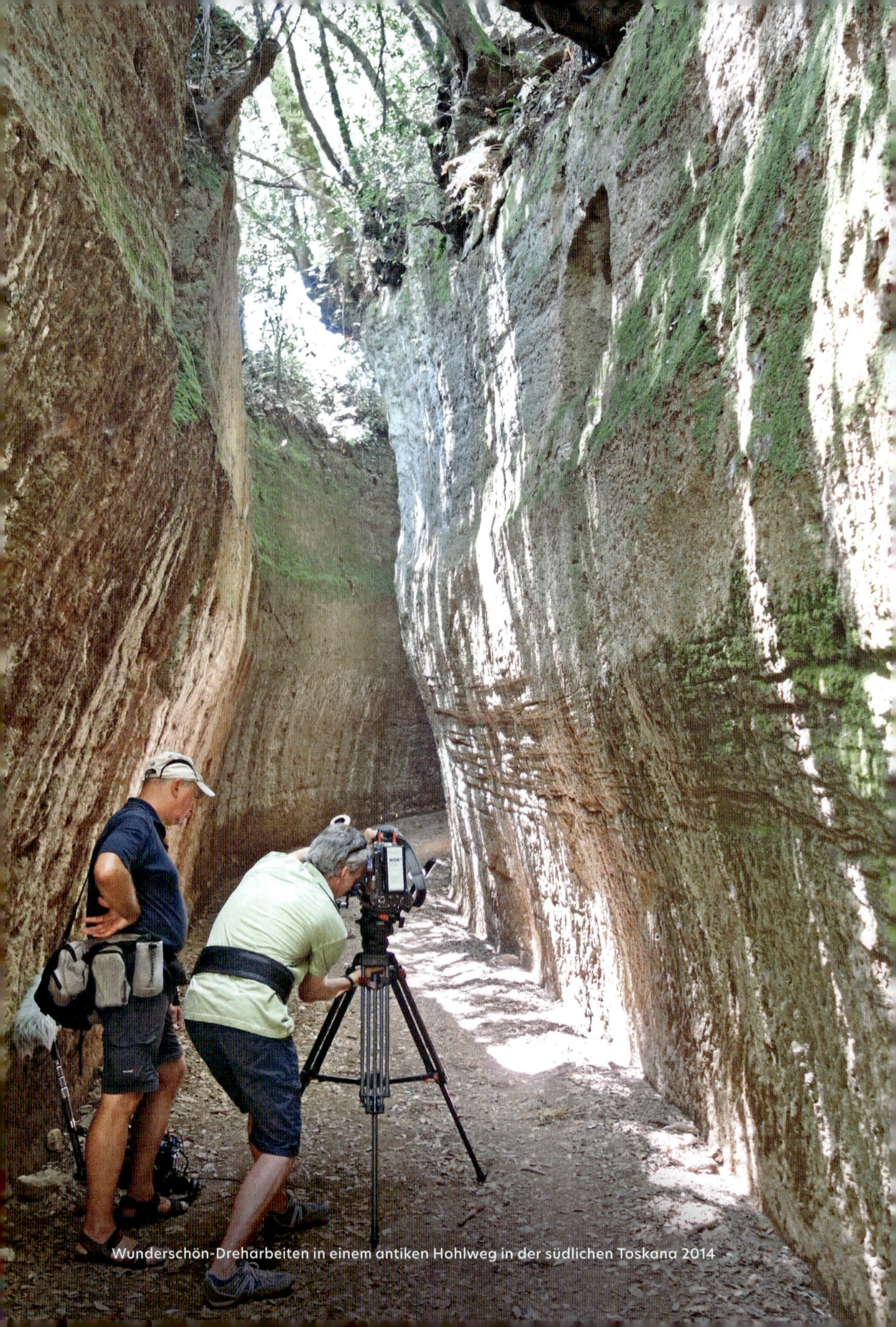

Wunderschön-Dreharbeiten in einem antiken Hohlweg in der südlichen Toskana 2014

20 JAHRE „WUNDERSCHÖN“ – DIE GESCHICHTE

20 Jahre „Wunderschön" – die Geschichte

Frühjahr 2003: Schon damals liefen jeden Sonntag zur Primetime, dem heiß umkämpften Sendeplatz um 20:15 Uhr, in der ARD der Tatort, im ZDF Herzschmerz-Unterhaltung und in den kommerziellen Sendern wie RTL, Sat 1 oder Pro 7 Blockbuster-Spielfilme.

Zu keinem anderen Zeitpunkt saßen und sitzen auch heute noch mehr Menschen vor dem Fernseher. Erschöpft von Partys oder sonstigen Strapazen des Wochenendes will man sich vor dem Fernseher entspannen, aber kurz vor Wochenbeginn keine anstrengenden Informationssendungen sehen.

Auch der WDR setzte zunächst auf fiktionale Stoffe und sendete überwiegend Spielfilme. Aber irgendwann musste eine Alternative her, etwas zwischen Tatort und Terminator: eine unterhaltsame Sendung mit schönen Bildern. Vielleicht eine Reisesendung? Die Redaktion wurde mit einer Pilotsendung für Pfingsten 2003 betreut und welches Reiseziel wäre dafür besser geeignet gewesen als das beliebteste Urlaubsziel der Deutschen: die Balearen-Insel Mallorca.

Die Moderation für diese Sendung übernahm Alida Gundlach. Sie war damals eher zufällig als Urlaubsvertretung für die beliebte Sendung „Tiere suchen ein Zuhause" im WDR-Filmhaus unterwegs, hatte seit Jahren auf Mallorca ein Ferienhaus, sprach spanisch und war über ihre Talkshows einem breiteren Publikum bekannt. Mit äußerst geringem finanziellem Aufwand wurde somit eine 90-minütige Sendung auf Mallorca in nur 3 Tagen gedreht, mit mehreren langen Interviews und unterhaltsamen Beiträgen aus dem WDR-Archiv. Bei Ausstrahlung hatte die Sendung die dreifache Einschaltquote der bis dahin üblichen Spielfilm-Wiederholungen.

Als die Sendung ganze 3 Monate später, erneut an einem Sonntagabend, noch mal gezeigt wurde, war der Erfolg beim Publikum ähnlich groß. Danach war klar: Daraus machen wir eine Regelsendung!

Inspiration für die Sendung war unter anderem „Wunderschönes NRW", das bereits seit Jahren im WDR-Fernsehen lief. Moderator Bernd Müller fuhr darin im roten Bugatti durch Nordrhein-Westfalen, machte Station bei Handwerkern und Künstlern, besuchte Sehenswürdigkeiten, tauchte in die regionale Geschichte ein, stellte kulinarische Köstlichkeiten und spannende Freizeitaktivitäten vor und schon damals ganz wichtig: Er kam mit vielen besonderen Menschen ins Gespräch.

Für die neue Sendung wurde nun eine junge, sportliche und herzliche Moderatorin gesucht. Die Entscheidung fiel auf Tamina Kallert. Tamina hatte zuvor bereits beim WDR als Reporterin für das Jugendmagazin „Lollo Rosso" gearbeitet und als Moderatorin eines Reisemagazins im Deutschen Sportfernsehen ihr Geschick und ihre Abenteuerlust beim Windsurfen, Klettern und Mountainbiken unter Beweis gestellt. Schnell war klar: Sie ist die Richtige!

Am 25. Januar 2004 wurde „Wunderschönes Sylt" als erste Sendung der neuen Reihe ausgestrahlt. Stargast war der deutsche Musiker Reinhard Mey, der ein Haus auf Sylt besaß und sich als leidenschaftlicher Nordsee-Fan erwies. Gerade in den ersten Jahren wurden immer wieder Prominente, die auch Experten für die jeweiligen Destination waren, für die Sendung gewonnen: Katja Ebstein, Sängerin und mehrmalige erfolgreiche Eurovision-Songcontest-Teilnehmerin, auf Teneriffa und noch einmal auf Amrum, die deutsch-griechische Sängerin Vicky Leandros auf Korfu und Jim Kerr, der Sänger der Rockgruppe Simple Minds, in Schottland. 2012 moderierte Axel Prahl alias Kommissar Frank Thiel aus dem Münsteraner Tatort gar eine ganze Sendung in seiner Lieblingsurlaubsstadt Lissabon.

In den ersten 4 Jahren bereisten Bernd Müller und Tamina Kallert „ihre" Reiseziele noch parallel. Bernd Müller weiter im roten Bugatti in Nordrhein-Westfalen, Tamina Kallert im möglichst landestypischen Auto, mit dem Fahrrad oder gar zu Fuß das übrige Deutschland und die

Welt – vom Allgäu bis Südafrika. Nachdem „Wunderschönes NRW" auch auf den Sonntagabend rückte, entwickelte sich dieser zu einem festen Reise-Sendeplatz im WDR.

Ende 2007 moderierte Bernd Müller seine letzte Sendung. Gast war unter anderem Tamina Kallert, an die er den Staffelstab für die Reisen durch Nordrhein-Westfalen weiterreichte. Danach wurden die Redaktionen zusammengelegt. Die Sendung hieß fortan „Wunderschön" und berichtete nun auch über die touristischen Highlights Nordrhein-Westfalens. Der rote Bugatti, der sich zum Markenzeichen von Bernd Müllers NRW-Touren entwickelt hatte, wurde durch ein neues Markenzeichen ersetzt: den roten Rucksack. Mehr als 10 Jahre lang wurde er von den Moderatorinnen und Moderatoren in jeder Sendung mit Souvenirs gefüllt, die an die Drehorte oder Gesprächspartner erinnerten, und dann an Zuschauerinnen und Zuschauer verlost.

Genauso wichtig ist es aber auch, dass die Zuschauer beim Zugucken eigene Gefühle entwickeln, die Reise quasi miterleben können …

Zu Beginn waren die Drehbücher von „Wunderschön" wie ein Spielfilm konzipiert, mit minutengenauen Einzelbausteinen. Moderationsfragen wurden im Vorfeld mit der Redaktion abgestimmt. Und ähnlich wie in einer Live-Sendung bekam Tamina bei einem auf 4 Minuten geplanten Interview mit Handzeichen nach 3 Minuten gezeigt: Komm zum Ende.

Das Konzept von „Wunderschön" bestand zu dieser Zeit aus zwei Grundelementen: Zum einen reiste Tamina selbst durch die ausgewählte Region und traf Land und Leute. Sie fuhr zum Beispiel im Harz mit der Schmalspurbahn zum Brocken, entdeckte auf dem sauerländischen Rothaarsteig ein romantisch gelegenes Gasthaus, schlüpfte vor Helgoland in die Rolle einer Schiffsbrüchigen, die von der Wasserwacht gerettet werden musste, und fütterte auf Texel in der Aufzuchtstation junge Seehunde. Zum anderen moderierte sie Beiträge über außergewöhnliche Menschen sowie Sehenswürdigkeiten aus der Region an, die sie aufgrund der knappen Drehzeit aber nicht traf oder besuchte. Dafür wurden dann Beiträge aus den Archiven des WDR eingespielt, die auf diese Weise in einem neuen Gewand noch einmal gezeigt werden konnten.

2014 beschloss die Redaktion, das Konzept der Sendung zu ändern. Der Anteil der Archivbestandteile war damals bereits sehr klein geworden, da „Wunderschön" schon früh in Full-HD produziert und ausgestrahlt wurde, es zu dieser Zeit in den Archiven in der entsprechenden Qualität aber nur wenig Material gab. Außerdem wollte die Redaktion den Reiseverlauf für die Zuschauer nacherlebbarer und das ganze Feeling der Sendung authentischer machen.

Das erste Mal wurde dieses Vorhaben 2015 konsequent umgesetzt: Es entstand die für die Entwicklung von „Wunderschön" sehr wichtige Sendung über die Alpenwanderung, aus der sich vieles andere in der Zukunft konzeptionell ableiten würde. Die Wanderroute brachte Tamina innerhalb einer Woche über die Alpen, von Oberstdorf nach Meran. Mit dabei waren Menschen unterschiedlichen Alters sowie eine Familie mit Kindern und Hund. Das Publikum konnte die Reise in diesem Film auf eine ganz neue Weise „miterleben" – die Strapazen genauso wie die Glücksmomente. Man sah die Erschöpfung der Wanderer auf dem steilen Pass, ihre Freude über das kühle Getränk auf der Almhütte und den Schreck über die Blasen an den Füßen der Kinder. Man spürte die Sorge um den Hund, der Murmeltieren hinterhergejagt war und ewig nicht wiederkam. Besonders emotional: Taminas Tränen am Ende der Wanderung – einerseits unheimlich glücklich, am Ziel zu sein, die Anstrengung der letzten Tage hinter sich zu lassen und die Vorfreude auf die Familie zu Hause, andererseits ein wenig traurig, die Berge wieder zu verlassen.

Für „Wunderschön" war damit ein neuer Weg gefunden: Die Moderatoren und Moderatorinnen bereisen seitdem eine nachvollziehbare Route in einer Region, hautnah begleitet von der Kamera, und zeigen dabei ihre Emotionen, die Landschaft und Leute, aber auch die damit verbundenen Anstrengungen. Und genauso wichtig ist es, dass die Zuschauer beim Zugucken eigene Gefühle entwickeln, die Reise quasi miterleben können: Dass sie zu Hause auf dem Sofa den Atem anhalten, wenn es auf einer Zipline ins Tal geht, über eine Geschichte aus der Region staunen, die sie noch nicht kannten, über die Eigenheiten origineller Personen schmunzeln

Auf diese Weise gelangen auch historische Bilder aus den Archiven in die Sendung. Sie helfen, den Film anschaulicher und informativer zu machen.

oder sich einfach freuen, einen Ort wiederzusehen, an dem sie selbst schon mal waren. Wer fühlt, dass sich in ihm etwas bewegt, guckt die Sendung gerne weiter.

Große Emotionen erzeugen natürlich auch stets gut gedrehte Landschaftsaufnahmen, die bei „Wunderschön" von Anfang an eine große Rolle gespielt haben.

Bei aller Liebe zum authentischen Erleben und zum reportageartigen Erzählen der Reisen nahm sich die Redaktion bei der konzeptionellen Überarbeitung der Sendung aber fest vor, die beiden anderen Erfolgsgaranten von „Wunderschön" nicht außer Acht zu lassen: Weiter fest integriert sind bis heute atemberaubende Landschaftsansichten und unterhaltende Informationen. Gespräche und Begegnungen werden weiterhin durch interessante Infos zu Geschichte und Kultur der besuchten Region ergänzt. Der Zuschauer sieht beispielsweise, wie Tamina in den Südtiroler Hochalpen Latschenkiefer erntet. Eingeleitet durch eine Erläuterung des Waldbesitzers, wie er in seiner Werkstatt daraus Öl herstellt, wird dieser Prozess dann in den folgenden 2 Minuten gezeigt. Solche Einschübe werden ohne die Moderatorin gedreht oder stammen aus dem Archiv. Das Material bebildert, was der Ölproduzent ihr erzählt hat. Auf diese Weise gelangen auch historische Bilder aus den Archiven in die Sendung. Sie helfen, den Film anschaulicher und informativer zu machen.

Zwischenzeitlich war außerdem die Moderatorenrunde um neue Gesichter erweitert worden. So waren im Laufe der Jahre unter anderem Andrea Grießmann, Marco Schreyl, Katty Salié oder Anne Wilmes für „Wunderschön" am Start und fanden ebenso ihr Publikum wie Tamina. So unterschiedlich die Persönlichkeiten vor der Kamera auch waren und somit wunderbar die „Farbe" der Sendung bereicherten, arbeiteten alle nach dem gleichen redaktionellen Konzept.

Begünstigt wurde dieser neue konzeptionelle Weg auch durch technische Entwicklungen bei Kamera und Ton. Noch 2012 mussten auf den Gipfel des Lusen im Bayerischen Wald 15 Kilo schwere Kameras und 10 Kilo schwere Stative geschleppt werden. Das gesamte Team packte mit an und erreichte bei beinahe 30 Grad ziemlich erschöpft den Gipfel. Die tolle Aussicht war zwar die Mühe wert, aber ein so schweres und damals auch sehr teures Equipment setzte den Dreharbeiten natürlich Grenzen.

In den Folgejahren veränderten sich die Kameras, die professionelle Fernsehqualität lieferten, deutlich - sie wurden (noch) kleiner und leichter. Auf einmal waren Fahrten im wackeligen Kanu möglich, die früher wegen der schweren Geräte sogar aus Sicherheitsgründen verboten waren. An Fahrrädern, Schlauchbooten und Skiern konnten nun wasserdichte und weitgehend stoßfeste kleine Kameras befestigt werden und sogar Unterwasseraufnahmen beim Schnorcheln wurden mit kleinen und vergleichsweise günstigen Kameras in hoher Qualität möglich. Auch Handykameras spielten bald eine wichtige Rolle. Schon bei der besagten Alpenwanderung 2015 hatten Tamina und auch einige ihrer Mitwanderer Handys dabei, deren Bilder man auch damals schon bei einer HD-Ausstrahlung verwenden konnte. Tamina konnte so auf der Wanderung jederzeit selbständig ihr Handy aus der Tasche nehmen, wenn sie etwas sagen oder zeigen wollte. All das machte „Wunderschön" als Reiseerlebnis sehr viel authentischer, als das früher mit dem schweren Equipment möglich gewesen wäre.

Große Emotionen erzeugen natürlich auch stets gut gedrehte Landschaftsaufnahmen, die bei „Wunderschön" von Anfang an eine große Rolle gespielt haben. Die Redaktion hat die Präsentation über die Jahre weiter verfeinert, zum Beispiel bei der Auswahl der Musik, die oft minutenlang nicht durch gesprochenen Text unterbrochen wird und ein bisschen wie im Kino klingen soll.

Auch hier kommt uns seit einigen Jahren eine technische Entwicklung zugute. Denn die eindrucksvollsten Landschaftsbilder werden aus der Luft gemacht, erst aus der Vogelperspektive werden vielfach die Weiten und Dimensionen von Bergen, Stränden und Wüsten deutlich.

In den ersten 10 Jahren von „Wunderschön" mussten Hubschrauber angemietet werden, falls sich das Luftbild-Material nicht ankaufen ließ. Gedreht wurde stundenweise nach einer vorher festgelegten Route mit Kameramann und Autor an Bord. Etwa 2013 erfolgte auch auf diesem Sektor ein geradezu revolutionärer technischer Umbruch. Die Kamera flog nun allein: Die Zeit der filmenden Drohnen war angebrochen. Heute gehören sie zum festen Equipment jeder „Wunderschön"-Sendung.

Die größte programmliche Innovation der vergangenen Jahre fand 2021 statt. Tamina, die aus einer musikalischen Familie kommt und selbst mehrere Instrumente spielt, moderiert seit vielen Jahren Konzerte des WDR-Funkhausorchesters. So entstand der Kontakt für ein gemeinsames Film- und Musikprojekt. Beschlossen wurde ein „Wunderschön"-Film, dessen musikalische Gestaltung vollständig in die Hände eines Komponisten oder einer Komponistin gelegt werden sollte. 90 Minuten mit extra für „Wunderschön" komponierter Musik. Das kennt man sonst nur von großen Kinofilmen. Teil der Umsetzung sollte auch immer ein öffentliches Konzert sein, bei dem das Funkhausorchester vor einer Großleinwand live die Filmmusik zum Bild spielt.

So geschah es. Sendung und Konzert des Films „Norwegens Westen – Vom Sognefjord nach Bergen" hatten im Juni 2022 Premiere. Beim Publikum ist das Ereignis blendend angekommen. Vielleicht weil eine eigens gemachte Filmmusik ungeahnte Effekte möglich macht, vielleicht aber auch, weil der Film alle Erfolgsrezepte, die in den vergangenen 20 Jahren erarbeitet wurden, in sich vereint und auf die Spitze treibt: Atemberaubende Landschaftsaufnahmen, eine Musik, die unter die Haut geht, noch weniger Text als bei den anderen Filmen der Reihe, eine Kameraführung, die dem Publikum das Gefühl gibt mitzureisen, und wie immer eine mutige, gut gelaunte Tamina, die Land und Leuten neugierig und freundlich begegnet.

Besonders Zuschauer der jungen und mittleren Altersgruppe waren sehr angetan von diesem „Wunderschön" im cineastischen Gewand. Auch in Zukunft soll es solche besonderen Sendungen in Zusammenarbeit mit dem WDR-Funkhausorchester geben. 2023 wurde in dieser Machart eine Wanderung durch die Dolomiten ausgestrahlt, eine Reise durch Yorkshire in Nordengland folgt 2024.

Das große Repertoire von „Wunderschön" ist nach wie vor auch bei anderen ARD-Sendeanstalten gefragt. Zahlreiche Folgen werden daher mit positiver Resonanz in weiteren Sendegebieten ausgestrahlt. Inzwischen erstellt der WDR gemeinsam mit dem SWR und dem NDR jährlich mehrere Folgen in Koproduktion. Judith Rakers vom NDR und Ramon Babazadeh vom SWR bilden mit den WDR-Köpfen Daniel Aßmann und Tamina Kallert das aktuelle Moderatorenquartett. „Wunderschön" wurde im Laufe der Jahre zum Markenzeichen und Dauerbrenner in der medialen Reisewelt. Die Sendung kann zeitsouverän in der ARD-Mediathek abgerufen werden und ist fester Bestandteil im Repertoire von „ARD Reisen“ auf YouTube. Die Macher und Macherinnen haben jedenfalls noch Lust und viele Ideen, um die Reisesehnsucht des Publikums zu stillen, egal, in welchem Medium die „Wunderschön“-Zuschauerinnen und Zuschauer folgen.

CHRISTIANE MÖLLERS („Wunderschön“-Redakteurin seit 2012)
RICHARD HOFER („Wunderschön“-Redakteur 2004–2019)

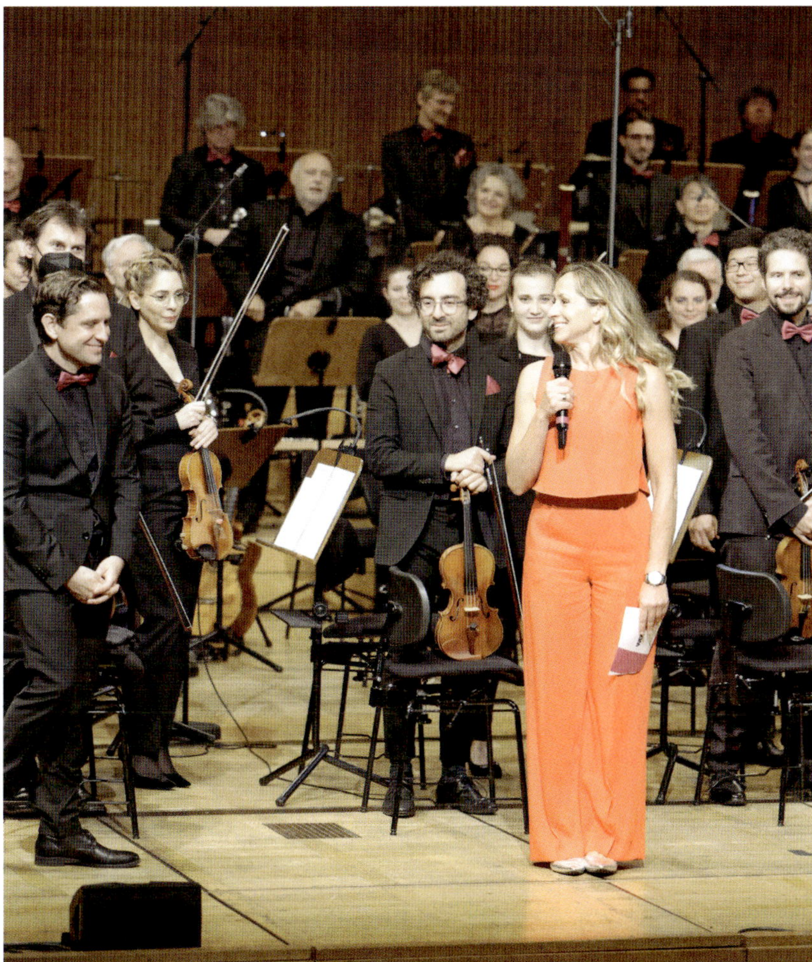

WDR-Funkhausorchester

Danke

Einen besonderen Dank möchten wir allen „Wunderschön"-Beteiligten vor und hinter der Kamera aussprechen. Allen, die mit ihrem Engagement, ihrer Hingabe und ihrer Professionalität in den letzten 20 Jahren zum Gelingen unserer Reisesendung beigetragen haben. (Verzeiht, wenn wir hier nicht einzelne Namen nennen.)

Wir danken den Moderatorinnen und Moderatoren, die mit ihrer ganzen Person für die Sendung stehen, den Autorinnen und Autoren, auf deren Schultern viel lastet, da sie die diejenigen sind, die unsere Filme vom ersten bis zum letzten Schritt begleiten. Die vier „amtierenden" Moderatorinnen und Moderatoren von „Wunderschön" nehmen uns in diesem Buch mit zu wunderbaren Reisezielen und lassen uns sehr persönlich an ihrem spannenden und aufregenden Job teilhaben. Gleichzeitig machen sie deutlich, dass sie nur glänzen können und eine „Wunderschön"-Sendung nur gelingt, weil ein großes Team im Hintergrund arbeitet.

Wir können hier lesen, welcher organisatorische und logistische Aufwand nötig ist, bevor überhaupt nur ein Bild gedreht ist. Uns wird geschildert, wie die Kameraleute in Zusammenarbeit mit dem Team ihr ganzes Können ausspielen, um die stillen Momente behutsam einzufangen und beim nächsten Mal Actionaufnahmen mit den richtigen Mitteln im richtigen Augenblick in Szene zu setzen. Ohne das professionelle Engagement der Kamera- und Tonkolleginnen und -kollegen hätten viele Bilder nicht den hochwertigen Look und Sound, für den „Wunderschön" steht. Wie sehr die Maske bei Wind, hohen Temperaturen und sportlichem Einsatz gefragt ist, schildert uns Tamina Kallert lebhaft. Und doch liegt den Autorinnen und Autoren, die die Inhalte und die

Dramaturgie der Sendung in Zusammenarbeit mit der Redaktion entwickelt und betreut haben, nach Drehende zunächst nur das Rohmaterial vor. Bis daraus ein Film wird, legen noch viele Menschen Hand an. Erst im Schneideraum entscheiden die Autorinnen und Autoren in Zusammenarbeit mit den Cutterinnen und Cuttern, welche Sequenzen, Talks und Töne es wirklich in den Film schaffen. Durch ihre Kreativität und ihr technisches Know-how beeinflussen sie die Stimmung, den Rhythmus und den Fluss eines Films maßgeblich mit. Wie die Bilder montiert werden, welche Musik eingesetzt, wie die Grafik eingebunden wird, ist auch hier wieder Teamarbeit. Und selbst nach Schnittende ist der Film noch lange nicht sendefertig. Der Text muss angepasst werden, Töne werden poliert, Bilder gehen durch die Farbkorrektur, es kommen Inserts und Abspänne drauf, es folgt Vertonung im Studio und, und, und ... Erst wenn die redaktionelle und technische Abnahme ihr „Go" gibt, können wir den Film an die Sendeleitung und die ARD-Mediathek schicken. Und all das ist nur möglich, weil darüber hinaus noch viele weitere Menschen im Hintergrund „Wunderschön" professionell und engagiert unterstützen.

Also, Dank an alle Beteiligten beim WDR, NDR und SWR. Danke für die gute Zusammenarbeit auch an das Team von Bavaria Entertainment, das mehrere Folgen im Jahr im Auftrag produziert und vielen Dank auch an alle Beteiligten im Becker Joest Volk Verlag. Herzlichen Dank allen Zuschauerinnen und Zuschauern und allen Leserinnen und Lesern für das Interesse an „Wunderschön".

MARGIT HÖH für die Redaktion „Wunderschön" (WDR)

Impressum

Originalausgabe
Becker Joest Volk Verlag GmbH & Co. KG
Bahnhofsallee 5, 40721 Hilden, Deutschland

1. Auflage April 2024

ISBN 978-3-95453-309-1

BECKER JOEST VOLK VERLAG
www.bjvv.de

Autorinnen und Autoren Tamina Kallert, Judith Rakers, Daniel Aßmann, Ramon Babazadeh
Vorwort und Rückblick Christiane Möllers, Richard Hofer
Leitung Grafik, Covergestaltung Justyna Schwertner
Projektleitung Valerie Mayer, Annika Steinacker
Layout, Buchsatz Caroline Mohr
Bildbearbeitung Markus Neis
Lektorat Julia Voigtländer
Druck Graspo

Bildnachweise: *Cover* Hintergrund iStock, Porträts WDR, *Innenteil* iStock: S. 2, 6, 7 unten, 18, 35, 59, 64, 65 Mitte und rechts, 71, 97, 123 links, 154, 155 links und Mitte, 159, 171, 173 unten, 175 oben, Richard Hofer: S. 7 oben und Mitte, Marie Ostwald: S. 19 links, Anna Unger/Northern Secrets: S. 19 Mitte, 141 links, Tamina Kallert: S. 19 oben und unten rechts, 29, 110, 203 links, Stefan Manke/Bavaria Entertainment: S. 30, 167 links unten, André Conrad/Bavaria Entertainment: S. 31 rechts oben und rechts unten, Judith Rakers: S. 31 links unten, 167 rechts oben, 173 links oben, WDR/Bavaria Entertainment GmbH: S. 39, Lukas Feyder/Bavaria Entertainment: S. 40, 41 oben und Mitte, 75 links, 85, 142, 143, 147, 153, 185 links, 193 rechts, Sarina Zilligers/Bavaria Entertainment: S. 41 unten, 51, 123 rechts unten, Joshua Werner Levy/Bavaria Entertainment: S. 45, 48, 74, 122, 126, 131, 133 links, 166, 167 unten rechts, 184, 189, 193 oben, WDR/Wieduwilt Film & TV/Roland A: S. 52, 53, WDR: S. 65 oben links, 86, 96, 194, 195 oben und rechts, 197, Paul Bogdanski/Bavaria Entertainment: S. 75 Mitte, 84, Ramon Babazadeh: S. 75 rechts, 79, 133 rechts, 193 links unten, Elke Haake: S. 87 links Mitte, Beate Höfener: S. 87 rechts oben, 93, 135 rechts, 165, Horst Poness: S. 87 unten, WDR/Antje Wunsch-Baumgarten: S. 98, 99 rechts oben und unten, 103, Daniel Aßmann: S. 99 links, 108, 109, Sandra Aras: S. 111 unten links, WDR/Michael Wieseler: S. 111 oben und rechts, 117, 175 rechts,203 rechts, Anita Nierhaus: S. 134, Caro Wagner: S. 135 oben, links und unten, Anja Koenzen: S. 139, Per Schnell: S. 141 rechts, WDR/Ralf Weber: S. 155 rechts, Bavaria Entertainment: S. 167 oben, Lara Panico/Bavaria Entertainment GmbH: S. 173 Mitte, Bastian Dette: S. 174, 175 links, Kamila Mochorowska: S. 195 links, Christiane Möllers: S. 204, WDR/Thomas Brill: S. 213

WDR NDR SWR